高杜人说高杜事

（全家福卷）

《高杜人说高杜事》编委会　编

山东人民出版社·济南

国家一级出版社 全国百佳图书出版单位

图书在版编目（CIP）数据

高杜人说高杜事. 全家福卷／《高杜人说高杜事》编委会编. —— 济南：山东人民出版社，2018.4
　　ISBN 978-7-209-11332-8

　　Ⅰ．①高… Ⅱ．①高… Ⅲ．①村史－滨州 Ⅳ. ①K295.25

中国版本图书馆CIP数据核字(2018)第038086号

高杜人说高杜事（全家福卷）
GAODU REN SHUO GAODU SHI（QUANJIAFU JUAN）
《高杜人说高杜事》编委会　编

主管部门　山东出版传媒股份有限公司
出版发行　山东人民出版社
社　　址　济南市英雄山路165号
邮　　编　250002
电　　话　总编室（0531）82098914
　　　　　市场部（0531）82098027
网　　址　http://www.sd-book.com.cn
印　　装　山东新华印务有限责任公司
经　　销　新华书店

规　　格　16开（210mm×285mm）
印　　张　33.5
字　　数　400千字
版　　次　2018年4月第1版
印　　次　2018年4月第1次
印　　数　1-4000
ISBN 978-7-209-11332-8
定　　价　88.00元
　　　　　　如有印装质量问题，请与出版社总编室联系调换。

《高杜人说高杜事》（全家福卷）编委会

顾　问　周福楼

主　任　杜民生

副主任　高立兴　高立国　高新华

委　员　高法杰　杜同柱　高新民　王秀刚　高法兴

　　　　高令国　高凤林　杜建华　杜国华　杜璐瑞

主　编　杜民生

副主编　杜同柱

编　辑　高法杰　高新民　王秀刚　高法兴　高令国

　　　　高凤林　杜建华　杜国华　杜璐瑞

办公室主任　高法杰

序

我很庆幸生在农村，生在这片白花花的盐碱地上。记得在我小时候，地里碱得不长粮食，光秃秃的，老远见不到一棵树，家家穷，户户穷，生活苦，劳作苦。穷与苦历练了我，陶冶了我，使我很难忘本。那个时候虽然穷，虽然苦，但人们精神状态好，很有志气。因为人们明白，在过去一百多年的时间里，由于封建王朝的昏庸，帝国主义的侵略，军阀之间的混战，日本鬼子的占领，以及国民党反动政府的腐败，致使新中国成立初期我们的国家千疮百孔，满目疮痍。人们坚信，有毛主席和中国共产党的领导，老百姓一定能走出穷窝子，过上好日子。所以，人们斗志昂扬，奋发向上。父辈们战天斗地，挖河修渠，修大寨田，改良土地，那兔子不筑窝、鸟不搭巢的盐碱地变成了绿油油的丰产田；高粱饼子换成了玉米饼子，玉米饼子又换成了白面馒头；土坯屋换成了砖瓦房，泥泞路换成了柏油路。翻天覆地，旧貌换新颜，家家都过上了富足的生活。

面对这些巨大变化，我经常思索，这一切是怎么来的，又怎么让后人们永远记住这一切？记住过去人们的善良真诚、过去人们的顽强斗志、过去人们的奋斗精神，还有那浓浓的乡情、亲情、友情！于是，我心里便有了动员全村讲故事、忆乡愁的强烈愿望。

高杜是紧倚黄河尾闾岸边一个不大不小的古村。元朝出了个大将军高立，定居在大清河南岸的高青高官寨。清咸丰五年（1855年），河南铜瓦厢黄河决口，夺大清河入海，大清河变成了黄河，部分高姓人家迁到大清河（即黄河）北岸定居，起名"高家村"。杜姓人则是明洪武二年（1369年），从河北枣强分发到这里的那一拨。后杜姓人分家，杜昙的三个儿子从滨县城南街来到大清河北岸定居，形成"南乡杜家楼"，后繁衍成杜家村。高、杜两个村一道之隔，相邻而居，后王姓又迁来一部分。新中国成立后成立合作社，高、杜两个村合并为高杜大队，简称"高杜"至今。

2003 年 5 月，我回村任党支部书记。"七一"党的生日那天，我组织党员去瞻仰渤海烈士陵园。我震撼了。没想到渤海革命老区曾是抗战爆发后中国共产党领导的一块巩固的革命根据地，其范围从南面的博山到北面的河北青县，从东面的潍县到西面的章丘，面积 5 万多平方千米，辖人口 1000 多万，贡献那么大。解放战争时期，渤海区支前民兵民工达 81.98 万人次，出担架 2.6 万副、挑子 1.5 万副、大车 65 万辆、小推车 63 万辆、牲口 97.8 万头，运送粮食 2 亿多斤，缝制军袜 60 万双、棉被 20 万条。为了新中国的成立，渤海区 20 万名好儿郎上前线，这些战士中，有 204 名成长为将军，380 名后来担任省军级以上领导干部，55308 名子弟献出了年轻的生命。滨州市在新中国成立后叫惠民地区，就是渤海老区的驻地中心。大概是少有人写那些战争故事的缘故，渤海老区一直不怎么出名，连我自己在近 50 岁的时候，都不知道渤海老区有这般惊天动地的辉煌。由此，我联想到了老人们常讲的村里的那些旧事，那些抗击日寇牺牲的爷爷们，那些为解放济南、周村牺牲的爷爷们，那些渡江南下牺牲的爷爷们，还有抗美援朝牺牲的伯伯、叔叔们。这些，孩子们知道吗？将来还有人想起他们吗？怎样才能记住他们呢？讲故事吧，发动家家户户讲故事。这便是《高杜人说高杜事》的初衷。

自《高杜人说高杜事》第一、第二部出版后，每到有孩子考上大学或参军，党支部都要送上此书，教育他们不忘家乡、不忘父母、不忘祖宗，不忘先辈们驱除外虏、抗击倭寇、解放祖国，以及在极端艰苦的情况下建设家乡的英勇事迹和贡献，让他们知道先辈们在这块土地上耕耘拼搏、流血流汗的事迹。今天是从昨天走来的，知道了自己的历史，不忘初心，才能把握现在，开创未来。

《高杜人说高杜事》的前两部出版后，我如释重负。因经验不足，第一部虽有几百个小故事，但未能达到每家一个故事的初衷；第二部就着重强调必须每家有一个故事，这样每家的过去就有了一个梗概，用真实的故事贯穿起了从元、明建村及反帝、反封建，以及新中国成立后进行社会主义建设的历史、村史。在欣然轻松之余，我又总感觉还缺少了点什么，内心深处总觉得不完美。我一直思忖着，却不知为什么，始终得不到答案。

一天，《高杜人说高杜事》编辑部办公室主任高法杰同志，拿来第一部和第二部的全部照片，送我一份珍藏。我翻看了几十幅照片后，心里一下子敞亮了。啊！我心存的缺憾找到了，那就是，虽然每一家的故事有了，但每一家的音容笑貌没有留下。正好这年春节晚会的主题是"全家福"，这给了我极大的启发。这些年发展太快了，几年搬一次家，每次搬家大部分人习惯丢弃一些老物件，包括一些照片。如果我们动员没有"全家福"照片的人们照一张"全家福"，和现有的照片置于同一本书中，这样新老旧照片结合，加上前两部的故事，图文并茂，既能怀念祖辈，又能传承后代，《高杜人说高杜事》不就很完整了吗？高法杰是胜利油田的退休职工，是我的父辈级，我叫他"叔"。他为人谦和、公正，退休后积极参与《高杜人说高杜事》第一部和第二部的编写工作。他虽年老多病，但从不放过任何一个小细节，为本书的编写提供了强有力的后勤保障和极佳的创作条件。

本书的创作是一个艰难的过程。一般来说，写传记是以文字为主，并附上图片。可这部书的宗旨是通过"全家福"这一形式，图片配以文字，把每一家的闪光点、传承点找出来，继而使之发扬光大，让世世代代的子孙知道其祖辈的创业精神和道德风范。这正是本书的创新之处，也是前人没有做过的事。我们这些人只有中学、小学文凭，过去从来没有接触过写书之类的事，大半辈子在田间劳动、在车间劳作。今天让我们在文字中游走，写一部《高杜人说高杜事》（全家福卷），其任务的艰巨就可想而知了。2016年大半年的时间里，我们彷徨、探索，赴内蒙古采风，最终还是柳暗花明，实现了突破。

在《高杜人说高杜事》的整个创作过程中，很多人都是带病坚持创作的。创作第二部的时候，杜同柱爷爷胸部大开膛，心脏做了大手术，他出院不久就坚持回来进行全家福卷的创作。整个创作班子中，只有他是20世纪60年代的大学生。他从胜利油田退休后，领导大伙儿编辑第一部、第二部和全家福卷，他是整个团队的核心，对每家每户的家庭背景、历史事件知根知底，了如指掌，对遣词用句、文章结构布局十分考究，工作不怕苦、不怕累。他的敬业精神让我非常感动。他带着重病的身子苦干，又使我的心很痛很痛。高法兴大叔是在写作岗位上得了心脏病才退下来的。前一段时间王秀刚大叔又患了重病去北京住院。参与编辑第一部的杜宪文爷爷、高令泉大爷、高立兴副书记相继去世，他们都为高杜的发展和此书做出了很大的贡献。

使我难以忘怀的还有周福楼老师。可以说近两年来，此书是在他的"鞭策"下琢出来的。没有他的付出，此书还不知道哪一天才能出版。我和他相识于20世纪90年代末，也就是我被运乾大酒店聘为总经理的时候。我们都是部队出身，作风相同。那时运乾大酒店作为地区的重点工程，是物资系统的企业，由于外部环境变化，业务受阻，经营搁浅。当时周福楼老师是地区经济体制改革委员会（后与地区计划委员会合并，现称"滨州市发展和改革委员会"）主任，主抓企业。我们经常在一起探讨怎样把企业搞活。后来我去了北京，我们中断了联系。2005年，侯玉杰老师帮我们做《高杜人说高杜事》第一部的时候，请周老师来编辑部，我们又走到了一起。

现在周老师多病缠身，老伴卧床，生活不能自理，他每天要拖着带病的身子用轮椅推着老伴去理疗。但周老师还是坚持每周来高杜两次，进行写作上的指导，并带着草稿回家修改。每次见到他步履蹒跚的身影，我的泪强压在眼眶内，我的心碎了。

这是多么厚重的情谊啊！他们所有的辛劳，换来了今天的收获。现在《高杜人说高杜事》（全家福卷）出版在即，我们全体高杜人，向为本书付出辛勤劳动的全体编辑人员，向时刻关注、指导此书的侯玉杰老师，致以崇高的敬礼，表示诚挚的感谢！

不忘故土、不忘乡情、不忘家乡、不忘祖宗，更要不忘初心、不忘先辈、不忘党恩，这是此书从头至尾的宗旨。在党的十九大即将召开之际，《高杜人说高杜事》（全家福卷）用全村人的音容笑貌，用她的乡情、亲情作为最基层的一份薄礼，献给党的十九大。

杜民生

2017 年 10 月 11 日

目　录

中篇　家庭篇

高姓人家

下篇　人物篇

老兵风采

英模雄姿

上篇　村居篇

　　在时光的深处，享誉府县的"千鼎高家"和名扬四方的"南乡杜家楼"，如两颗翠珠镶嵌在大清河之阳，晨闻拉纤的号子，午视扛脚行汉子的背影，夕望满风的桅帆。清澈的如饴之水，滋养着这方土、这方人，滋养着如醉的故事……两村合政相挽后的高杜大家庭，依然接续昨日的精彩和热闹，饱蘸改革开放的浓彩，续写着丰硕果实的香甜故事……

带路足痕
DAILU ZUHEN

　　自立村起，高杜就有这样一班带路人：领建家园、植田园，领写合唱的脚本，唱生活的大戏，领画心灵的净美，策划福祉的翻新……踩出的一行行脚印，深沉的，是汗珠的感叹号；绵延的，是风雨的五线谱；滚圆的，是心血的音符；潇洒的，是硕果的诗句……它从没有停歇、彷徨、摇摆，一班接一班，只有奉献，没有索取，用老茧和驼背，兑现着庄重的承诺。

高杜第一、第四任党支部书记杜述连

　　1945年7月1日滨县解放后，杜述连被杜家村村民推选为农救会会长。他积极配合渤海区内地的中心工作，组织和带领村民开展反奸诉苦、减租减息、治黄生产、支前、土改，参与清匪和反特斗争。1947年10月，他由于表现突出，成为高杜的第一位中共党员。他注重培养骨干，壮大党员队伍，1949年10月，推荐、介绍王文章、高成江、杜晓海加入中国共产党。1950年2月，高杜第一届党支部成立，杜述连任党支部书记。之后，他曾调到乡、区、公社任职，离开了高杜。1961年1月，北镇公社党委安排他回高杜大队任第四任党支部书记，他主动将自己的非农业户口转回本村，改为农业户口，由领工资的国家干部变成记工分的社员干部。当时，正值自然灾害肆虐，社员生活极端困难，他带领一班人，白天和社员一起劳动，同工同酬，晚上挑灯研究工作，从安排社员生活入手，逐步恢复发展生产。1963年，高杜大队被中共山东省委、山东省人民政府评为"山东省农业生产先进单位"。1964年3月，他作为先进单位代表，光荣出席了在济南召开的全省先进表彰大会。1965年9月，北镇公社党委又调他到社办企业任职。直至1985年退休，他的农民身份一直没有改变。他那带领大家转战奋斗的身影仍闪烁在人们的心头。

杜述连（摄于1987年春）

杜家村第一任村长杜晓明

　　1945年初夏，渤海军区对盘踞在滨（县）蒲（台）利（津）地区的日本侵略者和汉奸展开了全面反攻，7月1日，滨县获得解放，政权回到人民手中。沉浸在翻身得解放的欢乐中的杜家村村民，用得来不易的权利庄严地选举出了杜家村人民政权的第一任村长——杜晓明。杜晓明凭着对共产党的衷心爱戴，带领全村父老全面贯彻共产党发展渤海区的方针政策，迅速建起了村里的农救会、妇救会、儿童团等组织，扎实开展反奸诉苦，激励适龄青年参军，适时推广县政府推出的土地改革试点，实现"耕者有其田"，为后续人民政府推行各项工作打下了坚实基础。杜晓明于1947年年末离职。虽然杜晓明离开了岗位，但他率队前行的脚印镌刻在了永恒的时光里。

杜晓明（摄于1949年）

杜家村第二任村长杜晓海

杜晓海（摄于1962年）

　　滨县解放后，贫农出身的杜晓海满怀一腔热情，积极投身于解放大潮涌起的各项活动，成为入党积极分子。1947年年末，杜晓海接替杜晓明担任杜家村村长。他夜以继日地带领村民开荒增产，多筹军粮，发动妇救会赶做军鞋、军袜，组织精壮劳力上前线，送军粮、抬担架。黄河闹水，他组织村民抢险护坝，夜里提着马灯沿大堤巡查，不放过任何蛛丝马迹。大参军活动中，他走东家，进西家，登门宣传动员，亲手为参军的青年披红戴花……1949年10月，他终于实现了夙愿，光荣加入中国共产党。合作化运动以来，他先后任初级社、高级社副社长、生产队队长等职，带领一班人飞翔在庄乡的雁阵前。

从农救会会长到高级社社长的高承江

高承江（摄于1981年春）

　　高承江，1947年由高家村村民推举为农救会会长，协助村长带领全村群众努力做好人民政府安排部署的各项任务。在国民党重点进犯山东解放区，地主、还乡团趁机反攻倒算之际，他协调配合妇救会"破谣言，稳民心"，保卫胜利成果；在轰轰烈烈的支前运动中，他发动全村妇女赶做军鞋、军袜，组织壮劳力上前线，抬担架、送弹药、运军粮；黄河水到来之时，他带领村民抢险治水……1949年10月，他光荣加入中国共产党。抗美援朝期间，他发动农救会、妇救会，动员青壮年应征入伍，给入伍新兵披红戴花，骑上高头大马，欢送他们奔赴前线；他亲自组织宣传队，排演活报剧宣传抗美援朝。他组织编演《小女婿》《二兰记》《杏林记》《王秀兰大生产》等剧目，宣传婚姻法，鼓励妇女求解放，争取婚姻自由。1956年成立红峰高级农业生产合作社，他出任社长，带领全体社员战天斗地，挖沟修渠，改进农具，推广良种，掀起一个又一个农业生产高潮。后几经调进调出，高承江最后仍回到高杜，协助大队党支部办起了一个又一个队办企业，为高杜的发展继续跑前跑后，尽心尽力。

高家村第二任村长高法舜

高法舜，自抗战一开始就是村里的积极分子。1945 年夏，八路军攻打蒲台城，他积极配合农救会，带头捐献门板、檩条、绳索等战备物资，缴纳军粮，抬担架深夜秘密转送八路军伤员。1950 年，高法舜被选为高家村解放后的第二任村长，带领村民反奸诉苦，进行土地改革，发展生产；公道调处各大家族之间的关系，使全村人团结和睦相处；带头加入高家村第一个"互助组"。初级社成立后，他挑起了初级社副社长的担子，带领村民推广新式耕作，使用新农具，改良盐碱地，使生产大发展。1958 年，他当了村办公共食堂"司务长"。三年生活困难时期，他想方设法引进"代食品"，填饱人们的肚子。后虽改任生产队队长，但其"司务长"之尊称一直伴其终生。

高法舜（摄于 1985 年）

高杜村第二任党支部书记王文章

1949 年 10 月，王文章是高杜第二批入党的党员之一。王文章无愧于共产党员这一光荣称号。1952 年初春，他联络高法舜、高振东、高凤岐和高法祥，率先成立了高家村第一个互助组，并任组长。在他的带领下，五户人家手臂相挽，克服困难，精耕细作，秋后喜获丰收，粮食亩产较之单干户多收二成。互助组尝到了甜头，也让单干户看到了希望。年底，又有 20 多户相继加入互助组。1953 年成立了高家初级农业生产合作社，王文章荣膺社长。面对家底穷、生产资料缺乏的困难，他带头拉耧子耕地，拉耧耩地，推肥、锄草，样样活儿跑在最前面。他担起高杜村第二任党支部书记的重任后，在全县掀起的打井高潮中，发动和带领全体社员积极响应，大伙凑了 50 元钱，迎着凛冽的寒风，在村北地里竖起了木头三脚架，利用冬闲时节打出了第一眼井。1956 年高、杜两个村合政，成立了红峰高级农业生产合作社，党支部书记的担子又压在了他的肩上。更大场面、更具色彩的大戏，一幕接一幕地演绎开来。

王文章（摄于 1977 年）

杜家初级社社长杜以坦

杜以坦（摄于1977年）

　　1951年，由杜以坦挑头组织的杜家村帮工队，在春耕春播、秋收秋种的大忙季节，对缺劳力及军工烈属家庭户进行义务帮工。1952年初春，他联合了九户人家，成立了杜家村第一个互助组，并任组长。全组统筹劳力，加强田间管理，庄稼明显好于单干户，为全村做出了榜样。农民看到了走集体道路的好处，1953年春，全村29户人家抱团组织起来，成立了杜家村初级农业合作社，推举杜以坦任社长。他引用先进农业技术，改良土壤，推广良种，粮棉产量逐年提高。1955年初春，他靠着热心和勤奋，土法上马，试行地瓜育秧获得成功。1956年，他任红峰高级农业生产合作社副社长后，借张肖堂虹吸工程，引黄灌溉，黄河水顺单寺干沟流入高杜田园，在"兔子不拉屎"的白花花的盐碱地上试种水稻，1957年水稻亩产即达450斤，使黄河北岸的高杜一举变为"江南稻乡"，改写了立村以来无水稻的历史。社员们吃上了大米饭，稻花飘香黄河大坝区域，这是杜以坦领导那届班子做出的历史性贡献。

高杜第三任党支部书记高承广

高承广（摄于1996年）

　　1958年7月，正值"大跃进"年代，高承广担任了高杜第三任党支部书记，按照上级统一部署，他带领全体社员，开展"大炼钢铁"，实施"全民大搬家"，建起"大食堂"，男女老少齐上阵，分别组成"老黄忠队""穆桂英队""花木兰班""小罗成班"，深翻土地，"大兵团作战"。自然灾害肆虐、生活极端困难的时期，他面对现实，不负众望，带领党支部一班人和全体党员、社员开展生产自救，寻找、扩大代食品，水塘养藕，滩地种地瓜，发动社员开垦房前屋后、沟崖边角种瓜种豆，千方百计地让社员填饱肚子。为预防疾病，他派专人外出学习食用野菜的知识，回村讲解各种野生食物的安全食用法，高杜成为北镇公社保人保畜的模范村。1960年年底卸任后，他任大队会计。夜灯下，算盘珠脆响，为老少爷儿们管家理财，打理日子。

高杜第五任党支部书记王文贤

素有"铁算盘"美誉的王文贤，初级社时期便是社里的主管会计。红峰高级农业生产合作社成立后，他依然是主管会计，他把社里的各种账目理得清清楚楚、明明白白，社员经济往来一目了然，深受社员赞誉和信赖。王文贤1957年加入中国共产党，1965年9月被选为高杜第五任党支部书记。他不但账目清、算盘精，抓工作、搞生产也是好手，在紧紧抓住粮棉生产龙头、提高社员生活水平的同时，大力创办和发展工副业项目，相继上马铸造、毛刷、麻袋、小麦加工、运输和建筑等队办企业，集体经济不断壮大，为队办企业培养、造就了大批技术人才和管理人员，社员的腰包逐年鼓胀。1969年2月，他改任高杜大队大队长，带领社员修台田、疏沟渠，大搞农田基本建设，亲自带队参加上级安排的水利建设工程，和社员同吃一锅饭，同住一个"地窝子"，起早贪黑，赶进度，抓质量，深受社员称道，并受到上级表彰。

王文贤（摄于 2004 年）

高杜第六任党支部书记高承淮

高承淮，新中国成立后任高家村民兵连连长，1956年加入中国共产党，1959年任高杜大队大队长，进入大队领导班子，1969年2月改任大队党支部书记，直到1983年4月，因病辞去书记之职。高承淮在大队主要领导岗位上奋斗了24个年头，是高杜大队任职时间最长的一位领导。20多年来，他和领导班子带领高杜社员与自然灾害斗，与艰难困苦斗，寻门路，辟蹊径，上马工副业项目，把一个世代以农为主的生产大队，逐步建成了农副业生产全面发展的新型生产大队，农业生产年年丰收，工副业生产规模年年扩大，收入递增，将高杜带入全县富裕村行列。在任职的岗位上，他想社员之所想，急社员之所急。暴风骤雨袭来之时，人们向家里奔，他总是穿上蓑衣，扛把铁锹往外跑，冒着风雨查水情，疏水道，围着住户危房转，一旦发现谁家的房屋有险情，赶紧帮助其搬进学校，安全躲过风雨。天一放晴，他立即组织青壮年帮着修理。黄河闹水，他第一个跑上大坝，现场部署指挥抗洪。村里的困难户，他了如指掌，夏送单，冬送棉。过年过节，对五保户关怀备至，让孩子们送去自家做的过节食物……村里人永远忘不了这位老书记。

高承淮（摄于 1973 年）

高杜第七任党支部书记杜述鑑

杜述鑑（摄于 1983 年）

　　杜述鑑，新中国成立前夕就进入渤海军区后勤部军需被服厂工作，为前线将士奉献青春，1958 年光荣加入中国共产党。他几经工作变换，职务变更，从高杜进进出出。1962 年 3 月，他从省冶金厅后勤管理部门回到高杜，不久被选为第三生产队队长。他带领社员垦荒种田，顺利度过经济困难后的恢复时期，接着在抓好农业生产的同时，发动群众，在第三生产队率先组建杜家村建筑队、地排车运输队，发展茶馆、电气焊、自行车修理等副业，农副并举，增加了集体经济积累，提高了社员收入，改善了社员生活。1964 年年底，他被北镇公社选拔到社办企业任职。1983 年 5 月，他又被公社党委安排回高杜接任高杜大队第七任党支部书记职务。当时，正是高杜向以工副业项目为主的城镇居委会过渡的时期，他带领一班人开动脑筋，解放思想，巩固扩大老项目，寻求启动新产业，建厂房、请技工、跑原料、找市场、开销路，兢兢业业，呕心沥血，不幸身染重病，1988 年在职任上病逝。杜述鑑为党的事业、为高杜庄乡，做出了不小的贡献。

高杜第八任党支部书记杜述德

1982 年 8 月，高杜大队更名为高杜居委会。1984 年 11 月，全体社员身份由农业户口转为城镇户口。自此，高杜从以发展粮棉生产为主，转变为以发展工副业生产为主。1988 年 6 月，时任居委会主任的杜述德接任高杜第八任党支部书记，成立了新一届高杜居委会党支部。时值中共中央做出治理经济环境、整顿经济秩序、全面深化改革的决定，他同领导班子成员一起把握这一有利时机，乘势而上，为经济发展筹谋大计，大力发展工商业，在巩固原有工副业项目的基础上，先后办起了宾馆、饭店、商场、食品加工、印刷等十几家企业，于 1992 年 6 月组建成立了"天都实业总公司"，统筹下属各企业人财物，开创了高杜经济发展的"新高度"，使高杜跨入了滨州市首批"小康村（居）"行列。同时，开始对女 50 岁、男 60 岁以上居民每月发放生活补助，铺设村中柏油路，家家通上自来水。1996 年，居委会党支部被市中办事处评为"奔小康红旗党支部"，居委会被授予"文明村（居）"称号。以杜述德为班长的党支部唱响的一曲深化改革的主旋律，给高杜开辟了新的未来。

第八任党支部书记杜述德（摄于 1997 年 9 月）

以第八任党支部书记杜述德为首的高杜党支部、居委会领导集体。左起：王秀华、高立国、杜述德、王秀明、高立兴（摄于 1996 年夏）

高杜第九任党支部书记高立国

第九任党支部书记高立国（摄于 2002 年 6 月）

1999 年 3 月，原任高杜居委会主任的高立国，担起了高杜第九任党支部书记的担子，成立了由高立国、王秀明、高立兴、高小平、杜述庆等五名同志组成的新一届党支部、居委会。上任伊始，正是城中村改造的起步阶段，面对村（居）大变革的艰巨任务，高立国带领新的领导集体，充分利用本村所处的优越地理位置，调查研究，充分论证，集思广益，制订了旧村改造的五年规划。即在五年内，把农家小院分三批改建成现代化的城市小区，让居民全部搬进楼房；同时，借地生财，为每户居民建造一套商品房出租或自用，使家家都有个永久、固定的经济来源，以保障居民的生活。此规划得到了全体党员和居民的热烈赞同和拥护。接着展开了前期各项准备工作。1999 年年底，《实施旧村改造的决议》的出台，标志着高杜旧村改造计划正式启动。2000 年年底，一期工程东小区总面积 19210 平方米的 4 栋居民楼竣工验收，200 户居民喜迁新居，欢庆的锣鼓声、鞭炮声不绝于耳。2001 年，二期西小区总面积 17790 平方米的 5 栋居民楼开工，总面积 6566 平方米的 98 套二层商业楼竣工。城中村改造的前奏曲激越而雄壮，有声有色，为高杜更全面和更深层次的发展奠定了基础，吹响了进军号。

高立国任党支部书记的高杜党支部、居委会领导集体。左起：杜述庆、高小平、高立兴、高立国、王秀明（摄于 1999 年 4 月）

高杜第十任党支部书记杜民生

从 2003 年 5 月，杜民生走上高杜第十任党支部书记兼居委会主任岗位至今，历经四届换届选举，带领四届班子成员，依靠全体党员和居民，开启了以把高杜建设成"美丽高杜、文化高杜、商业高杜、和谐高杜"为目标的"城中村"改造开发的第一次创业之路，已搏击了 15 个年头。领导集体审时度势，从组建高杜置业有限公司入手，一手抓安置，一手抓开发，打造了"三市两城"，进行了河滩开发和二、三期居民住宅楼建设，集体经济日益雄厚，居民生活蒸蒸日上。同时，为凝聚人心、激发斗志，组织居民忆乡情、记乡愁，出版了《高杜人说高杜事》系列丛书，创造了文化产业与开发建设相互促进、共兴共隆的新模式；望湖花园云水瑶、盛世名门、农家别墅、新高度大厦、仿古一条街、亦房亦路亦围墙式的花园等一系列现代化设

第十任党支部书记杜民生

施拔地而起。居民福利月月发，肉蛋鱼、米面油菜样样有。老年人生活补助"六连增"，从每人每月 70 元提高到每人每月 800 元，其中 80 岁以上的每人每月 1000 元……如今杜民生和他这一届领导班子，正雄风勃发，带领全体居民成立"蒲台古城合作社"，居民变社员，社员变老板，进行第二次创业，由安居向富强迈进！

杜民生书记上任后的第一届党支部、居委会成员。左起：孙红岩、高志勇、高立兴、杜民生、王秀国、高新华（摄于 2005 年 5 月）

杜民生任党支部书记的第
二、第三、第四届党支部、居委
会领导集体。左起：高新华、杜
民生、高立兴、高立国（摄于
2013 年 9 月 1 日）

2010 年 5 月，杜民生书记（中）
向市中办事处领导汇报高杜"蒲台
古城""明清风格小吃街"设计规
划及高杜今后十年持续发展规划

高杜居委会 2004 年工作总结
及 2005 年工作安排大会现场（摄于
2005 年 1 月 23 日）

创业掠影
CHUANGYE LUEYING

逐美奋发，是高杜岁月的长风；图强创业，是高杜前行的破浪。乡间遍布茅屋，他们已有农家小楼；农人还朝夕弓影于泥土，他们已添了一个"书香门第"的美称……那扛脚行的颤影、拉纤的号子，江南米乡、泥炉红火，以及土屋的蝶变、云天高楼的耸立……一个"创"字闹天地，闹得天翻地覆，日新月异。长卷在创业彩笔中延伸，宏图在创业臂吊中崛起，以最新最美的图画和文字写过去、写现在、写未来……

捧出土地建棉纺　农民转身变工人

　　50多年前的1966年，恰逢国家调整经济建设战略布局，进行"三线"建设，青岛国棉四厂奉命来北镇建分厂。高杜人拍着胸脯，慷慨地将大片土地献了出来，在祖辈留下的田基上筹建鲁北最大的棉纺织厂。这是高杜人奏响的生产方式、生活方式和身份转变的历史性创业曲。由此，村里的一大批适龄青年被该厂录用，这些年轻人走出世代都是农民的村庄，走进了工厂，成为这个国家棉纺厂的第一代工人，也是高杜有史以来第一批国家工人。为此，全村人感到无上光荣和自豪。1966年6月10日，大队党支部、团支部联席召开欢送会，欢送首批入厂年轻人赴青岛国棉四厂培训。会后，大家在一起留下了这张合影。自此以后，随着北镇经济的快速发展，高杜的后生们一批又一批地走进工厂成为工人，工作、学习和生活完全进入新佳境。如今人们的幸福之路，就是从那一部乐章里开启的。

欢送首批入厂工人合影留念（三排左六为大队队委、会计高承广，左七为团支部书记高承照）

首支安装队燃亮队办企业前景

1978年夏，高杜大队首次承接了胜利油田井下作业指挥部的千吨树脂甲醛厂安装工程。电气焊负责人杜述庆接受任务后，以原电气焊老师为骨干，在全村挑选了十几名头脑聪颖、勤奋好学、年轻力壮的小伙子，组成了一支20多人的施工队伍。经短期培训后，他们拎起背包，远离家门，赶赴工地。该工程主要是焊接铝板和不锈钢板，技术性强，要求严，难度大，稍有不慎，哪怕是一丝一毫的偏差，都将前功尽弃。这样不仅浪费了工时，毁坏了材料，更重要的是毁了高杜的名声。大家在聘请来的师傅的指导下，干中学，学中干，兢兢业业，精益求精，战酷暑，斗严寒，夜以继日，一丝不苟。1979年3月，终于按工期拿下了这块难啃的"硬骨头"。他们不仅得到甲方的肯定和赞许，而且带回了3万多元工程款。那晶亮的焊花，为高杜创办工副业破冰燃亮了第一束火焰。

1978年，杜述庆在施工工地

杜述庆（中排右三）率领的高杜安装队完成胜利油田的安装任务，临别时施工队全体人员与厂家技术人员合影留念（摄于1979年3月）

标志队办企业升级的奥迪

　　20世纪80年代，滨州市城镇化进程快速推进，高杜耕地逐年减少，大批劳动力闲置。面对这一严峻现实，高杜人跳出"自古华山一条路"的局限，不再"两腿都插在泥土里刨食吃"，先后办起了翻砂厂、毛刷厂、散热器厂、宾馆、饭店等十几个工副业项目和建筑队、运输队，一时间，队办工副业成为全居经济的重要支柱。为适应工副业项目的对外业务联络和产品销售所需，1991年12月，居委会购进了有史以来的第一辆轿车，替代了用步量或骑自行车的原始出行方式，极大地提高了工作效率，提升了队办企业的知名度和影响力，同时也为居民办喜事提供了一道"风景线"。这辆奥迪轿车是高杜创办队办企业永不满足、敢为人先的见证。

高杜居委会1991年12月购入的第一辆奥迪轿车（摄于1992年2月）

餐饮服务业异军突起

　　1980年，刚入驻北镇不久的青岛医学院北镇分院附属医院，靠着医德双馨的优势，引来周边区县众多的就医者。一时间，医院内外车水马龙，门庭若市。高杜人瞅准这一商机，在南大门对面办起了集餐饮住宿为一体的高杜青纺宾馆，一支脱掉农装的餐饮住宿服务业队伍闪亮登场，为前来青医（1983年改名为滨州医学院附属医院）就医的人们提供食宿服务。全体员工坚守"质量第一，顾客至上"的服务宗旨和"服务第一，薄利多销"的经营理念，因需制宜，灵活服务，使各消费层次的顾客笑脸进店，满意而归。青纺宾馆生意日益红火，利润年年提高，成为高杜经济发展的主力军。1990年，高杜又建起青纺宾馆营业大楼，壮大了服务队伍，扩大了服务范围。1995年，高杜投资550万元，建起了3800平方米的华都大酒店。15年迈了三大步，一步一片新天地，一步一道新境界。这三张老照片中的人物分别是1981年、1984年和1990年高杜青纺宾馆的部分创业奠基人员。

高杜青纺宾馆经理高法舜与大队党支部副书记杜述铎、司务长高立国等部分工作人员在宾馆院内合影。前排左起：杜述范、高法舜、杜述铎、高立国。后排左起：王小景、孙红岩、王锁（摄于1981年春）

　　高杜青纺宾馆经理高法舜与全体员工在青纺宾馆大门口合影。前排左起：刘爱民、姜爱英、杜秀清、孙红岩、王秀銮、张娟。中排左起：盛宝凤、高承杰、高法晋、高立国、高法舜、王文贤、高吉堂、李吉花。后排左起：刘学萍、李秀云、赵秀珍、李淑贞、张成华、刘宝花、王锁（摄于1984年春）

　　高杜青纺宾馆部分员工在大楼前合影。前排左起：马桂花、季祥青、张华萍、宣良花、李凤美、闫廷荣。后排左起：杜述泉、耿松华、李秀云、谢素贞、王金花、张召、杜利华（摄于1990年冬）

破茧而出的旧村改造"方案"

　　时光年轮转入 1999 年，作为城中村先行改造的高杜，如何踢开头一脚，推倒旧居，建起新的居民区，开辟新的业绩，对高杜人来说，这是一项前无古人的大工程，一切都须从零开始。上半年，两委班子走家串户，与村民促膝交心，触摸民脉，召集各方人士听取建议，聚集智慧，依据国务院《城市房屋拆迁管理条例》及《山东省城市建设房屋拆迁管理办法》，拟定出了高杜居委会《开发房屋拆迁实施方案》初稿，并交全体居民讨论审议，广泛听取各方意见。经几次商议，反复推敲，取得共识后，1999 年 8 月 24 日，一个群众满意、切实可行的《开发房屋拆迁实施方案》，终于在灼热的夏日里破壳而出。随即经村民大会协商，制定了《实施旧村改造工程的决议》。1999 年 8 月 30 日，按照决议定的程序展开了旧村改造前期的拆迁工作。自此，高杜旧村改造工程敲响了新征程的第一锤，掀开了建设新高杜的第一页。

市中办事处工作组与高杜居委会两委班子在居委会办公室门前合影留念。前排左四：办事处党工委副书记、工作组组长李景昆。前排左五：高立国（高杜居委会党支部书记）、前排左六：杜述庆。后排左一至左三：高立兴、高小平、王秀明（摄于 1999 年 6 月）

群众代表赴外考察

　　1999 年 6 月，高杜旧村改造的大业刚刚搭台，居委会就想到了生在高杜、长在高杜，对高杜情况了如指掌，又怀揣许多梦想的父老乡亲，因为他们对高杜的未来更有主见和话语权！于是，居委会便发动群众推举了有眼光、有思路的开放型代表作为策划者，加入到外出考察的队伍中。这支队伍西赴省会城市济南的泺口市场，南下享有"江北义乌"美誉的临沂市场，到实地听、看、摸、悟。他们走一路，思一路，谋一路，在心里为高杜画了一张蓝图。回来后，他们与居委会领导一拍即合，冲在旧村改造的前列，积极参与，鼎力支持，"扒平房，建楼房，腾出宝地建市场"的大业紧锣密鼓地开展起来。

外出考察的群众代表考察济南泺口市场后，在泉城广场合影留念（摄于 1999 年 6 月）

放胆创业　挑战 2004

在全市开展解放思想大讨论、促进"跨越式发展"的大好形势下，高杜人在认真总结 2003 年工作经验教训的基础上，制定了 2004 年以"建设美丽高杜、文化高杜、商业高杜、和谐高杜"为目标的社会主义新农村建设长远规划和近期目标：一是进行经济体制改革，完成股份制改造，全民入股，成立高杜置业有限公司；二是高起点、高标准，规划设计望湖花园；三是推行市场化运作模式，筹建 11 号居民楼；四是打造培育"三市两城"。这四项任务，是以前连做梦都不敢想的事儿，是关乎高杜命运的大事，要在几百年形成的一个古老村庄的旧基上推陈出新、破旧立新，建起一个现代化的新村（居），谈何容易！他们深谙彩虹出现在风雨之后的道理，以实打实，以硬碰硬，勇立新农村建设的潮头，向 2004 发起挑战……岁末，四大目标，四大硬仗，均在断腕壮志、砥砺搏击中告捷收官，高杜以崭新的模样向跨越式发展交了一份圆满的答卷。

2004 年 1 月高杜居委会举行 2003 年工作总结、安排部署 2004 年工作动员大会主席台。左起：杜宪文、高立国、杜民生、王秀国（摄于 2004 年 1 月）

居民股东一肩挑　政企分离双翼飞

　　2004 年初春，高杜居委会提出了"居民入股，成立公司，政企分离，实现高杜跨越式发展"的新设想。这一新的大业设想，就高杜而言，前是一张白纸，今无一款参照，是村（居）建设机制的一次大变革、大变脸，是带有自创色彩的新模式。为了把这一设想变为现实，他们迅即组建了"股改"小组，考察论证多个方案，拟订"高杜置业有限公司"章程、细则、条例，提交居民代表大会审议通过后，即进入了实施阶段。全居 1173 人，踊跃参股入股，筹足注册资本金，民主选出董事会、监事会，经注册获准，于 2004 年 7 月，正式挂牌成立高杜置业有限公司。自此，居委会和公司分离，居委会专心抓好所负责的各项事务，公司专心抓经济发展和企业运营。运行半年余，年底全体股东喜获 10% 的红利，嘎嘎响的大红票子飞进居民兜中。高杜政兴、家和、业旺，生机益然，一派繁荣。

高杜居委会股份制改制工作小组合影留念。前排左起：高令辉、杜晓钧、杜宪文、杜民生、高令泉、王文伦、高承照。后排左起：高立兴、杜同柱、高法兴、高国昌、王秀刚、杜述美、高法杰（摄于 2004 年 8 月）

高杜置业有限公司挂牌仪式（摄于 2004 年 7 月 28 日）

高杜置业有限公司揭牌典礼盛况（摄于 2004 年 7 月 28 日）

开先河，欢送学子赴德深造

欢送杜静（中）公派赴德留学会上，党支部书记杜民生（右一）致辞并向她赠送高杜人自己编著的《高杜人说高杜事》（摄于2008年7月）

杜静，2007年中国协和医科大学医学科学院研究生毕业，获医学硕士学位。2008年夏，经过激烈的竞争角逐，在如林的高才生中脱颖而出，被国家公派赴德国柏林洪堡大学攻读博士。众乡亲获悉这一消息后，无不为之自豪。居委会一班人更是满脸荣光，心潮涌动，深感杜静这一"公派赴德"的深远意义以及在人们心目中的分量，决心把这一标杆树起来，成为全居学子的典范！于是在她启程前，居委会破例为她举行欢送会，市中办事处党工委书记宋致刚（左一）得知后，百忙中亦特意前来祝贺送行，居委会党支部书记杜民生致贺词，并为杜静送上《高杜人说高杜事》一书，寄语"记住乡愁，留住乡情"，学成不忘报国家。从此以后，村里的年轻人每逢考入高校或光荣参军，居委会都为其举办欢送会，传递正能量。此举已成为高杜居委会的一项日常工作。

家家户户话乡愁　一帮老人写书忙

历史悠久的高杜，有说不完道不尽的动人故事，历史的、战争的、亲情的、友情的，带着血迹的，挂着泪珠的……一个个动人的美丽传说，成为高杜的根、高杜的魂。当这个古老的村庄即将消逝、迈向现代的新生活之时，如何延续祖辈之根，凝聚今人之心，使根不断、魂不散，成为加强新农村文化建设的重要任务。为此，高杜推出一项惊人之举——出书！世代在庄稼地里摸爬

《高杜人说高杜事》第一辑编委会成员合影。前排左起：李凤琴、高令泉、杜民生、杜宪文、高令辉。后排左起：高承照、高法杰、高法兴、杜同柱、杜述美、杜宪民、高立兴（摄于2005年）

滚打的泥腿子出书！出一套使子孙后代不忘历史、永记乡愁、留住根脉的专辑——《高杜人说高杜事》！家家户户忆往昔，讲故事，人人动手写故事，一帮老汉走进编辑部，苦战十余载，先后出了两辑《高杜人说高杜事》。一辑由齐鲁书社出版，一辑由山东人民出版社出版，分别于2006年春节和2015年春节前夕赠送到各家各户，沉甸甸的烫金字大红书摆在案头、床头，带着苦与甜、欢与乐，一字一句走进高杜人的心头。春节期间，《高杜人说高杜事》让高杜人饱享了一桌书香大餐。从自己口述、执笔的"大餐"中，高杜人读懂了初心，唤醒了乡愁，找回了祖脉之魂，激活了尘封的心田，并将此转化为力量，使村风村貌悄然大变。为此，新华社、《人民日报》及全国各大报刊和地方媒体，均做了宣传报道。这套书在社会上引起强烈反响，并招来一个个合作的商机，全居一派明媚春光。高杜人尝到了这一果实的芬芳，2016年初春，又开始编写以照片记述故事、述说乡情乡魂的《高杜人说高杜事》（全家福卷）。书中自有黄金屋。如今，书香的魅力正在持续发酵和扩大中，能量何其大，乡魂走多远，很难估得透！

《高杜人说高杜事》第二辑全体编辑人员合影。前排左起：高法杰、杜同柱、杜民生、周福楼、侯玉杰、高立国、高令辉。后排左起：杜璐瑞、杜国华、王秀刚、高令国、杜建华、高法兴、杜建廷（摄于2012年春节）

《高杜人说高杜事》第三辑全体编辑人员合影留念。前排左起：高立国、杜民生、杨刚、周福楼、侯玉杰、杜同柱、高法杰、杜建华。后排左起：王秀刚、张卫玲、杜国华、高凤林、高令国、高新民、马洁、杜璐瑞（摄于2017年4月）

福利事业节节高

　　创业无止境，造福无尽头。近几年，高杜居委会把为民谋福利放在心头，作为一项事业来创办，一再为民提升生活品位和质量。居民福利向全方位、全覆盖迈进，人们对改革开放成果的获得感、幸福感不断攀升。分发福利待遇，从起初的逢年过节扩展到月月发，享受对象由原来的老年人发展到家家都有，户户不落。居委会有个专门班子和专业队伍，专门谋划和操办，他们既是采购员，又是分发员，动车马，跑市场，赴产地，采购、直购，多轮驱动，一年到头不得闲：夏分解暑降温的绿豆、旗子、面条、麻汁，冬发度寒看家的白菜、萝卜和大葱，清明分鸡蛋、咸鸭蛋，腊八采红枣、黏米面，春节备丸子、香肠、鱼肉、酱油醋、新鲜蔬菜……春夏秋冬，人们足不出户，就可坐在家中尽享福利。一概天然的、绿色的

2014 年福利表

序	月.日	品名
1	1.2.	白菜
2	1.17.	面粉
3	1.17.	花生油
4	1.18.	带鱼
5	1.18.	购物卡
6	1.19.	香油
7	1.20.	丸子
8	1.20.	猪肉
9	1.22.	苹果
10	1.22.	馒头
11	1.23.	香肠
12	1.24.	鸡蛋
13	1.24.	莲藕
14	1.25.	芹菜
15	1.25.	生菜
16	1.25.	蒜苗
17	1.25.	尚蒿
18	1.26.	韭菜
19	3.27.	鸡蛋
20	4.28.	山粉
21	5.30.	面条
22	5.30.	购物卡
23	6.30.	绿豆
24	6.30.	旗子
25	8.1.	鸡蛋
26	8.4.	鸭蛋
27	8.8.	猪肉
28	9.4.	面粉
29	9.4.	花生油
30	9.5.	羊肉
31	10.28.	冬枣
32	10.31.	小米
33	11.13.	玉米面
34	12.8.	大米
35	12.12.	白菜

2015 年福利表

序	月.日	品名
1	2.2.	面粉
2	2.2.	花生油
3	2.3.	鸡蛋
4	2.4.	香油
5	2.4.	大葱
6	2.5.	苹果
7	2.6.	猪肉
8	2.6.	山药
9	2.7.	羊肉馅
10	2.8.	丸子
11	2.9.	馒头
12	2.9.	香肠
13	2.10.	鸭梨醋
14	2.11.	购物卡
15	2.12.	带鱼
16	2.12.	咸菜
17	2.13.	长馒头
18	2.13.	莲藕
19	2.13	虾皮
20	2.14.	韭菜
21	2.14.	高杜书
22	4.1.	鸡蛋
23	4.30.	鸭蛋
24	9.25.	面粉
25	9.25.	花生油
26	9.25.	面条
27	11.19.	玉米面
28	11.30.	白菜
29	12.1.	大米
30	12.30.	小米

高杜居委会 2014～2017 年度福利发放明细表及居民领取掠影（摄于历年分发现场）

四方鲜美，八域醇香……

令人羡慕的是，高杜创业之果实，化作芝麻开花般的幸福指数，回馈给了全居奋斗创业的人们，进了菜篮，入了盆钵，上了餐桌。这一组组的图表和照片，就是高杜居民近几年领取居委会分发福利的纪实掠影。它印证的是：高杜人真有福气。

2016 年福利表		
序	月.日	品 名
1	1.21.	面粉
2	1.21.	花生油
3	1.22.	黏米面
4	1.22.	红枣
5	1.22.	大葱
6	1.28.	香油
7	1.28.	虾酱
8	1.28.	白丸子
9	1.29.	香肠
10	1.29.	鸡蛋
11	1.29.	猪肉
12	2.1.	咸菜
13	2.1.	长馒头
14	2.1.	虾皮
15	2.1.	羊肉馅
16	2.2.	刀鱼
17	2.2.	购物卡
18	2.3.	蔬菜
19	2.3.	韭菜
20	2.3.	馒头
21	4.1.	鸡蛋
22	4.1.	鸭蛋
23	4.29.	面条
24	6.8.	绿豆
25	6.8.	棋子
26	6.27.	麻汁
27	6.27.	竹叶茶
28	8.2.	纪念衫
29	8.15.	面粉
30	9.12.	花生油
31	9.12.	鸡蛋
32	9.12.	虾皮
33	9.13.	葡萄
34	9.13.	猪肉
35	9.27.	面条
36	11.4.	苹果
37	11.14.	大葱
38	11.14.	地瓜
39	11.21.	玉米面
40	12.3.	胡萝卜
41	12.7.	白菜

2017 年福利表		
序	月.日	品 名
1	1.10.	大米
2	1.10.	小米
3	1.11.	面粉
4	1.11.	花生油
5	1.12.	香油
6	1.12.	酱油.醋
7	1.13.	鸡蛋
8	1.13.	面条
9	1.16.	黏米面
10	1.16.	红枣
11	1.17.	咸菜
12	1.17.	刀鱼
13	1.18.	香肠
14	1.18.	海米
15	1.19.	购物卡
16	1.19.	猪肉
17	1.20.	长馒头
18	1.20.	白丸子
19	1.21.	大箱菜
20	1.21.	山药.藕
21	1.22.	羊肉馅
22	1.22.	馒头
23	3.31.	鸡蛋
24	3.31.	鸭蛋
25	4.26.	面条
26	5.27.	面条
27	7.3.	绿豆
28	7.3.	棋子
29	7.25.	麻汁
30	7.25.	面条
31	9.2.	鸡蛋
32	9.2.	猪肉
33	9.30.	山粉
34	9.30.	花生油
35	10.3.	牛肉
36	10.11.	冬枣
37	11.10.	玉米面
38	11.13.	地瓜
39	11.15.	大葱
40	12.1.	苹果
41	12.5.	白菜

高杜居委会 2014 ～ 2017 年度福利发放明细表及居民领取掠影（摄于历年分发现场）

2017 年 3 月、6 月、7 月高杜居委会老年人生活补助金发放领取明细表（摄于 2017 年 8 月）

新愿景，在蒲台古城合作社启笔

2009 年，经过 20 年打拼，高杜人第一次创业——城中村改造开发喜获累累硕果之时，他们志存高远，放眼未来，开始酝酿谋划如何把高杜的村（居）发展空间做大、做阔，把高杜现有的事业做大、做强，把高杜的幸福蛋糕做大、做甜。冬去春来，夏逝秋至，多少个夜晚深思难眠。渐渐地，一个二次创业的偌大轮廓勾勒出来：古为今用。在蒲湖西北侧那片祖上耕耘的土地上，用历史文化底蕴复原昔日与高杜毗邻的蒲台古城，再现当年的风物、风貌和风韵；以合作社为载体，集旅游、商务、休闲、娱乐、居住于一体，运用市场手段打造滨州市沿黄古县城规模和气势的风景区、富庶区；居民入股，参与管理，分享红利。据此，他们再出发，北上南下，东奔西走，四处考察，听民意，做决议，谋方案，跑立项，几易图纸，终于确定预期设想和规划，不畏困难，艰辛运作……目及所至，蒲台古城合作社的创业梦想正一步步地向前迈进，正一步步地变为美好现实。当你看到下面这一组照片时，又怎能不赞叹和神往呢！

2017 年 9 月 5 日，党员和群众代表一致通过高杜居委会开发建设蒲台古城项目和成立"蒲台古城合作社"的决议（摄于 2017 年 9 月 5 日）

成立蒲台古城合作社倡议书

自一九九九年以来，高杜居委会党支部便带领全居居民走上了"城中村"开发的第一次创业之路。近二十年来，在上级党委的正确领导下、在党支部的坚强领导下，取得了经济、文化的双发展，发展成果硕果累累，居民生活水平不断提高，幸福指数不断上涨。

为了使高杜的发展更上一层楼，党支部提出了第二次创业的口号，以蒲台古城项目为依托，成立蒲台古城合作社，发动全居居民加入合作社，成为合作社的社员。居民变社员，社员变老板。

蒲台古城项目是2009年由高杜居委会与北京家荆花赢投资有限公司共同合作的项目，北京负责土地出让，项目建设及项目所需资金的全部支出，高杜负责土地顺利摘牌，土地返还款入股，项目建成后两家分房，北京方得房79%；高杜得房21%，因各种原因，项目建设得不到落实。自去年以来与北京开发方进行了十几次的沟通和谈判，终于达成共识，北京方放弃了此项目的开发。北京方先期投资土地出让款2516万元，项目运营开支2084万元，七年融资利息2600万元，合计：染仟贰百万元人民币。为让利合作社社员，高杜居委会在原得房21%的基础上让利9%，在本项目建成后，高杜居委会得建成后房产总面积的12%，合作社占建成后房产总面积的88%。

首先成立蒲台古城合作社筹委会，主任高法杰，副主任杜建华，成员：王秀刚、高新民、高凤林、高令国、杜国华、杜刚瑞。以合作社筹委会名义招募社员，通过募股募集资金1.2亿元，每股1万元，共1.2万股。

以高杜居民为核心入社募股，而后正式注册成立蒲台古城合作社。

滨州市滨城区市中街道办事处、高杜居民委员会全体党员和群众代表讨论通过的《成立蒲台古城合作社倡议书》（摄于2017年9月15日）

蒲台古城规划设计效果图。上图：建成后的蒲台古城城门楼。左下图：蒲台古城全貌。右下图：建成后的临湖商业街和休闲广场（摄于2017年9月）

居民踊跃入社现场掠影（摄于2017年10月）

村风礼花
CUNFENG LIHUA

　　高杜的村风民俗似有声的语言和有色的衣裳，伴着日月和天地，在古老文明中悠然而来。尽管它渐次演变着，甚至撤退着，但那喜同乐、福同享的雅风，灾同抵、难同当的侠义，还有邻相敬的景致，感召着四方弟兄他乡是故乡的肝胆情怀……它依然透着往昔的底蕴，传递着传统精髓与现代元素的风情，点缀在古村新居的大家园里……

不爱红装爱武装

　　20 世纪 70 年代的高杜姑娘，人人以参加民兵为荣，个个以身披武装带、手持钢枪为美，种田比谁是生产能手，打靶争谁的枪法准。她们既是生产队各条战线上的生产骨干，又是高杜基干民兵连的精兵。这组飒爽英姿照片，印证的就是那时高杜姑娘的向往和追求。

高双英（左一）、高小会（左二）靶场合影（摄于 1978 年 9 月）

女民兵高真（摄于 1978 年秋）

女民兵刘爱民（摄于 1978 年秋）

水利工程显身手

　　具有高度的集体主义精神，注重集体荣誉，勤劳奋进、不甘落后的高杜人，时时处处都保持和发扬着勇往直前的奋斗精神。1976年冬，在全县各村民工齐上阵的北孟水利工程建设中，高杜大队民工的工地上彩旗飘飘，喇叭声声，民工们迎着凛冽的寒风，幸福地忙碌着。挖土的、装车的、驾车的、拉纤的，一派繁忙的劳动景象。劳动号子此起彼伏，穿梭奔忙，什么困难都阻挡不住他们向前的脚步。"质量第一""进度最快"的流动红旗双双插在了高杜的工地上。县里的宣传人员，来到流动红旗飘扬的工地上，把这热火朝天的劳动情景用相机拍摄下来，将最近处的女民工杜艳萍、杜爱等人挖泥土装车的英姿显跃于相纸。

　　1976年冬，奋战在北孟水利工程工地的高杜民工队，前左一杜艳萍、前左二杜爱（摄于1976年冬）

移风易俗过大年

　　高杜居委会为更好地传承春节拜年的传统风俗，减轻人们上楼下楼走家串户的劳累，紧随时代步伐，破旧俗，树新风，于2004年新春佳节推行了全居春节团拜活动。各家各户在家拜完各自的尊长之后，聚集到居委会大楼前的广场上，共同辞旧迎新，相互道贺祝福，表达美好祝愿。这为高杜的春节文化注入了新气息、新活力，增添了新内容。图为居委会党支部副书记高立兴代表党支部、居委会，向全体居民拜年，表达新春祝福。看了这幅照片，昨日情景犹在眼前。

2004年1月22日，农历甲申年年初一，高杜居委会举办居民春节团拜会的现场（摄于2004年1月22日）

老有所养　夕阳幸福

老年人领取生活补助金情景（摄于 2013 年重阳节）

　　尊老爱老敬老助老是中华民族的传统美德。自实行合作化以来，高杜这一村风如老酒般更加醇厚浓香。从初期对孤寡老人实行保吃、保穿、保医、保住、保葬"五保"保障，逐步发展到对所有 60 岁以上老人每月发放生活补助，从 20 世纪 80 年代初每人每月 20 元，攀升到目前的每人每月 800 元， 80 岁以上老人每人每月 1000 元；从物质生活逐步向精神生活延伸，从 1987 年重阳节开始，高杜每年集体组织活动，让老年人欢乐愉快地度过自己的节日。2003 年以后，居委会每年重阳节都要组织老年人"滨州一日游"，中午集体会餐，举杯欢庆，让老人们亲身体验滨州的快速发展和日新月异的面貌。昔日在黄土地里辛劳了大半辈子的老人们欢聚一堂，互诉衷肠，享受着改革开放带来的福祉。

2016年重阳节，高杜居委会60岁以上老年人"滨州一日游"合影留念（摄于 2016 年重阳节）

传统美德满高杜

如今，在集体经济日益发展、居民生活日趋富裕、村风村貌日新月异的高杜，人们自觉继承和发扬中华民族的传统美德，尊老爱幼、孝敬父母、夫妻恩爱、邻里和睦的动人事迹随处可见。这两张照片，既是高杜众多家庭日常生活的缩影，也是高杜村风民俗的真实反映。第一张照片，记录的是年已古稀的高吉忠给年近九旬的老母亲洗脚剪指甲的情景。高吉忠，胜利油田退休干部，家住东营，他的老母亲独居高杜，全家人多次请母亲去东营居住，老人家过惯了家里的生活，执意独居。母亲老了需要有人服侍，为了适应老人的生活习惯，儿子退休后便从东营回高杜，常年照料母亲。第二张照片，是妻子刘学萍服侍患有脑血栓后遗症丈夫的真实写照。2012年秋，在高杜置业有限公司负责基建工作的王秀国不幸罹脑血栓，虽经治疗保住了性命，但落下了严重的后遗症。刘学萍对丈夫不离不弃，精心呵护，担起了家庭重担。

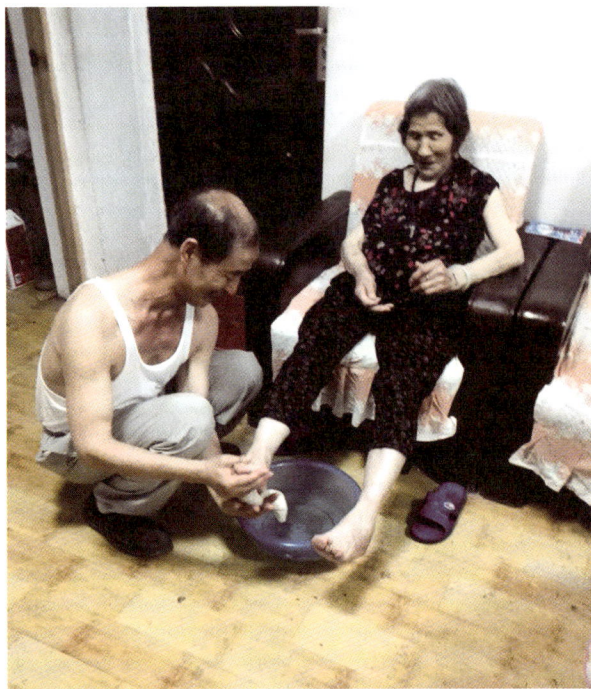

高吉忠给母亲洗脚剪指甲（摄于2016年夏）

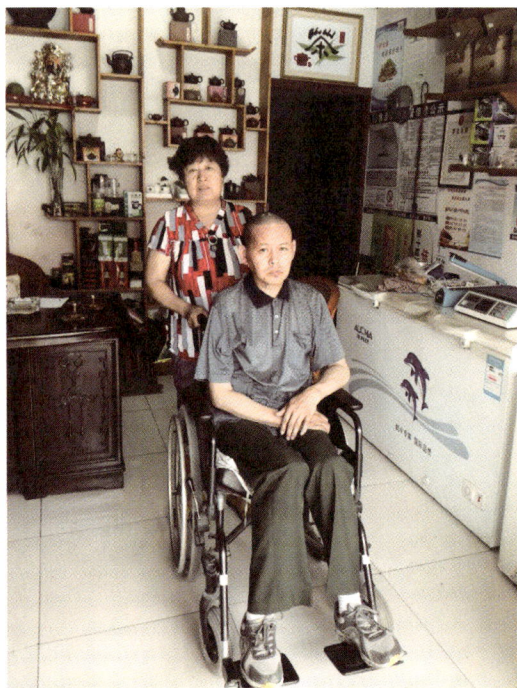

刘学萍一面精心服侍患有脑血栓后遗症的丈夫王秀国，一面打点自家的茶庄（摄于2016年7月）

深受赞许的红白理事会

三队上届红白理事会成员杜晓勤（右）、杜述美（左）在为李道胜长子的婚事忙碌（摄于 2000 年 9 月）

高杜自古就有"一家有事全村帮"的优良传统。谁家准备盖房了，帮钱的，献粮的，助物的，家家各尽所能；施工中，打夯筑基，搬砖锄泥，垒坯搭墙，安檩上梁，人人各尽其力。谁家老人辞世了，办奠仪，劝节哀；谁家孩子办喜事，赠贺礼，恭贺喜。凡此，几乎全村老少齐上阵，忙里忙外，迎来送往。以前，这些大事情的谋划、组织、安排、打点都是由村里几位德高望重的长者自发承担的。自打 20 世纪八九十年代起，村里成立了红白理事会，红白理事会义务承办老百姓的这些大事，有约而至，精打细算，周密策划，有指挥的，有记账的，分工明确，责任到人，事事办得有情有理，无一疏漏，深得百姓赞许、主家满意。红白理事会成员，已经成为高杜精神文明建设的宣传者、践行者和树新风、添新貌的志愿者。

二队新一届红白理事会成员王秀峰（左）、高凤和（右）在操办二队一户人家的婚事（摄于 2013 年 6 月）

接纳被洪水围困的李家庄小学师生

　　1976年8月末，正值暑假期间，汹涌澎湃的黄河又开始发威，河水肆无忌惮地涌入高杜大坝南面的黄河滩，位于蒲城以北的李家庄村顿时变为泽国，该村小学被困于洪水之中。村民们早由政府安排迁于大坝以北的村庄暂住，以躲水灾。可9月1日就要开学了，村里的50多名学生如何开学上课呢？高杜大队心急如焚，急调人马，腾出库房做教室，添置桌椅板凳，联系订购教科书，将李家庄小学与高杜小学合二为一，同年级合并，统筹安排师资。9月1日，两村学子欢聚一堂，按时开学了。此照片为两校9名教师的合影，为这患难之中的真情厚意留下了永不忘却的纪念。

高杜小学和李家庄小学两校教师合影。前排左起：孙丙尧、杜廷栋、李佩然、高承照。后排左起：王丽荣、王淑青、刘秀荣、薛淑芳、杜兰英（摄于1976年9月）

李富贵随女儿来了高杜

照片中的李富贵老人，是原彭李乡李南蒲村人，和老伴育有三女。20世纪40年代末，大女儿嫁来高杜后，李富贵夫妇与俩女儿一起度日，老伴去世后，父女仨相依为命。1961年，二女儿李艳凤和高杜的高承照结为连理，三女儿也随后出嫁，家里只剩下已年过花甲的鳏孤老人李富贵。日消年殒，老人年事愈增，孤独一人生活。同在高杜的大女儿和二女儿放心不下，合计着接老父亲来身边一起生活。她们的孝心得到她们的丈夫及家人的支持，也得到了大队和全村人的赞同，积极为她们提供帮助。二女婿高承照为岳父办理了户口迁移手续，将老人接来高杜，高杜的户口册上添上了李富贵的大名。大队安排老人在饲养处喂养牲口，同高杜人同工同酬。热情好客的高杜人接纳了这位老人，使他的生活有了奔头。李富贵老人先在大女儿、大女婿高承广家生活了3年，后在二女儿家生活了15年。1989年，82岁的李福贵老人含笑辞世。1977年10月17日，李富贵老人为感恩亲家亲、高杜情，特邀亲家高德富和他的子孙们，在其居住的庭院前照的。在高杜，像高承照、高承广夫妇把岳父母迁来身边，活养死葬的还有好几家，诸如杜述亭夫妇、杜述庆夫妇、高凤林夫妇等。春风拂高杜，温馨暖人间。

前排左起：高惠清（高承照长女）、高利兵（高承照之子）、高利清（高承美之女）、高惠娟（高承照次女）、高惠芳（高承照三女）、高利群（高承连之子）。中排左起：庞凤云（高承连之妻）、李艳凤（高承照之妻）、李富贵（李艳凤之父）、高德富（高承照之父）、陈爱英（高承美之妻）。后排左起：高承连（高德富三子）、高承美（高德富长子）、高承照（高德富次子）

相聚新春的杜家爷们儿

　　20世纪五六十年代，村里的男人们都在自己的岗位上尽职尽责，全身心地扑在工作中，平时很难凑在一起交流亲情，畅述乡情，即便是节假日，也有好些人坚守在工作岗位，而不能全数凑齐。不过每年春节，是凑在一起的人数最多的时节。1963年春节，经历了3年经济困难磨难的杜家爷们儿，迎来了经济复苏、生活好转的曙光，对前景充满希望。对这个春节，大家似乎更加珍惜。大年初一这天，众爷们儿相互祝福叩拜后，在长者的倡导和带领下，呼呼啦啦，老少四代、22人同去照相馆，留下了这张具有岁月特征的纪念照。

　　前排左起：杜述庆、杜晓勤、杜述通、杜晓顺、杜同柱。二排左起：杜述鑑、杜晓海、杜以亭、杜晓滨、杜述亭、杜宪文。三排左起：杜述礼、杜述范、杜晓江、杜述德、杜述美、杜经堂。后排左起：杜述舜、杜述铎、杜晓州、杜述安、杜述尧

巾帼风范
JINGUO FENGFAN

　　旧时，高杜的女人们开朗外向，豪气抖擞，辫子剪得早，长裙脱得早，裹脚放得早，学堂进得早，耕耨种田，挥戈抗敌……巾帼不让须眉。时到新社会，高杜一代代新女性更加气质非凡，在家里是好女儿、好妻子、好母亲、好儿媳，在外问鼎争先，不甘人后，尽施一身才艺，斗风雨，舞蹁跹，烹饪出新生活的醇香……

高杜的"半边天"

　　这三张照片，分别是20世纪70年代高杜一、二、三队部分家庭主妇的合影。说她们是高杜的"半边天"，似乎还未能完全表达出她们的功劳和地位。因为那时村里的年轻人大都进了地区或县里的工厂，当了工人；身强力壮的男人们，大都被公社挑选去，进了公社所属的各类企业；生产队剩下的壮劳力，就是这些吃苦耐劳、任劳任怨的家庭妇女。她们是庄稼地里活儿的主力，一年四季，春播、夏管、秋收、冬藏，都是她们在挥洒汗水。她们是队办大小厂子生产的骨干，隆隆的马达旁，轰轰的车床边，身着工装的姐妹们一丝不苟，件件合格产品都刻着她们的辛劳。夜晚的灯光下，她们踏起"嗒嗒嗒"飞转的缝纫机，为大人孩子缝新补旧；老人的病榻前，她们给老人喂饭喂药，擦身洗脚；学童的书桌旁，她们为孩子的学习检查辅导……这就是高杜的家庭主妇们。当时如果没有她们唱主角，支撑着高杜的"天"，那整个"天"就"呼扇"了。正是有了她们，为了家庭，为了生产队，为了国家，日复一日、年复一年地默默付出，高杜的"天"才那样安稳、湛蓝和清爽。那些自愧不如的男人们，每年到了春节这天，都会自觉承担起家务，让无怨无悔操劳了一年的伴儿放个假。于是，她们聚在了一起，互相拜年，互道祝福，放飞一下梦想……

前排左起：耿淑兰、刘文鑫、刘桂兰、高法云、李吉花、王丽荣、庞凤云、夏福荣、崔岩华。中排左起：王秀兰、李秀云、李延花、彭爱华、于凤兰、张成华、高玉英、李延凤。后排左起：常桂英、杜翠芝、梅令兰、高法英、高承荣、孙美珍、杜新英、宋芳荣、王淑青（摄于1972年春节）

前排左起：董凤英、高吉云、周爱贞、陈秀兰、杜凤芹、徐其凤、陈玉兰。中排左起：盛宝凤、赵玉英、王文荣、杜秀荣、闫廷荣、孝岩芹、赵元凤。后排左起：王福美、王秀銮、李维芬、王秀蕙、杜凤云、徐绪芹、王锁（摄于1976年春节）

前排左起：王文英、孙玉兰、周玉兰、梁秀珍、杨树兰、张桂兰、杜秀贞。中排左起：王凤英、孝岩荣、郭秀珍、高吉凤、崔秀荣、季祥青、高令荣。后排左起：李红英、王玉珍、赵秀珍、李桂兰、王维存、崔淑兰、高令菊（摄于1976年春节）

抢收小麦六姐妹

　　1971年初夏，麦熟一晌，遍地金黄，麦穗飘香，麦收时节到来了。高杜大队下属的三个小队及时召开了"三夏"动员大会，号召全体社员全力投入夏收、夏种、夏管，确保麦子颗粒归仓，夏粮丰收。第二生产队六位十六七岁的姑娘，参加完动员会后，不约而同地走在一起，合计着为"三夏"生产多做贡献。当天晚上，这六个姑娘自觉组成了"六姐妹突击队"，选择了石油公司西边那块成熟了的15亩麦田为突击目标，磨好镰刀，备好草绳，夜深人静时，你追我赶，镰刀嚓嚓。繁星高照，为她们助威送亮；凉风习习，为她们驱热拭汗……凌晨，当二队的大部队来到地头时，看到的是已经割倒的麦子整齐地躺在布满麦茬的地上。众人向六姐妹投来敬佩、羡慕以及夹杂着心疼的目光。六姐妹迎着朝阳，心花怒放，又投入到新的任务中。当年的六姐妹，现在都已经是60多岁、做奶奶的人了。回想当年的英姿风貌和奉献精神，她们依然豪情满怀，仿佛又回到了那个夏夜的麦田里……

前排左起：高真、高秀华、刘爱民。后排左起：高杏奎、高凤兰、崔新兰（摄于2004年春节）

干出来的妇女主任

　　1965 年 12 月，结婚"六日"的新媳妇孝岩荣，脱下新衣，换上旧装，跑到生产队要活干。论辈分叫她婶子的队长杜述铎，半开玩笑、半认真地对她说："你个刚进门的小婶子，会干点啥农活？"孝岩荣毫不怯生地回答："你能干啥农活，我就会干啥农活。"从此，生产队里多了一位样样农活都跑在前头的女将。冬去春来，坝南河滩沙土地栽地瓜，孝岩荣挑着几十斤重的水桶，翻过十几米高的黄河大坝，走二里多路，从坝北水井里打上水来，挑到坝南地里，一天来回几十趟，一点都不落在男人后边。凭着实干精神，1966 年，她被社员们选为妇女队队长，一干就是十多年。1978 年，她被选为大队妇女主任。人们由衷地赞叹：孝岩荣这个"官"是干出来的。

妇女主任孝岩荣带领女社员在棉田锄地（摄于 1981 年 4 月）

飒爽英姿姐妹花

　　20世纪六七十年代，全民皆兵，备战备荒。高杜民兵连十分活跃，他们生产练兵两不误，农业生产当能手，练兵场上争模范。在生龙活虎的民兵连里，三个女民兵班格外引人注目。参加生产时，她们是突击队，总是提前完成任务，挤出时间搞训练。训练中，她们一丝不苟，从难从严。她们进行无依托射击训练时，为增强臂力，从枪杆上挂半块砖练起，一直到挂整块砖，臂不晃，手不颤。练体能时，和男民兵一起摸爬滚打，当仁不让……艰苦的训练，换来了好成绩，女民兵们多次参加上级组织的集训和比赛，都取得了好名次。图中的姐妹俩一起参加公社的射击比武，双花怒放，惊艳赛场，受到表彰。为记住这自豪的时刻，姐妹俩全副武装背起枪，跑到照相馆留下了这份带着荣耀的纪念照。

姐妹女民兵，左为姐姐王淑兰，右为妹妹王淑萍（摄于1965年冬）

毛刷厂的娘子军

　　高杜大队毛刷厂，从 1967 年建厂，到 1998 年改制，风雨三十载。这个曾经为高杜经济崛起和发展立下功劳的毛刷厂，一直由一帮娘子军挑大梁。这帮娘子军，饱尝过建厂初期的艰辛，品味过兴盛时期的甜蜜，获得了"支援工业先进集体"的荣耀。她们中，有活泼清纯、手脚麻利的年轻姑娘，有大胆泼辣、敢拼敢闯的家庭主妇，还有老成沉稳、仔细认真的婶子、大娘……30 年来，人一拨换一拨，一茬又一茬，但娘子军的主体阵容始终没有变，艰苦创业的精神没有变，勇往直前的风貌永放光芒。

高杜毛刷厂 20 世纪 70 年代的女将们。前排左起：王文荣、常桂英、梁秀珍、王维存。中排左起：高小翠、张秀珍、苏英华、杜艳青、高秀芬。后排左起：徐绪芹、高贞会、高承荣、王秀会（摄于 1975 年 5 月 8 日）

希望的田野上

　　1980年芒种时节，高杜第三生产队的麦田里，一株株颗粒饱满的麦穗，神气地涂抹着金黄。"芒种三日见麦茬。"备战麦收的第三生产队的妇女们，为了打好这场攻坚战，自由结合组成了四个突击队，争先恐后，开展劳动竞赛，志夺麦收的全面胜利。由妇女主任孝岩荣带领的这一组突击队队员在开战初始的一个清晨，赶到她们承包的这片麦地前，准备下镰时，正好遇上北镇公社派出的麦收一线采访人员，为她们记下了开镰前的麦田美景和巾帼英姿。这个实地拍摄的镜头，向世人证实，她们就是麦田的主人！

　　1980年，高杜大队小麦大丰收，妇女主任孝岩荣和女社员们在收割前合影。前排左起：孝岩芹、赵秀珍、孝岩荣、王凤英。后排左起：郭秀珍、季祥青、宣良花、李桂兰、张秀荣、高淑英

纺织女工的风采

1984 年，杜新芳在滨州二棉创万米无疵布的成绩，胸戴大红花留影（摄于 1984 年元旦前夕）

　　高杜的女人们，种田人人是把式，当工人个个是模范。因为她们懂得，身份转变了，更应当牢记父老乡亲的嘱托，将全身流淌的祖宗血脉化为做好本职工作的激情，以使祖辈美德在各自的岗位上闪光发亮。20 世纪 80 年代初，滨州第二棉纺厂织布车间的女工杜新芳，就是从高杜走出的优秀女工之一。她跨入工厂大门以后，兢兢业业，勤学苦练，一个月后，便独立顶岗操作机车织布。在厂里组织的历次劳动竞赛活动的获奖名单中，回回都有她的芳名。在全厂组织的"万米无瑕疵"竞赛中，她力压群雄，荣获第一名。厂领导带队，敲锣打鼓来到车间，厂长亲自将大红花给她佩挂在胸前，并把她胸戴大红花的照片放到厂里的光荣榜上。杜新芳成为全厂职工学习的榜样。1996 年，她光荣加入中国共产党。从此，她时刻以党员的标准严格要求自己，处处发挥党员的先锋模范作用。在保持共产党员先进性教育活动中，杜新芳被华润公司选拔为个人代表。2005 年 7 月 1 日，她光荣出席了滨州市召开的"保持共产党员先进性教育活动"大会，并受到表彰和奖励。像她一样，在各行各业工作的高杜女性，都在各自的岗位上绽放着灿烂，闪烁着亮色。

农村接生四十载

　　照片中的这位老太太，叫高承英，已近 90 岁高龄。她是新中国成立后高杜新一代农村接生员。20 世纪 50 年代初，刚 20 岁的高承英，冲破重重阻力，迈着坚定的步伐，参加了县里举办的新接生法培训班，由此成了农村接生员队伍中最年轻的一个。1952 年 2 月的一天，她满怀对接生工作的热情以及对孕妇母子的热爱，凭着所学到的新接生法知识和基本功，为在本村任教的袁会明老师接生了第一个宝宝，被风趣幽默的袁老师夫妇誉为"送子观音"。自此开始，40 多年中，不管刮风下雨，无论黑天白日，她都是随叫随到，脚步踏遍高杜、邻村，接来了 300 多个娃儿。而且，她向来不接收任何报酬。有人问她图个啥？她总是笑着说："娃儿的第一声啼哭，产妇那痛并快乐着的微笑，就是给我的最好的回报。"是啊，如今闻悉她曾经接生的 300 多个新生命从四面八方传来的喜讯，不就是颁发给她的最高奖赏吗！她的生命年轮里，刻着娃儿们的感恩和祝福……

高承英在家中留影

寻宗铭志

XUNZONG MINGZHI

    依偎在黄河怀抱里的高杜人，寻根溯祖如水长，三十年一小修，六十年一大修，立卷高姓六谱、杜姓九谱。尽染沧桑的早年手写卷，充满着祖先血脉的温度、气质的净美、神色的灵动，仍"生命鲜活"。一个个姓名，如一枚枚灯盏，光亮里，使后人得以识得出发地，晓得走向何方。后人们借得源头活水奔腾不息，学得根深白杨挺拔参天，初心绵延，去路明朗，抱负高远……

高杜高姓是滨州高家历次修谱的骨干

续族谱，不忘祖，是历代高杜人铭记心头的大事。滨州高杜高姓在历经元、明、清、民国至今的 700 多年的岁月中，分别于乾隆四十三年（1778 年）、嘉庆二十三年（1818 年）、同治九年（1870 年）、光绪三十二年（1906 年）、民国二十六年（1937 年）进行过五次大型续修族谱活动，为后人留下了珍贵的初修、重修、三修的手抄本，四修和五修的木

民国二十六年（1937 年），滨州高家五修族谱 1 ～ 4 卷

版本。据史料载，在这五次大修谱中，高杜的高姓族人都积极参与，且十分踊跃。尤其在 1937 年的第五次修谱活动中，高杜高姓人在当时高家村村长高凤鸣的带领和鼓动下，合族参与，捐款纳粮、助人助物，力推滨州高氏家族顺利完成第五届续修族谱。1937 年 3 月，滨州高氏族人在原蒲台县北镇街五福堂庙举行庆贺大会，邀请当地贤达志士出席，请戏班助兴，以示庆贺，出席庆贺大会的高姓社会名流及修谱有功人员和各村高姓村长等合影留念。此次庆贺大会，由北洋陆军派军人持枪护卫，盛况空前，名震四方，为滨州高氏青史增添了耀眼的一笔。

前排右起第 4 名为高法晋（高家村长高凤鸣之第五子），第 10 名为北洋骑兵独立旅旅长、中将高在田（乳名三升），第 11 名为北洋陆军第十师骑兵团团长、少将高青田（乳名四升）。二排右起第 3 名为时任高家村村长高凤鸣（摄于 1937 年 3 月）

高杜高姓发起并主持滨州高家六修族谱

　　2007 年，距高姓五修族谱已飞逝 70 年。高姓人抚摸历尽沧桑的木版本，深感再修族谱的必要，因为它能使祖脉流传。2007 年下半年，高杜高姓人经过走访调查摸底，充分听取各方面意见，并请有关专家论证，认为启动和进行滨州高家六修族谱各方面条件已经具备，时机日臻成熟。于是，高杜高姓人沿袭老传统，挑头出阵，胸揽大任，向滨州及其附近县（市）的高姓聚居村庄，发出启动第六次续修族谱的倡议，并得到了各地高姓族人的热烈赞同和拥护。11 月 25 日，由 56 个村（居）派出的 160 多名代表汇聚滨州市委党校，召开了"滨州高家六修族谱"启动大会。与会代表畅议此次续修族谱的重大意义，共商续修大计，推举出以高杜高姓人为主的领导小组和编辑委员会，通过了各项具体实施步骤、办法和细则。从此，一个涉及百余村庄、数万高姓人的"滨州高家六修族谱"正式拉开了帷幕。随即，高姓人在各村迅速展开了扎扎实实的续修族谱工作。

　　前排左起：高法勇、高法利、高吉庆、高令泉、高令庆、高令华、高令辉。中排左起：高承照、高吉堂、高承森、高振伦、高承周、高法贡、高法晋、高吉祥、高凤强。后排左起：高立兴、高立军、高法杰、高泉祥、高法兴、高法坤、高会生、高新民、高令国、侯玉杰、高立国（摄于 2007 年冬）

前排左起：高令国、高法树、高法坤、高新华、高立兴、高立国、高法杰、高法田。中排左起：高会生、高令彬、高令辉、高峰、高法忠、高泉祥、高宝森、高令辉。后排左起：高立军、高振国、高法信、高建顺、高承俭、高凤林、高法兴、高令温（摄于 2008 年 8 月 3 日）

滨州高家六修族谱部分代表在滨州市委党校大楼前合影（摄于 2007 年 11 月 25 日）

滨州高家六修族谱掠影

　　寻宗修谱，一向被村（居）领导班子视为加强文化建设、增强文化氛围的大事。滨州高家六修族谱得到高杜居委会的鼎力支持，高杜居委会不但为编委会无偿提供了办公室、办公用品，还保证了交通工具和日常费用，要车有车，要人有人，要物有物，要资金有资金，全程开绿灯。对此，编委会成员深受感动，年过耳顺之年的六名编辑，全身心投入工作，夜以继日，用最快的速度、最好的质量编辑六修族谱。他们不顾年高体衰，下乡进村，走家串户，收集汇总，调查核实，去粗取精，用手中的纸笔将优良民风民俗、家族楷模汇编成册，将淳朴殷实、守德尽孝的家族文化记录在案。这一组图片，就是当时工作的写照。

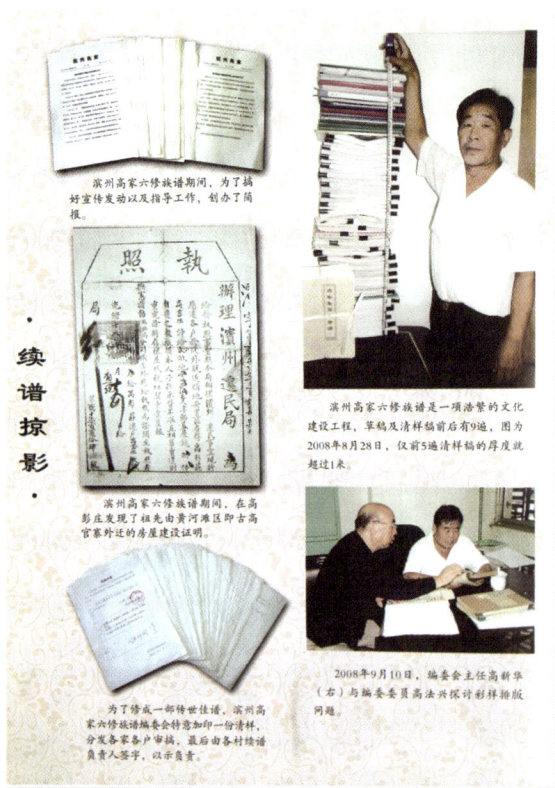

滨州高家六修族谱掠影

滨州高家部分高姓聚居村庄分布示意图
（2008 年 9 月 12 日绘制）

庆贺《滨州高家》六修族谱圆满成功

滨州高氏族人，远涉北京、天津、上海、河北等省（市），近及滨州全境，以及东营和淄博两市。经过一年的奔波，走访村庄115个，汇集各地原始初稿千余套，经编辑部审核编辑修订，于2008年年底，圆满完成了滨州高家六修族谱的宏伟工程。

2008年，滨州高家六修族谱合订卷

2008年12月28日，在高杜居委会门前广场，举行了发行赠书庆贺大会，来自附近56个高氏聚居村（居）的代表及名人志士300余人前来祝贺，高氏家族欢聚一堂，欢欣鼓舞，并组织演出了文艺节目来助兴。一个个高氏族人，手捧红彤彤、沉甸甸的新版本《滨州高家》族谱，心潮澎湃，思绪万千。它是滨州高氏族700多年的生命史、奋斗史、发展史，记录着每一位高姓人的家族生息、血脉繁衍，传递着祖宗的人文美德、淳朴家风和爱国爱家情怀，召唤着族人敦亲睦族、凝心聚脉、团结一致，奔向美好未来……

图为编委会主任高立兴在宣读贺词，主席台上右起：编委会办公室主任高令国、编委会副主任高法坤陪同市、区有关领导出席庆祝大会（摄于2008年12月）

修谱励志承前启后

　　国有史，方有志，家有谱。自古以来，家谱承载着伦理规范，塑造着人格精神，维系着社会秩序。滨州杜家自八世祖杜诗于明万历三十七年（1609年）初修世谱，至今400多年以来，滨州杜家先后于清康熙三十二年（1693年）、清康熙五十七年（1718年）、清乾隆四十七年（1782年）、清嘉庆八年（1803年）、清道光七年（1827年）、清宣统三年（1911年）、民国二十年（1931年）以及2004年，进行过九次全族续修世谱。

　　图中前三组照片，分别是滨州杜家七修、八修和九修族谱的真本。每次修谱均由杜家德高望重的名士担纲，发动全族有识之士、热心之人，逐村逐户，反复登门，实察真情，寻祖问宗，追根溯源，激发了对祖辈的敬意与怀念。修谱，使杜姓族人的传统文化得以尊重，根系源流得以重视，祖上遗训和期望得以代代接续延绵。如今的累累硕果，就源自那悠远的深根里。

宣统三年（1911年），杜氏族人七修祖谱版本

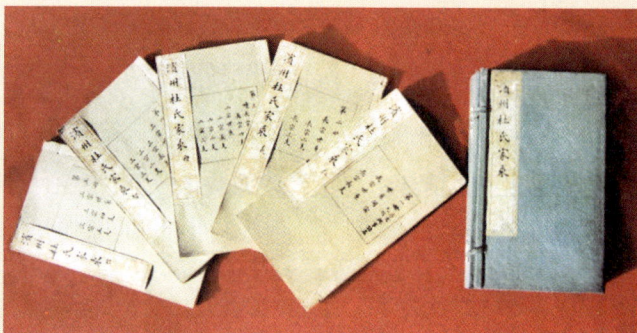

民国二十年（1931年），杜氏族人八修祖谱版本

2004年续修，出版发行的滨州杜家九修族谱版本

滨州杜家九修族谱高杜杜姓氏族编撰人员合影

高杜杜姓率先启动九修族谱

滨州杜家八修族谱后，岁月已飞逝了七十余载，后裔又延绵几代人。漫漫风雨往事，接根再续九修族谱的事，一直牵动着后人的心。2002年年初，正值燕来芽翠之时，高杜滨州杜家三宗二支"杜家楼"族人杜宪文、杜晓勤、杜述美等人一声呼唤，杜姓全族一跃而起，组成了以杜宪文、杜晓勤、杜述美为主的九修族谱工作指导小组。经过一番紧锣密鼓的调查论证，第九次续修族谱的实质性工作迅即展开，决定先行启动三宗二支"杜家楼"分谱的续修，待取得成效、积累经验后，再联络滨州杜家各宗支族人，全面展开滨州杜家九修族谱。目标明确后，指导小组的六名族人不辞辛劳，走家串户，登记造册……凝聚着他们辛勤字符的一页页稿纸，续写出了三宗二支"杜家楼"族人的支系谱图。或许是上苍相佑，或许是祖德相助，当分谱完稿之际，迎来了滨州市政协委员

九修滨州杜家三宗二支"杜家楼"分谱指导小组人员合影。左起：杜晓勤、杜述德、杜宪文、杜宪民、杜晓钧、杜述美

九修《滨州杜家世谱》，高杜杜姓工作指导小组成员合影。前排左起：杜宪民、杜晓钧、杜宪文、杜晓勤。后排左起：杜建生、杜述美、杜述德、杜民生、杜述杰

侯玉杰同志为宣传滨州杜家协助滨州杜氏完成九修族谱的喜讯。随即，高杜杜姓族人修谱指导小组，由六人增加到九人，高杜居委会慷慨解囊，助财捐资，全力投入到九修滨州杜家世谱的工作中。已完成的三宗二支"杜家楼"分谱，成为滨州杜家九修族谱的范本和借鉴模式。历时一年，经多次汇稿交流、修撰完善，2004 年 12 月，终于付梓。2005 年 1 月，在原滨州市第一招待所（清怡宾馆）举行了《滨州杜家》首发仪式，滨州杜家九修族谱完美告罄，滨州杜家三宗二支高杜杜姓，情注先辈，一贯初心，做出了可圈可点的贡献。

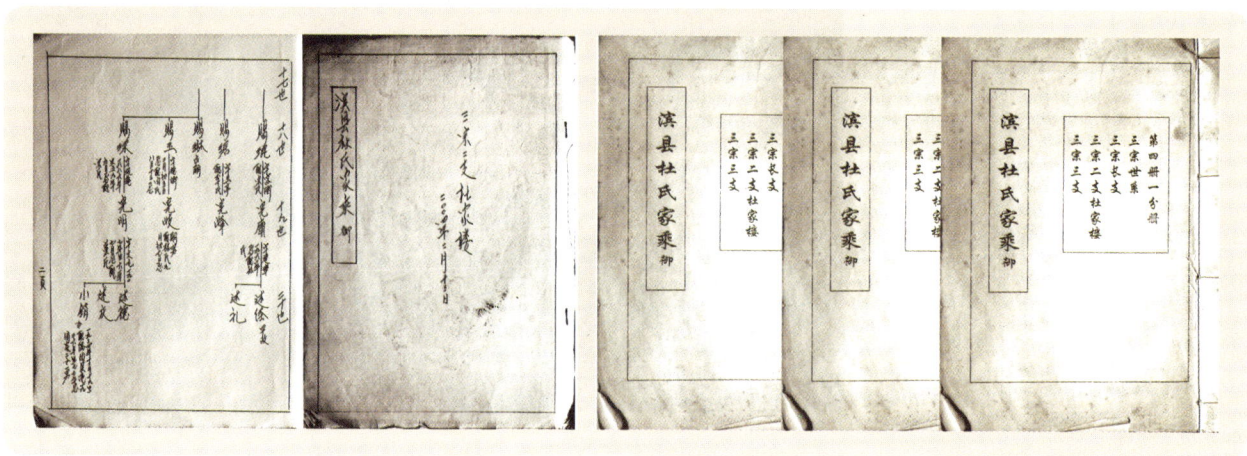

九修三宗二支"杜家楼"分谱手稿（摄于 2004 年 2 月）

滨州杜家九修族谱第一次资助仪式，在滨州市委统战部原会议室举行。图为参会人员合影留念

滨州杜家九修族谱工作安排资料（摄于 2004 年 12 月）

滨州杜家九修族谱各宗支第一次汇稿大会，参会人员合影留念

滨州杜家九修族谱发行大会与会人员合影

高杜杜氏族人带头并主持全族向杜受田故居捐资献宝

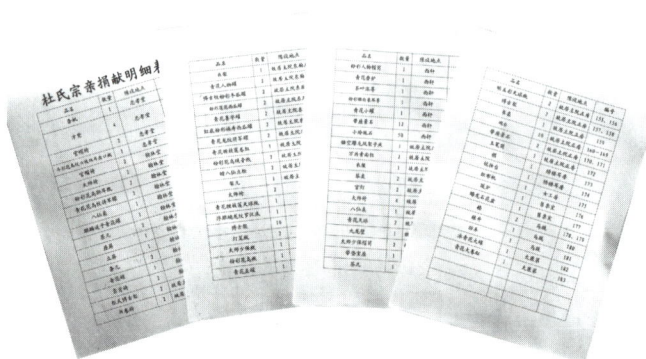

杜氏宗亲捐赠明细表（摄于2014年4月）

2009年年初，中共滨城区委、滨城区人民政府将杜受田保护修复工程列为全区重点工程。随即，来自各路的专业施工队伍立马投入施工。奋战一年，2010年年初，主体工程基本完工。此举赢得了全区人民的拥护和赞扬，滨州杜氏族人更感自豪。在举行竣工庆典那天，合族人等在滨州杜氏宗亲会理事长杜民生的带领下，自觉奋起，甘为杜受田故居布展捐资献宝，为故居成为中国廉政文化教育基地和中国传统文化教育基地"两个基地"贡献力量。杜民生率领高杜杜姓族人走在最前列，上至八旬老者，下迄总角小童，翻箱倒柜，寻祖籍，觅古件，解囊捐资。滨州杜氏合族亦村村行动，家家贡献，与会当天，合族即为杜受田故居捐赠饱含先祖印痕和故事的183件（套）桌椅床几、瓶砚摆件等。这些老物件，丰富了杜受田故居的展品，杜氏后人为杜受田故居按时开馆迎游客捧出了一颗颗晶亮的心……

杜氏宗亲大会暨向杜受田故居捐赠启动仪式现场
（摄于2010年4月）

杜氏宗亲捐赠现场

遥情注先辈　壮志著新篇

　　滨州杜家九修族谱，荡起了杜氏缅怀先辈辉煌的思绪，催生了滨州杜氏宗亲团结合族参与社会、贡献社会的热情。尤其是杜受田故居保护修复工程胜利竣工，向游客开放，使滨州杜家的声望和影响日渐升高。河北盐山、东营牛庄、临沂莒南等省内外杜氏宗亲纷纷前来认祖归宗，滨州杜氏宗亲会理事长杜民生委托高杜杜姓和宗亲会理事热情接待，全程陪同祭奠拜祖，并派员分赴族亲驻地考察

杜民生在祭祖大典上讲话（摄于 2014 年 11 月 30 日）

交流，追溯渊源。其中，尤以东营牛庄大杜、小杜杜姓族人失联最古。他们乃是滨州杜家自明万历乙酉年(1609 年)第一次修谱开始寻踪，被整整寻找了四百年的三世祖杜钟后人。外地族人认祖归宗合族，无不欢欣鼓舞。在理事长杜民生的倡导下，滨州杜氏宗亲会于 2014 年 11 月召开理事大会，启动滨州杜家第十次续修祖谱，将认祖归宗的各宗支分谱整修为一部全新的滨州杜氏族合谱，并于 11 月 30 日借杜受田故居杜氏祠堂落成之际，举行了虔诚肃穆的合族祭奠先祖活动。图中的三张照片，分别是祭祖仪式上杜民生讲话的场景和族人代表的合影，那一颗颗来自不同地域杜氏大家族后人的心，犹如一粒粒石榴籽紧紧抱在一起……

滨州杜氏宗亲祭祖暨续谱工作预备会议

滨州杜氏宗亲祭祖暨启动第十次续修族谱预备会议与会人员合影

杜氏祠堂落成暨祭祖大典全体与会人员合影留念（摄于 2014 年 11 月 30 日）

留幅族人合家照　十修族谱添新容

　　九修族谱鸣金刚过十年，高杜杜姓人深觉岁月长，倍感初心招手急，一种沉甸甸的担当感、使命感涌上心头。2014 年 11 月，在高杜党支部书记杜民生的策划和倡议下，滨州杜家十修族谱的大任又揭开序幕。杜民生书记建议有条件的杜姓聚居村，照张全村成年人的合家照，排在合谱本支系的前面，以展示本村杜姓人的精神风貌，并垂入史册。为推动此建议实现，虔诚祭祖修谱的高杜杜姓成年族人于 2017 年春节，承大年喜庆，择了一个良辰吉日，齐聚一堂，男一帘，女一簇，留下了这两幅合家照。看，滨州杜家 "杜家楼" 杜咸中、杜用中、杜建中的后人，男人们豪气四射，女人们英姿耀目，年轻人蓬勃正劲……这正是：

　　　　血脉亲情一条根，凝心聚魄一家亲。
　　　　并肩携手齐奋斗，新时代里抖精神。

二０一七年春节留念

前排左起：杜雪堂、杜建勋、牟水文、李道良、杜经堂、杜述美、杜晓芹、李锡振、杜晓周、杜述德、杜同聚、杜晓顺、杜同柱、李道胜、胡建华、杜建华、杜宪民。中排左起：杜建军、杜述平、杜述华、杜胜利、杜述勇、杜述民、杜小利、杜国庆、杜述杰、杜民生、杜和平、杜顺堂、杜建国、杜述文、杜国华、杜立国、杜述强、杜述泉、杜建平、杜利华。后排左起：杜海涛、杜海洋、杜庆堂、杜建堂、杜秋堂、李军营、杜璐瑞、杜红民、杜乐炎、杜秋波、杜卫国、杜述峰、高令奇、杜述川、杜东卫、董玉忠、杜连堂、杜红光、杜卫利、杜东生

二０一七年春节留念

前排左起：崔秀荣、李传美、曲玉莲、王凤英、郭秀珍、王玉珍、杜凤芹、孙玉兰、杜秀贞、王文英、张秀荣、杨淑兰、高令菊、李桂兰、于清华、郭凤兰。中排左起：马忠美、季向青、杜鹏迁、高志敏、崔淑兰、尹秀芳、魏振芳、陈维霜、周荣英、苏淑芳、魏玲玲、于清美、刘学冷、宣良花、杜秀萍、王淑兰、孙红岩、马淑珍。后排左起：李娟、董淑清、孙俊英、杜文思、杨华、孝岩芹、高秀华、梁秀香、赵秀珍、董玉珍、杜艳萍、胡冬梅、张秀珍、张景荣、吴玉春、王建敏、李红英、杜卫

滨州杜家上了安徽卫视

滨州杜家二十一世孙、高杜居委会党支部书记杜民生应邀参加安徽卫视《百家姓》杜姓专题节目（摄于 2016 年 11 月 22 日）

2016 年，安徽卫视精心策划，做了一档大型姓氏文化寻根节目——《百家姓》，镜头从东海之滨摇到青藏高原，从南海秀水摇到北国边陲，一一寻访录制了五千年文明古国各姓氏的根和脉。当做到杜姓时，该节目组人员从浩瀚的典籍资料库里，寻到了山东滨州杜氏悠远深邃、博大精湛的精彩故事，这令编导组惊喜不已，即刻命摄制组不远千里来滨州杜受田故居寻访拍摄。

得知这一消息，一向敬祖铭心、尊崇儒家仁孝文化的滨州杜氏族人，欣喜若狂，倍感荣耀。滨州杜氏宗亲会理事长、高杜居委会党支部书记、滨州杜家二十一世孙杜民生，当即委派滨州杜家二十二世孙、滨州培风书院院长杜建廷，滨州杜家二十二世孙杜文正、杜海亭和滨州杜家十九世孙杜同柱尊迎贵客，热情接待。他们全程陪同摄制组拍摄，悉述杜诗、杜澂、杜堮、杜㟽、杜受田历代祖先为官一任、造福一方的治国方略、辉煌业绩及家风家训家教，提供高杜杜姓一位老者整理翻译的杜氏先祖《述训》单行本……此后，杜民生又亲率杜建廷、杜文正和杜海亭远赴安徽合肥，参加了由赵普主持，著名学者王立群、钱文忠和王霄冰点评的"杜姓"寻根节目录制。

12 月 19 日晚 9 点 20 分，安徽卫视把这期杜姓寻根节目以声情并茂的视频和那"书香官宦门第，进士多人之家"的字幕，传递到了全国观众的眼帘。滨州杜家宗亲、高杜杜氏子孙，看到自己的先祖上了卫视，激动、自豪、骄傲、心海如潮涌。

在安徽卫视《百家姓》杜姓专题节目上，杜民生与著名学者王立群合影留念（摄于2016年11月22日）

滨州杜家二十二世孙杜文正与著名学者钱文忠（左一）在安徽卫视《百家姓》杜姓专题节目上合影（摄于2016年11月22日）

杜建廷（左四）在安徽卫视参加《百家姓》杜姓专题节目的录制现场（摄于2016年11月22日）

历经 400 年的沧桑老宅

图片中的老宅，是滨州杜家在明末第一次大分家时，由三宗二支八世祖杜诗、杜词、杜律、杜赋叔兄弟四人，在江西布政使杜诗和济南卫镇抚杜词的主导下共同建成的。他们在此定居繁衍，此地成为滨州杜家文化的发祥地。高杜的杜姓族人，就是来自这座老宅。清朝时期的杜姓进士包括"一代帝师"杜受田，全部出自此老宅大院，大部分的举人、秀才和官员也都是从这座老宅中走出来的。老宅以忠孝传家、耕读治家的祖训和传承，打破了"富不过三代"的惯例，创造了整个清朝时期的家族辉煌。图片中所谓的"绣楼"

滨城南街杜受田故居，被市政府定为市级重点文物保护单位

建造时，在大清河北岸三宗二支的田园里，杜姓族人用同一图纸建造了一座一模一样的二层小楼，用来做粮仓。清康熙三十九年（1700 年）滨州杜家第二次大分家，老宅中杜词的十一世后人，杜咸中、杜用中和杜建中迁来此小楼处立村，才有了"南乡杜家楼"，即现在的高杜。尽管人们离老宅 20 余里，但杜姓后裔还常到那里省亲议事和瞻仰，看一看它的拱梁窗门，摸一摸它的青砖厚墙，忆一忆当年先辈们奋斗的身影。老宅的文化底蕴，祖辈的治家风范，依旧深深地铭刻在后人心中……

2009 年整修前的杜受田故居，曾先后被征用为县、区政府办公室，粮食部门粮食仓库和滨县城关中心学校

牌匾真迹显家风

清朝末年，辉煌中的滨州杜家大院，大门之上，二门门楣，冲门院墙，过道山墙，几乎所有显眼冲要之处，皆悬挂牌匾。这些牌匾或展示杜家门风，或展现杜家功绩，或体现子弟功名。这些牌匾有的是皇帝亲书，有的是州府褒奖，有的是乡党恭送。像正门上的"方伯第""相国"，北山墙上的"会元""传胪"，二门上的"子孙父子兄弟伯侄翰林"等等，

杜受田的"传胪"牌匾

每一块牌匾都有一段佳话，都有一个感人的故事。遗憾的是这些牌匾真迹大多遗失，唯有图中的这两块真品牌匾有幸留存了下来。"传胪"匾，展现的是"一代帝师"杜受田的荣耀。道光三年（1823年），大考之年，杜受田参加大考，会试考中第一名，荣获"会元"，接着参加殿试，考中第四名，荣获"传胪"，由礼部赐予。"祖孙父子兄弟伯侄翰林"匾，是杜堮的曾孙杜庭琛御赐进士入翰林院，当时官府为表彰杜堮一家四代出了五个翰林而褒奖。其中祖孙指的是杜堮和他的两个孙子杜翰、杜翿，杜受田与其孙杜庭琛；父子指的是杜堮与其子杜受田，杜受田与其子杜翰、杜翿，杜翿与其子杜庭琛；兄弟指的是杜受田的两个儿子杜翰和杜翿；伯侄指的是杜翰与杜庭琛。春秋荏苒，这两件历史瑰宝，虽已历经近二百年，依然使后人敬慕。

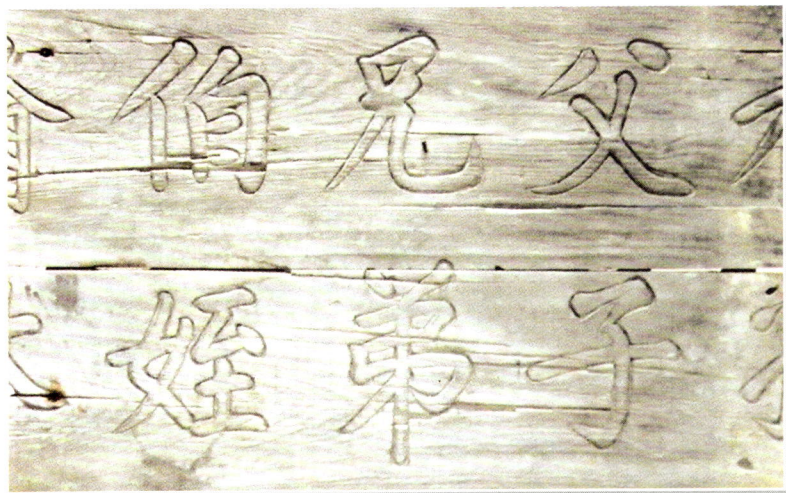

滨州杜家"祖孙父子兄弟伯侄翰林"匾（局部）

先人著述教后昆

　　滨州杜家从始祖杜鹏飞于明洪武二年（1369年）由河北枣强移民滨州城内定居，自第五代开始通过科举步入仕途，此后，历代延绵不断。至清朝末年，滨州杜家中科举的就有347人，其中进士12名，举人8名，秀才、贡生327名，成就了明清选拔官员的一支基本队伍，其中入仕有品级者91人，七品以上者39人。他们不仅"为官一任，造福一方"，清正廉洁，刚正不阿，而且大都留有各种著作，尤以乾、嘉、道、咸四朝元老、文端公杜堮为最。他一生勤于笔耕，著述颇丰。图中展示的就是他的传世著作之一——《石画龛论述二十四卷》。该著作涉及面宽泛，几乎包揽天文、地理、社会、医术、教家、治国、励志、笃学、为官、做人、处事等各个方面，阐述详尽，通俗易懂。高杜后人捧之读之品之用之，将其渊博学识化为奋斗的力量，代代创辉煌！

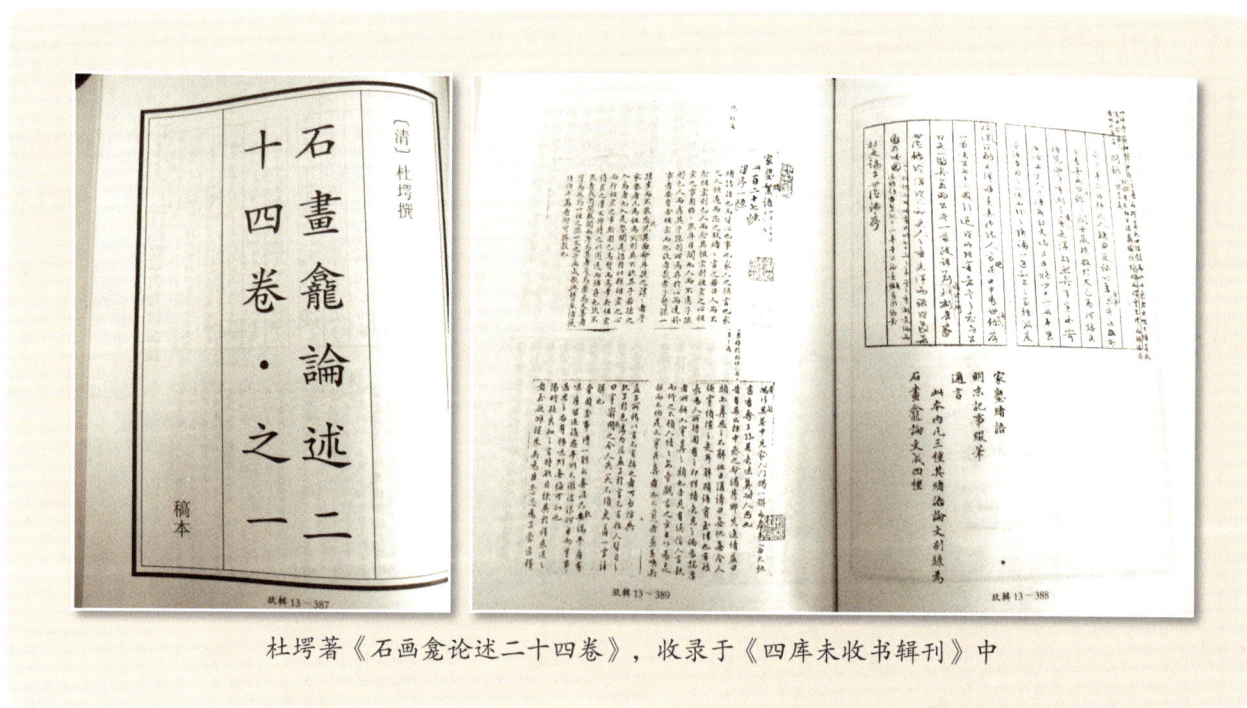

杜堮著《石画龛论述二十四卷》，收录于《四库未收书辑刊》中

王姓燃起寻根问祖激情

　　高杜三大姓，高姓、杜姓都有了自家的族谱，知晓了各自的根脉和发展史，只有王姓还不清楚自己的先祖，不了解家族的来源和迁徙的轨迹，更不清楚这个家族的生息繁衍、婚姻、文化、祖规、家约等历史文化发展演变的全过程。"参天之木，必有其根；怀山之水，必有其源"，兄弟族人寻宗问祖的举止，燃起了王姓的激情，有识之士开始从自家做起，联络热心族人，收集基础资料，探索寻宗觅祖之路。他们的意愿和行动，得到居委会和高、杜两姓族人的大力支持。相信经过王姓族人坚持不懈的奋斗，一部展示王姓族人生命史的族谱，在不久的将来定会展现在世人面前。

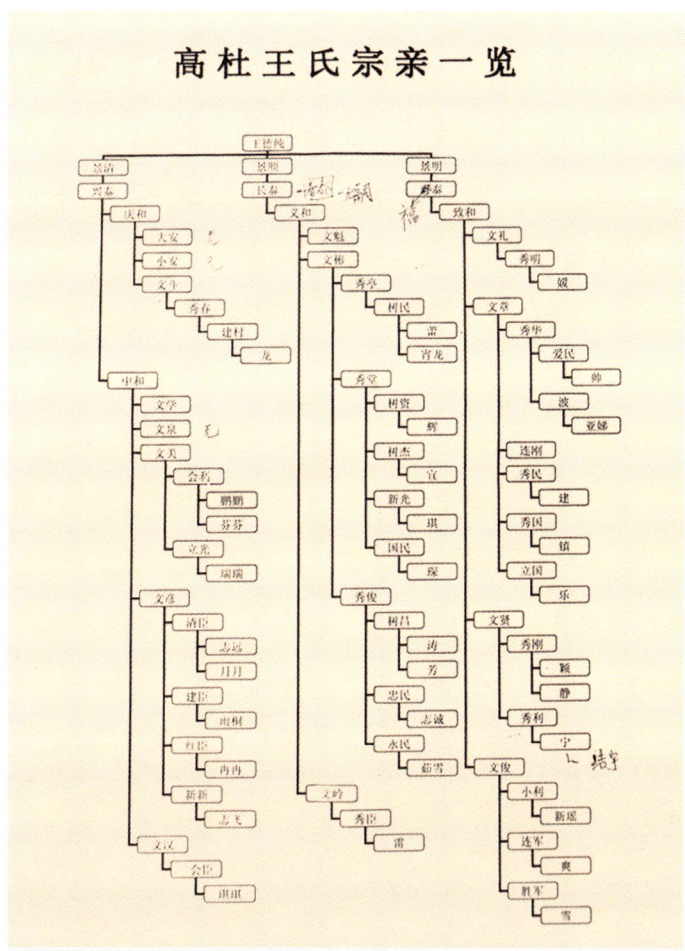

高杜王姓初修族谱草稿

荣誉集萃
RONGYU JICUI

　　从"出众丁，缚苍洪"的"千丁高"走来，从"晴耕雨读，田园牧歌"的"杜家楼"走来，高杜的声名传奇与岁月同行。行至新时代，这个小村大家的关乎天、关乎地、关乎生命的事，三百六十行，行行闪亮，业业生辉。由此，下自乡，上自省，褒奖接踵而来，杯、旗、匾、牌、证，还有傲立当空的大风车……一个个荣誉，佐证着高杜人的责任担当和内心的无愧。

奖杯奖牌，高杜荣誉的历史见证

　　图片中的奖杯、奖牌，是高杜党支部、高杜居委会近年来取得的荣誉的一小部分。一叶知秋。尽管文中展示的只有几件，印证的却是历史长河的大镜头里高杜人诚实勤劳、积极向上的光彩。自打1945年翻身得解放以来，高杜人深怀对毛主席、共产党的无限爱戴，听党的话，跟党走，在毛主席、共产党指引的大道上奋发图强、砥砺奋进，谱写了许多辉煌篇章，频频得到上级的表彰和奖励。遗憾的是，那些来之不易的荣誉载体，或因战争年代环境的残酷，或因村公所办公条件的简陋，或因行政村区划的更迭和办公场所的迁移等原因而遗失了。现在荣誉室里展示的奖杯、奖牌、奖旗和奖状，都是老辈人用汗水、心血、善良和奉献写就的。它默默无语似有声，诉说着高杜的风雨过往，告白着高杜的浓情侠义，讲述着高杜的感天故事，激励着后人再接再厉，朝着美好的未来前进！

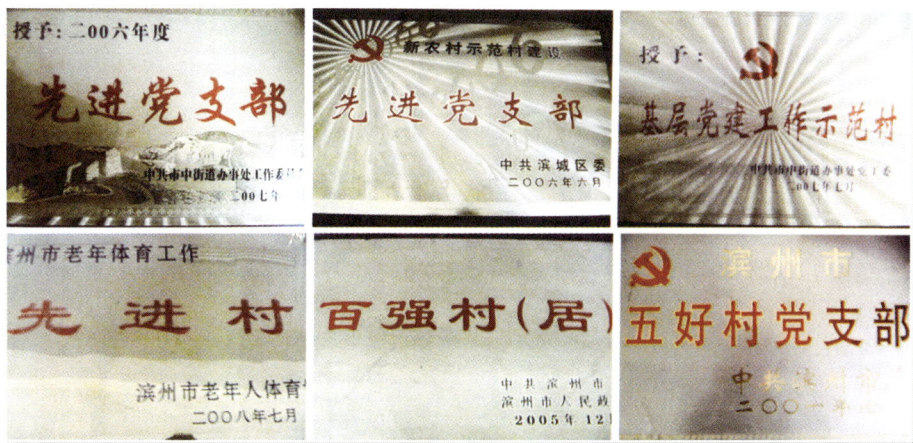

高杜党支部、高杜居委会近年来获得的奖杯、奖牌

别开生面忆荣誉，激发党员荣誉感

　　这张图片记录的是 2014 年 4 月 22 日，高杜居委会党支部为增强党员的集体荣誉感、责任心和凝聚力而召开的一次别具一格的、由党员和群众代表参加的"忆荣誉，激发集体荣誉感"大会场景。会上，大家从 1950 年农历正月，高杜村建设初期党支部一班人带领"高杜业余剧团"参加在区公所驻地王家村会演，荣获全区锦旗一面谈起；到 1957 年，高杜人在盐碱地里试种水稻，亩产达 350 公斤，实现粮食大丰收，县政府奖励江南木制大风车一部，安装在村西沟崖上，实现风力提水；再到 1963 年，高杜大队被评为山东省农业先进单位，党支部书记杜述连作为先进单位代表，赴省城参加表彰大会……一件件、一桩桩的高杜荣誉事，由与会代表娓娓道来。每当悉数起那受奖励的情景时，人人内心深处就生出一种无限荣光和自豪的情感，燃起热爱集体、关心集体、争标夺奖的热火。随即而来的，便是蔚然成风的自觉践行。

2014 年 4 月，高杜居委会党支部为扎实有效开展党的群众路线教育实践活动，专门召开由党员和群众代表参加的"忆荣誉，激发集体荣誉感"大会。图为大会现场（摄于 2014 年 4 月）

杜述铎代表高杜受奖

　　20世纪七八十年代，是高杜大队队办企业发展的鼎盛时期，先后办起的高杜翻砂厂、毛刷厂、机加工等十几项工副业项目，个个企业名扬遐迩，集体家底越来越厚实，社员分红年年攀升。队办企业的数量、质量、效益，都居于全北镇公社队办企业的领先地位。1980年，高杜大队工副业发展又上了一个新台阶，名列全县第一，被评为北镇公社先进集体。文中这张照片记录的是高杜大队党支部分管工副业的副书记杜述铎，代表高杜大队参加在北镇公社召开的授奖大会上接受奖旗后，与其他受奖代表合影的场景。这是高杜人奋发图强、敢为人先的真实佐证，是激扬后人奋进的史实！

高杜大队党支部副书记杜述铎（前排左起第四人），在"北镇工副业授奖大会"上接受奖旗后，与其他受奖代表合影（摄于1980年年底）

大队卫生室的荣光

　　1971 年春，高杜大队卫生室在大队院内那间六七平方米的小西屋里开张，到 1996 年春关门，陪伴高杜居民走过了整整 25 个寒暑。高杜大队卫生室虽设备简陋，但凭着"赤脚医生"们的爱心、诚心和不凡的医术，赢得了居民的称道和赞许，因而也不断获得大大小小的荣誉。通过文中展现的荣誉称号，我们便可窥一斑而见全豹。那时，谁有个头疼脑热、腿疼腰伤，杜宪法"先生"的几根银针就可除病痛；谁家孩子胳膊脱臼了，老人脚崴了，杜宪法"先生"一�一撅就可复原位；为预防流感等传染病来袭，高松岭"先生"带领大家种植草药，并将亲手炮制的草药送给人们，一家一包，保人们安然无恙；妇女妇科检查、孕期检查、小儿预防针注射，苏英华医生独当一面……面对这许许多多的荣誉，"赤脚医生"们受之无愧。对他们来说，更高的奖赏，则是人们心中那份永远的感激和怀念。

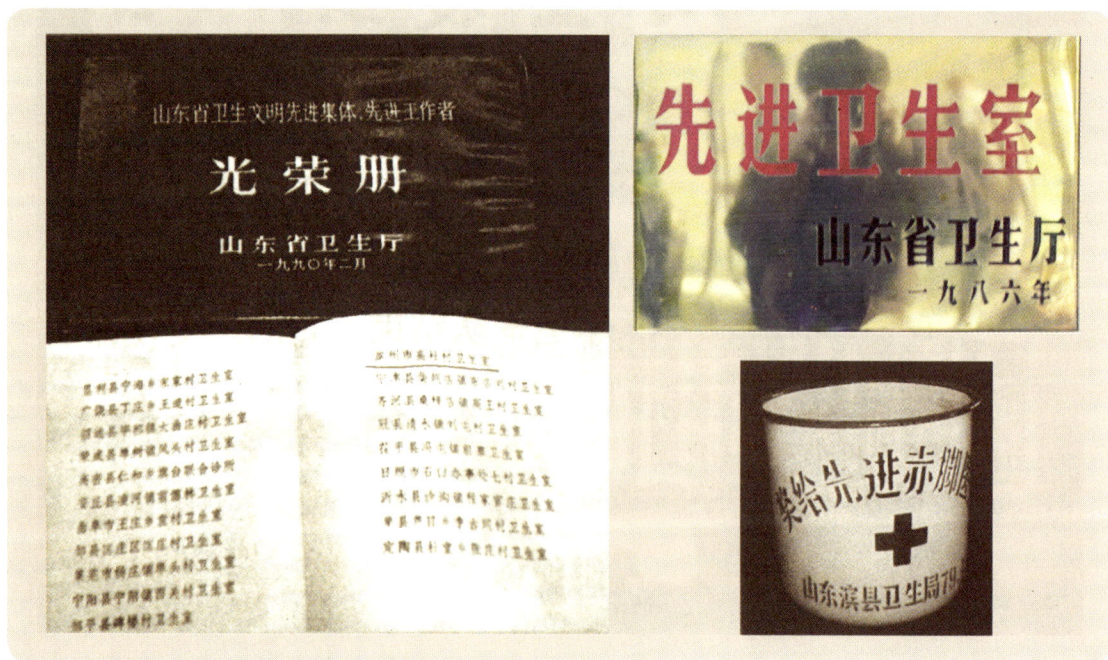

高杜大队卫生室取得的荣誉

高杜老年门球队不负众望

几位离退休后回到老家高杜的老干部和退休工人，联络村里一帮爱好文体活动、握了大半辈子锄把子的老农民，在居委会的大力支持下，于1993年5月组建起高杜门球队。他们不但自己学，刻苦练，而且带动全居居民广泛参与健身活动。一时间，晨霞升起之时，夕阳西沉之际，蒲湖岸边，蒲园草坪，大队门球场上，舞剑的、练太极的、健步走的、打门球的人群中，都活跃着高杜人的身影。这些健身的人群中，唯有老年门球队的队员们，是有组织、有计划、按步骤

前排左起：王文荣、苏英华、吴玉春、王凤英、崔秀荣。后排左起：高令奇、车士风、董德华（摄于 2011 年 5 月 13 日）

进行的，其技艺日臻精湛，曾多次代表滨城区、滨州市参加全省、全国性的门球比赛。1998年4月，他们参加了在河南荥阳举行的第二届全国百城门球大赛，取得第十六名的好成绩，荣获二等奖。2011年5月，他们又参加了在湖南张家界举行的第六届（天门杯）全国老年门球大赛，在26支参赛队伍中，取得了第三名的骄人战绩，为滨州、为高杜争了光，添了彩。这次竞赛颁奖后，队员们手捧鲜红奖旗，在大赛后的现场留下了这一合影。

高杜民兵连公社集训夺魁

　　1986年初冬，高杜民兵连选拔了18名身体强壮、思想进步、文化水平较高的男民兵，由民兵连副连长高新华带队，参加北镇公社武装部组织的军事集训。此次集训，由部队教官执训，从最基础的队列训练、紧急集合、内务整理、军容风纪，到射击、投弹、刺杀、爆破、战术演练等技术技能练习，全部参照现役部队的训练标准进行。参训的高杜民兵，自觉按照训练标准严格要求自己，不达目标不罢休。通过大家的共同努力，在集训队最终的各科目考核中，高杜民兵全面达标，并获得两项第一名，荣获"先进民兵连""实弹射击和理论考核优秀"两块奖牌。

　　集训队领导和教官在授奖仪式结束后，和高杜民兵连参训队员合影留念。前排左起：高存良、高国良、高小军、孙建华、杜立堂、高延军。中排左起：刘刚义（左一）、高令杰（左四）、游部长（左五）、高新华（左八）。后排左起：王树民、高政文、高春祥、赵平、高法长、杜述海、杜顺平、高伟、杜庆堂（摄于1986年初冬）

他为高杜添新彩

滨城区五一劳动奖章获得者高国华

　　2017年4月27日，高国华应邀参加滨城区庆祝五一国际劳动节暨劳模座谈会，并领受滨城区五一劳动奖章。这一消息传来，居民们奔走相告，欢欣鼓舞。高国华为高杜的建设和发展做出努力的一个个镜头不由得浮现在人们眼前。当年，在高杜基本建设的工地上，多面手的他刚放下电焊把，又推起了运沙车；修理好这里的水管线，又投入到那边的电力抢修……有一年大年初一的凌晨，为了让全体居民在温暖中过节，他带上自家的设备、工具，脱下棉衣，跳进窨井更换失能的供暖闸门，抢修漏气的管线。无论什么时间，谁家里的供水出了故障，谁家的供电有了问题，谁家的防盗门打不开了，防盗窗该修了，只要一个电话，他就以最快的速度赶到现场。2008年，他被居委会评为"创业劳动模范"，2017年荣获滨城区五一劳动奖章，高国华受之无愧。受奖的高国华是高杜人的一个典型代表，他为高杜添了彩。

高杜的骄傲

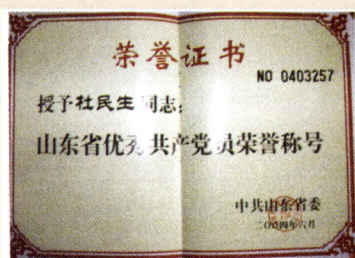

"山东省优秀共产党员""滨
州市劳动模范"杜民生

　　在高杜居委会荣誉室，打开高杜居委会党支部书记、居委会主任杜民生那厚重的荣誉档案册，一本本红彤彤的荣誉证书呈现在我们眼前。其中最耀眼的要数"山东省优秀共产党员""滨州市劳动模范""滨城区劳动模范"三个证书了。2004年4月，滨城区人民政府授予杜民生"滨城区劳动模范"称号；2004年6月，中共山东省委授予杜民生"山东省优秀共产党员"荣誉称号；2009年4月，滨州市人民政府授予杜民生"滨州市劳动模范"称号。这些闪着灿烂光芒的荣誉证书，展示出来的是杜民生带领高杜居民在实现梦想的道路上"闯"字当头、独辟蹊径的创新精神，是攻坚克难、真抓实干的无穷干劲。自2003年5月，杜民生执掌高杜，从谋划打造"三市两城"的艰辛开局，到逐步实施"建设美丽高杜、文化高杜、商业高杜、和谐高杜"的宏伟目标，十几年来，人们目睹了他用无尽的汗水和心血，带领一班人和众乡亲，夺得了一个又一个的丰硕成果。人们深知，杜民生的这些荣誉来之不易，受之无愧！

　　高杜自落居于此，不论乱世年代，还是硝烟岁月，不论遇天灾，还是遭地祸，在前行的时代列车上，它一直被各大媒体跟踪聚焦，从县里的炕头小喇叭，到新华通讯社发通稿，不惜版面和用时，用文字、光影和音声，收录它的历史回声，采撷它的奇异花絮，宣扬它的创新精神，传播它的迷人故事。

省报头版配社论的重磅报道

　　20世纪60年代初，一场罕见的自然灾害袭来，严重威胁着人们的生活和生命。从中央到地方，各媒体记者纷纷跑基层问计，寻找生产、生活自救的典型。1965年初春，高杜群众在春暖乍寒里，面对这一威胁和挑战，一面备肥春播、加强麦田管理，一面整修稻田、疏浚沟渠，迎来了生活的曙光。这一做法被《大众日报》驻惠民地区资深记者吕熙祥发现，他深感这一经验的宝贵及普遍意义，如获至宝，当即抓了条"活鱼"，以《高杜大队生活安排好　社员生产热情高》为题，写了一篇长篇消息发往报社。这篇文章震撼了编辑，震撼了总编。3月12日，《大众日报》在一版双头条位置刊载该文，并配发了社论。由此，高杜成了全省战胜灾荒的典型。这一宣传报道，这一规格分量，在全区实属罕见，以鲜明的语态褒奖了大灾面前高杜人无畏的胆识和风范。

20世纪60年代中期《大众日报》宣传高杜大队的版面（摄于2005年11月）

《滨州日报》深度报道"民主议政日"

2005年，初春的脚步刚至，高杜居委会便开始绘制旧村改造开发的大蓝图，在实行股份制、组建置业有限公司、带领居民走共同富裕之路的同时，相继建立了"民主议政日"和"理财小组管理制度"。对于村中的大事小事，居民有了知情权、参与权、管理权和监督权，"四权"集于一身的全体居民成了居委会的主人。

2005年2月5日，农历腊月廿七，居委会召开由全体党员和群众代表参加"民主议政会"的消息不胫而走，被穿行于城乡的《滨州日报》记者"逮"了个正着。那天，他们早早来到"大红灯笼高高挂，大红春联透年香"的会议室现场，目睹会议实况。会上，全体党员和居民代表济济一堂，听上年工作的全面汇报，审议收支数据，释怀各种质疑，和干群一起敲定新一年的工作目标和近期发展规划。《滨州日报》的记者没有就事论事，而是透过现场表层现象，捕捉背后更深层的东西，从"明白""清白""过年"六个字切入，报道了高杜的"民主议政日"活动。2005年2月8日，《滨州日报》以《"明白""清白"过大年》

2005年2月8日《滨州日报》第二版，用4/5的版面报道高杜居委会居民"明白""清白"欢欢乐乐过大年

为通栏标题，用4/5的版面对这次"民主议政日"活动进行了长篇报道，赞扬高杜居委会财务清清楚楚，政务明明白白，干部清清白白，让居民高高兴兴、欢欢乐乐过大年。这一肯定性的评价，在高杜居委会的发展史册上添上了浓重的一笔。

《人民日报》和《支部生活》的热切点赞

　　迈入 21 世纪门槛的高杜，在建设社会主义新农村的大潮中率先奔上康庄大道，住宅楼林立，茶叶、建材、文化、农贸等市场毗接，集体经济的发展蒸蒸日上，文明之花绚丽多彩，居民腰包愈发鼓胀……这个普普通通的"三农"村脱胎换骨迅即蝶变，引来各级媒体的关注。2006 年 12 月 12 日，中国共产党中央委员会机关报、毛泽东主席亲笔题写报名的《人民日报》，在《目击》栏目，以《高杜社区看变化》为题，对高杜的巨变进行了详细报道；并以高杜为例，热情歌颂了改革开放和社会主义新农村建设的巨大成就，弘扬中华民族精神，激励全党全国各族人民砥砺奋进。中共山东省委主办的《支部生活》杂志，也在 2007 年第 2 期《建设新农村》栏目中，以《高杜之治》为题，用两个版面进行了报道，赞扬了"高杜之治"带来的"高杜之变"，印证了"今日山东"今非昔比的崭新面貌。高杜令人心旷神怡。

　　2006 年 12 月 12 日《人民日报》报道"高杜社区看变化"的版面（摄于 2017 年 4 月）

　　中共山东省委主办的《支部生活》杂志，在 2007 年第 2 期《建设新农村》栏目中刊载的介绍高杜的文章（摄于 2017 年 4 月）

《鲁北晚报》倾心十年报风景

关于高杜的新闻，不时显于《鲁北晚报》的版面。从"建设美丽高杜、文化高杜、商业高杜、和谐高杜"的目标谋划到分步实施，高杜前进的每一个节点，都受到《鲁北晚报》的关注。每有大事，《鲁北晚报》必到：打造"三市两城"，它来了；《高杜人说高杜事》出版发行，它来了；全市文化示范单位授牌仪式在高杜举行，它来了；在"城中村"改造开发中，高杜成了全市的亮点，《鲁北晚报》又来了。让人啧啧称道的是，他们花了三四年的时间，连载体现高杜文化建设的《高杜人说高杜事》第一部、第二部，打开《鲁北晚报》，期期都有高杜的故事……时光日月复日月，记者往来复往来，大敞大开的晚报版面，一直荡漾着高杜生机勃勃的气象，无从间歇……

2008 年 9 月 24 日，《鲁北晚报》报道高杜居
委会"城中村改造"先进事迹的版面

省委宣传部那重如千钧的"宣传方案"

　　2006 年 12 月初，为贯彻落实科学发展观，推进构建社会主义和谐社会，配合中央农村工作会议的召开，中共山东省委宣传部根据调查研究和日常掌握的大量情况指出，莱阳市姜疃镇濯村、潍坊市坊子区眉村镇王家庄子三村、滨州市滨城区市中办事处高杜居委会、聊城市阳谷县刘庙村和日照市东港区日照街道小莲村等五个村（居）新农村建设的先进经验很有代表性，具有鲜明的时代特征和普遍推广的价值，特发文做出具体部署，要求省属各大媒体派记者分赴烟台、潍坊、滨州、聊城、日照五个市深入采访，进行集中宣传。在全省密如繁星的镇（街道）、村（居）中，高杜被评为全省的典型村（居）之一，实属难能可贵。据此，自 12 月 29 日起，《大众日报》《支部生活》、山东人民广播电台、山东电视台、《齐鲁晚报》《生活日报》等省内主要新闻媒体的记者挎着采访包，扛着"长枪短炮"纷纷前来高杜，对高杜的先进事迹和经验进行了深入采访。随即，高杜的先进经验在全省引起了强烈反响。这给高杜飞向梦想的翅膀注入了强大的推动力。

2006 年 12 月 18 日，中共山东省委宣传部"建设社会主义新农村先进典型集中宣传方案"文本

新华社馈赠的"新春大礼包"

　　跨入新世纪以来，高杜在抓物质文明、发展经济建设的同时，探索开创新农村文化建设之路，发动全体居民参与，以"记得乡愁，留住乡情"为主旨，编辑出版了近300万字、2000多幅照片的《高杜人说高杜事》系列丛书。在编写过程中，一双双掏粪的手、扶犁的手、走针飞线的手，寻根溯源，打捞乡愁，打捞乡情，打捞始于出发的那颗心，以一个个感人肺腑的故事，教育、感染、启迪居民，凝聚人心，将文化的软实力转化为发展经济的硬道理。此项工程，自始至终得到市内外、省内外媒体的密切关注。《高杜人说高杜事》第二部出版发行时，正值2015年2月14日（农历2014年腊月廿六），春节前夕。举行送书仪式时，各媒体前来采集第一手新闻资料。《鲁北晚报》记者张滨滨回到报社后，在紧张编发本报稿件的同时，于当天傍晚将自己采集的新闻稿发往新华社。新华社是覆盖全球的世界性通讯社，2月14日夜间，新华社值班编辑从无数的电传来稿中，选出《鲁北晚报》发来的《翰墨留乡愁　文化送乡亲》的一组题材新颖的文图稿，不由得惊喜万分，当即选了一张"喜读"的照片，配上文字，发往国内外。当夜，即腊月廿七凌晨，高杜的字眼，高杜的事迹，传递到了天南地北。一个傍黄河风、饮黄河水的小村（居）的新闻文图被新华社选用，是高杜人收到的一份沉甸甸的新春厚礼和祝福。喜讯传到高杜，照片中的主人翁谢凤琴（左）和陈秀云（右），以及她俩的全家乃至全居喜不自禁，立时响起了喜迎春节的鞭炮声……

《滨州日报》2015年2月15日转发的新华社图片报道《高杜人说高杜事》

《鲁北晚报》2015年2月15日刊载的头版专题《高杜人说高杜事》（二）送书仪式消息导读

中篇　家庭篇

　　一幅幅全家照，带着体温和灵劲，带着神韵和音声，沿袭各姓氏族谱列序和辈分脉络，从岁月枝头的书香门第、御寇烈门、忠孝堂院、商贾匾铺、农耕世家……依次铺陈而来。一户户人家，宛如一颗颗明亮的星星、璀璨的珍珠，闪烁在崭新的滨州大地；恰似一朵朵文明花、幸福花，装点在黄河岸边的春色里……

高姓人家
GAO XING RENJIA

　　自元朝出发，一路行来，那土台子上的袅袅炊烟，百岁槐上的簇簇灿花，大车门里的萧萧骏马，还有槐木扁担"八股绳"筐篓上的红"福"字，都"闪耀"着收获的喜悦……

　　春秋轮回。如今高楼里的高姓人家，在现代文明春风的吹拂下，古色古香里弥漫着甘醇，古风古韵里蕴含着诗意。衣锦酒美，人欢车歌，高姓人家的好日子里流淌着甜蜜……

勤劳人家

　　自从母亲去世后，高敬岭便帮着父亲担起了顶家过日子的重任，帮着父亲拉扯比他小十多岁的弟弟妹妹。农忙时节，他和父亲一起忙活庄稼地里的活计；冬闲时节，他带着弟弟赶着铁瓦大车去高青拉荻子做箅子，去湾里割芦苇打苇箔，再把做好的箅子和苇箔拉到北镇大集去出售。高敬岭先后给弟弟高敬亭成了家，陪送妹妹高敬荣出了嫁。20世纪50年代，兄弟俩分家后，高敬岭带领家人入了社，是生产队耕耨耙耩的把式。1967年12月，儿子高凤林当上了石油工人。1970年12月，高凤林又应征入伍。高敬岭的两个女儿也各自走上了工作岗位，先后成了家。全家人过着舒心的日子。

前排：高敬岭。后排左起：高双英（高敬岭五女）、王翠奎（高凤林之妻）、高凤林（高敬岭之子）、高双凤（高敬岭四女）（摄于1974年夏）

高敬岭之子高凤林一家

高凤林，胜利油田滨南采油厂退休职工。其妻是原滨州市第一棉纺厂退休职工。长女在滨州市立医院工作，长女婿是滨州亚光集团经营部员工。次女是胜利油田滨南采油厂职工，次女婿经营快递物流业务。

前排左起：高文宇（高艳之子）、王翠奎（高凤林之妻）、高凤林。后排左起：高艳（高凤林长女）、高江华（高艳之夫）、杨震（高伟之夫）、高伟（高凤林次女，怀抱女儿杨芃艺）（摄于2005年3月）

高敬岭四女高双凤一家

高双凤，滨州电业局家属，其丈夫是电业局的技术工人，儿子、女儿同在电业局工作。儿子是业务骨干，女儿是局分公司员工。这可谓奉献电业的人家。

前排：耿庆芳（高双凤之女）。中排左起：耿佃銮（高双凤之夫）、高双凤。后排：耿庆波（高双凤之子）（摄于1991年10月）

高敬岭五女高双英一家

　　高双英，原滨州市第一棉纺厂幼儿园幼儿教师，曾多次荣获厂先进工作者称号。其夫现任滨州中舜监理有限公司监理。其子崔凯，滨州国泰开发有限公司副经理。儿媳同样热爱园丁工作，自己投资办起了"七彩早教幼儿园"。为幼儿教育全家相助，幼儿园办得有声有色。

　　前排：崔书瑜（崔凯之女）。中排左起：高双英、崔希洪（高双英之夫）。
后排左起：崔蒙（崔凯之妻）、崔凯（高双英之子）（摄于2016年2月）

两代赶车人家

　　高凤和是他家中的第二代赶车人。1956 年，高凤和的父亲高敬亭赶着骡马大车加入了滨县马车运输社（后改为滨县第二运输公司）。1976 年，高敬亭退休，18 岁的儿子高凤和接过他手中的鞭子上了班。20 世纪 80 年代，马车换汽车，高凤和的鞭子换成了方向盘。高凤和的妻子王金花，当过会计，开过宾馆，是理家能手。一家人以勤俭为本，1988 年盖起了五间新瓦房的四合院，2000 年住上了新楼房。高凤和的女儿就职于安邦保险公司。一家三代过着殷实的日子。

前排左起：王金花（高凤和之妻）、邓博文（高甜甜之子）、高凤和。后排左起：高甜甜（高凤和之女）、邓磊（高甜甜之夫）（摄于 2016 年春）

纺织工和她的孩子们

　　陈凤芹和丈夫高凤刚，于1966年同时进入滨州市第一棉纺厂当工人，共同坚守纺织岗位30余年，1998年相继退休。他们的儿子、儿媳携手闯市场，在高杜茶叶市场开店铺，一家人共同经营茶叶生意；两个女儿也都有自己的事业和家庭。陈凤芹的三个孩子都住上了新楼房，买上了私家车，一家人过着幸福美好的日子。

　　前排左起：朱家宁（高云之子）、陈凤芹、高欣冉（高建民之女）、张田园（高艳之女）。后排左起：张兰强（高艳之夫）、高艳（陈凤芹次女）、高建民（陈凤芹之子）、赵志霞（高建民之妻）、高云（陈凤芹长女）、朱建勋（高云之夫）（摄于2005年夏）

"连长"一家人

　　高凤强，20 世纪 70 年代担任高杜民兵连连长，率领全体民兵进行军事训练，抗洪抢险，受到县、公社有关部门的多次表彰和嘉奖。自此，社员们对其誉以"连长"这一雅号，至今未改。1982 年，高凤强从民兵连连长的职位退下来后，协助高承周、王文昆筹建起了高杜水泥预制厂，并任该厂会计。1997 年，高杜水泥预制厂转型，他接过资质，更换场地，任厂长。妻子是他的好帮手。1998 年，女儿大学毕业后成为一名教师，儿子在山东滨州渤海活塞股份有限公司任职。

前排左起：高桂兰（高凤强之妻）、高铮阳（高新建之子）、高凤强。后排左起：高艳红（高凤强之女）、王军（高艳红之夫，怀抱女儿王佩瑜），高新建（高凤强之子）、代贝贝（高新建之妻）（摄于 2008 年 7 月）

"平民英雄"和他的家人

2013年11月3日，高猛在广州打工，送货路上跳入江中，救起一名落水妇女后，悄然而去。他救人时的照片被市民杨老先生拍下，顿时，寻找救人英雄的消息传遍广州。媒体寻到他采访时，他只是淡然一笑，说了句："看到一条生命要消失，总不能不管吧。"2014年1月，高猛获得广州日报报业集团、海南省慈航公益基金会、海航集团有限公司授予的2013年度广州人身边的"平民英雄提名"奖。2014年4月10日，广州市见义勇为基金会授予他"慰问奖励证书"。高猛的姐姐是大学生。高猛的父母常年摆小摊做服装生意，养育出了一个"平民英雄"和一位大学生。

前排左起：董娇（高凤泉之妻）、高凤泉。后排左起：高莹莹（高凤泉之女）、高猛（高凤泉之子）（摄于2016年春）

卖水果起家的人家

高林其和他的兄弟们分家时，只分到三间露天的土坯屋。1989年成家后，高林其和善于做生意的妻子在路边支起小摊卖水果，十五年如一日。1993年，他们家买了辆货车跑运输，生意如滚雪球一样越滚越大。2004年，夫妻俩在高杜茶叶市场开起了茶社。2005年，高林其被高杜居委会评为"经商致富带头人"，日子越过越有奔头。

前排左起：赵瑞芹（高林其之妻）、高林其。后排左起：朱艳（高飞之妻）、高飞（高林其之子）（摄于2015年3月）

水质质检员一家

高令春是滨州医学院的水质检测员，负责检验全院生活、生产的供水质量。妻子做个体箱包生意，两个女儿都是大学生。一家人住着新楼房，开着私家车。平常职业的一家人，过着不平常的日子。

前排左起：周玉琴（高令春之妻）、高令春。后排左起：高梦雪（高令春次女）、高梦茹（高令春长女）（摄于2006年5月）

多岗奉献人家

高连对，在滨州医学院干过锅炉工，后从事物业管理，坚守岗位20余年，屡获"先进工作者"称号。妻子是魏棉集团纺织工人，儿子是滨州医学院基建科职工，儿媳是幼儿教师。一家人有物业管家、织布能手、基建骨干、幼儿园丁，堪称多岗奉献的人家。

前排左起：索小玉（高连对之妻）、高妙赛（高舟之女）、高连对。后排左起：许莉（高舟之妻）、高舟（高连对之子）（摄于2016年4月）

美满小家庭

高连军是滨城区油区工作办公室的"五管员"，保障油田安全正常生产，是油田的守护者。妻子是个体经商户，理家好手，一家三口过着安逸的小日子。

左起：高连军、高子涵（高连军之女）、王秀华（高连军之妻）（摄于2016年6月）

老翻砂造型工之家

高法成，1958年曾在淄博参加过钢铁大会战，1961年回乡，担任生产队记工员。自1966年高杜村成立翻砂厂，就开始任造型工，成为技术骨干，一直到退休。他育有一男六女，其中三个是纺织工，四个做生意。高法成的七个子女都是老两口的"小棉袄"。儿子、儿媳和老两口住在一起。七个子女知冷知热，围着老两口转，一家人和和睦睦。

前排左起：刘翠兰（高法成之妻）、高法成。中排左起：高小芹（高法成次女）、高冬英（高法成五女）、高大芹（高法成长女）、高根英（高法成六女）、高冬青（高法成四女）、高冬芹（高法成三女）。后排左起：高旭（高建春之女）、高建春（高法成之子）、杜迎春（高建春之妻）（摄于2008年1月2日）

高法成之子高建春一家

高建春和媳妇都是纺织工人，退职后，爱上了收集旧书报和杂志、字画等。他们将收集回来的"宝贝"分类挑选，整理收藏，摆摊交流。

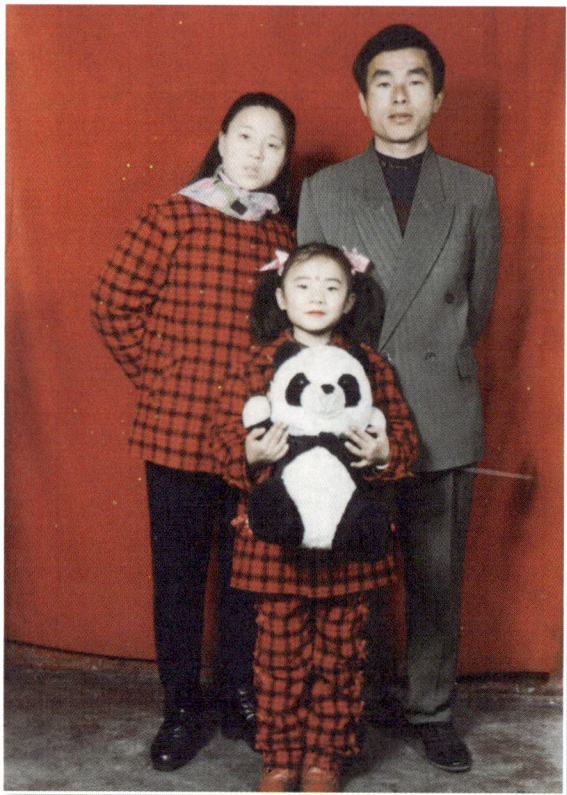

前排：高旭（高建春之女）。后排左起：杜迎春（高建春之妻）、高建春（摄于 2001 年 11 月）

子孙两代戎装　一家爱国情怀

贾梅荣，时年 82 岁，谁都不会忘记她那一腔报国情怀。1948 年，她送长子高承仁加入支前担架队。高承仁参加了济南战役和淮海战役，在炮火里救伤员、送弹药、补给养，新中国成立后回到了家乡。1950 年冬，她再次将长子送往抗美援朝前线。高承仁带着母亲和乡亲们的嘱托与期望，在零下四十多度的战场上，一口炒面、一把雪，冒着枪林弹雨，躺冰卧雪，抢修通信设施，多次立功受奖。1954 年秋，他戴着大红花回到了家乡，先后任生产队副队长、马车店经理等职。虽家庭生活拮据，但从未向组织伸过手、提过要求，直到病逝，高承仁始终保持着退伍军人的本色。

贾梅荣把大儿子送往朝鲜战场后，丈夫高振岭于 1953 年病逝。她带着 17 岁的小儿子高承元，含辛茹苦撑起了这个家。长孙高法坤和次孙高立国相继到了当兵的年龄。1976 年冬天，她又将次孙高立国送进了解放军大学校，家门口又挂上"光荣之家"的红牌匾。每逢春节前收到政府发的拥军优属慰问信时，贾梅荣的脸上就堆满自豪而欣慰的笑容。

前排左起：高法仑（高承元五子）、高惠芳（高承照三女）、高利群（高承连之子）、高法峰（高承元六子）、高利兵（高承照之子）。二排左起：高会堂（高承仁次子）、高立平（高承仁三子）、高冬芹（高承元次女）、高利清（高承美之女）、高立民（高承仁四子）、高小芹（高承元长女）、高惠娟（高承照次女）、高法河（高承元四子）、高法长（高承元三子）。三排左起：李延凤（高承照之妻）、庞凤云（高承连之妻）、高承英（高振岭次女）、高俊英（高振岭长女）、贾梅荣（高振岭之妻）、高承云（高德富长女）、高玉英（高承仁之妻）、陈爱英（高承美之妻）、于桂兰（高承元之妻）。后排左起：高立华（高承仁长子）、高立国（高承元次子）、高惠清（高承照长女）、高会芹（高承仁之女）、刘爱民（高法坤之妻）、高法坤（高承元长子）、高承元（高振岭次子）、高承仁（高振岭长子）、高承连（高德富三子）、高承照（高德富次子）、高承美（高德富长子）（摄于1979年5月1日贾梅荣之长孙结婚喜庆时）

一家 19 户的大家庭

　　在高楼林立的一个小区里，有一户非同寻常的大家庭。这户大家庭，在祖辈高秀亭的旗下，有 19 户人家，其中有 12 个堂叔兄弟、7 个堂叔姊妹。虽各有各的居所，各有各的户主，形似分立，实则神不散。一支祖脉、一条血缘，将 19 户小家庭的心融为一体，奔日子的劲使在一起，其内核仍是一个大家庭。全家 60 多口人，除夕夜在香灶下一块儿守岁吃饺子，中秋节在月色中一起赏月品月饼。这家的事，那家的事，都是大家庭的事；你家的日子，他家的日子，统是大家庭的日子；谁家有大事，大家都掏出心来一起扛，有难同当，有福同享。何为血浓于水，何为和谐美满？高秀亭第五代世孙高克结婚当天拍下的这张喜庆照片，做出了生动的诠释。

　　前排左起：董春红（高超之妻，怀抱其子高晨曦）、高聪（高法河长女）、高璇（高法河次女）、高佳琦（高法峰之子）、高一凡（高法仑之子）、高令鲁（高利兵之子）、高宏睿（高立民之子）、高令明（高利群之子）、高涛（高法坤之子）、高冬芹（高承元次女）。二排左起：李红霞（高法河之妻）、杨树华（高立平之妻）、马宝玲（高立华之妻）、耿松华（高立国之妻）、刘爱民（高法坤之妻，怀抱高涛之女高依泓）、庞凤云（高承连之妻）、于桂兰（高承元之妻）、李延凤（高承照之妻）、高承照（高德富次子）、高法坤（高承元长子）、高立国（高承元次子）、高立华（高承仁长子）、高会芹（高承仁之女）、高小芹（高承元长女）。三排左起：王小菊（高利群之妻）、姜云芝（高法峰之妻）、杨晓英（高法仑之妻）、景新平（高利兵之妻）、王金环（高法长之妻）、刘海宁（高克之妻）、高克（高法长之子）、高法长（高承元三子）、田秀霞（高会堂之妻）、徐翠玲（高立民之妻）、高惠清（高承照长女）、高利清（高承美之女）、高惠芳（高承照三女）。后排左起：刘利民（高小芹之夫）、穆连海（高冬芹之夫）、高立民（高承仁四子）、高法河（高承元四子）、高利群（高承连之子）、高法仑（高承元五子）、高攀（高会堂长子）、高超（高立华之子）、高会堂（高承仁次子）、高立平（高承仁三子）、高帅（高会堂次子）、高法峰（高承元六子）、程龙（高利清之子）

家人深情

　　高承仁、高玉英夫妇去世后，他们的四个儿子和一个女儿中，尚有小儿子高立民还没有成家。身为长兄的高立华深知自己肩负的责任，想方设法克服困难，帮助小弟成了家，开了自己的商铺。现在这几个小家庭的日子都过得有滋有味。这张照片是高立华大弟弟高会堂的儿子高攀于2009年6月19日结婚时，与前来道喜祝贺的本家族人们，在高会堂工作单位（滨州市公路工程处）的住宅小区拍下的。

　　前排左起：高惠娟（高承照次女）、高惠芳（高承照三女）、姜云芝（高法峰之妻）、杨晓英（高法仑之妻）、李红霞（高法河之妻）、王金环（高法长之妻）、高冬芹（高承元次女）、景新平（高利兵之妻）、高静（高会芹之女）、高聪（高法河长女）、穆雅楠（高冬芹之子）。二排左起：高法长（高承元三子）、高立华（高承仁长子）、马宝玲（高立华之妻）、耿松华（高立国之妻）、高立国（高承元次子）、高承照（高德富次子）、李延凤（高承照之妻）、于桂兰（高承元之妻）、庞凤云（高承连之妻）、高承连（高德富三子）、高会堂（高承仁次子）、田秀霞（高会堂之妻）、刘爱民（高法坤之妻）、高法坤（高承元长子）、高涛（高法坤之子）。后排左起：高法峰（高承元六子）、高利群（高承连之子）、高立民（高承仁四子）、徐翠玲（高立民之妻）、杨树华（高立平之妻）、高立平（高承仁三子）、高法河（高承元四子）、高帅（高会堂次子）、董珊（高攀之妻）、高攀（高会堂长子）、高超（高立华之子）、董春红（高超之妻）、高镇（高会芹之子）、高会芹（高承仁之女）、王小菊（高利群之妻）、高利清（高承美之女）

高承仁次子高会堂一家

　　高会堂，滨州市公路局公路工程处职工，其妻田秀霞，曾是高杜青纺宾馆服务员、轻质板门厂技术员。长子高盼，专科学历，滨城区经济与信息化局职工；其妻董珊，大专学历，自由职业者。次子高帅，专科学历，就职于齐鲁交通发展集团有限公司滨州分公司；其妻岳聪，本科学历，滨州银座总店会计。2015年3月，高会堂、田秀霞夫妇添了小孙女。同年9月1日，又为他的次子高帅举办了婚礼，并留下了这张双喜照。

　　前排左起：田秀霞（高会堂之妻，怀抱高攀次女高艺晴）、高会堂（怀抱高盼长女高艺洋）。后排左起：董珊（高攀之妻）、岳聪（高帅之妻）、高帅（高会堂次子）、高盼（高会堂长子）。

高承仁三子高立平一家

高立平，就职于滨州华纺股份有限公司，多次被授予"操作能手""先进工作者"等荣誉称号。妻子杨树华，曾是高杜青纺宾馆员工。女儿高倩于2014年9月考入山东政法学院。

左起：杨树华（高立平之妻）、高倩（高立平之女）、高立平（高承仁三子）（摄于2009年5月）

高承仁四子高立民一家

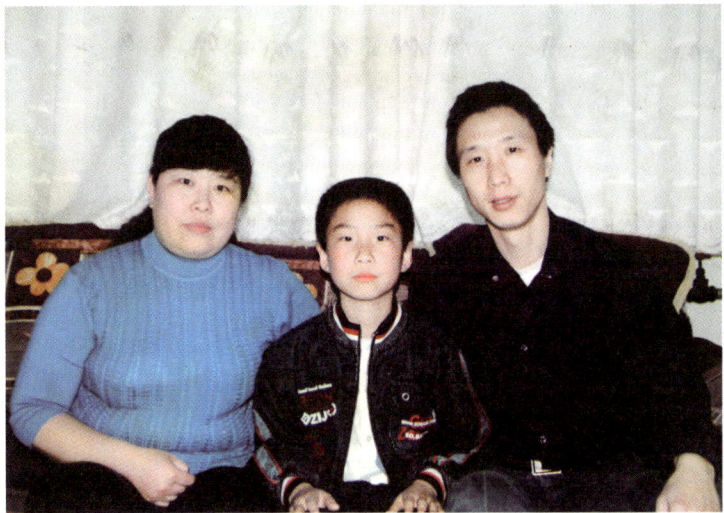

高立民，滨州海德曲轴有限公司职工，曾被评为"生产标兵"。其妻徐翠玲是自由职业者。儿子高宏睿毕业于滨州职业学院，现在滨州市人民医院实习。

左起：徐翠玲（高立民之妻）、高宏睿（高立民之子）、高立民（高承仁四子）（摄于2007年10月）

哥嫂撑起一片天的大家庭

　　高法坤兄弟姊妹八人，他为长。父亲高承元去世后，他和妻子为这个家庭撑起了一片天。高法坤，大专学历，曾任高杜大队民兵连副连长、生产队队长、村办企业和乡镇企业工程师、经理、总经理、董事长，市中办事处副主任等职；曾被评选为滨州地区乡镇企业家，多次被评为先进工作者；是滨城区第三至第七届党代会代表，滨城区第八、第九、第十届人大代表。妻子刘爱民曾是村办企业技术骨干，滨州市宏达公司管理人员。夫妇俩先后帮助两个弟弟建房、成家、立业，1998年，为五弟高法仑精心操办，结婚成家；2000年9月3日，又为六弟高法峰操办了婚礼，并留下了这张在老宅枣树林下的全家合影，印证了"长兄如父，老嫂比母"的农家箴言。

　　前排左起：高帅（高会堂次子）、高静（高会芹之女）、孙晓冬（杜小芬之女）、穆雅楠（高冬芹之子）、高璇（高法河次女）、高聪（高法河长女）、高令娣（高利兵之女）、高倩（高立平之女）。二排左起：高立华（高承仁长子）、高立国（高承元次子）、高承连（高德富三子）、高承英（高振岭次女）、于桂兰（高承元之妻，怀抱高法仑之子高一凡）、庞凤云（高承连之妻，怀抱高利群之子高令明）、李延凤（高承照之妻）、高承照（高德富次子）、高法坤（高承元长子）三排左起：高会芹（高承仁之女）、李红霞（高法河之妻）、马宝玲（高立华之妻）、王金环（高法长之妻）、刘爱民（高法坤之妻）、姜云芝（高法峰之妻）、高法峰（高承元六子）、耿松华（高立国之妻）、高颖（高立国之女）、徐翠玲（高立民之妻）、杨晓英（高法仑之妻）、景新平（高利兵之妻）、杜小芬（高承英之女）。后排左起：杨树华（高立平之妻）、王小菊（高利群之妻）、高冬芹（高承元次女）、高法长（高承元三子）、高法河（高承元四子）、高利兵（高承照之子）、高法仑（高承元五子）、高立民（高承仁四子）、高会堂（高承仁次子）、高立平（高承仁三子）、高利群（高承连之子）

高承元次子高立国一家

　　高立国，1976年12月至1980年1月在烟威警备区服役。退伍回村后，曾任高杜青纺宾馆餐厅经理、大队福利食品厂厂长以及天都实业总公司业务经理、总经理，经济师，荣获"滨州市乡镇企业家"称号。后历任高杜居委会副主任、主任和党支部委员、副书记、书记等职，曾被滨州市（县级）授予"新长征突击手""优秀党员""万名党员奔小康标兵"等荣誉称号，滨城区第七届人大代表。妻子耿松华，曾是高杜青纺宾馆员工、大队福利食品厂营业部营业员、青纺印刷厂会计。女儿高颖，青岛理工大学本科毕业，中共党员，荣获山东省"优秀毕业生"称号，就业于青岛海日顺制冷工程有限公司，任设计部经理；其夫白冰，青岛理工大学本科毕业，就职于青岛鼎信通讯股份有限公司，任硬件研发工程师。2015年春节，女儿一家人回家过年，留下了这张团圆照。

左起：高颖（高立国之女）、耿松华（高立国之妻）、白旭菲（高颖之女）、高立国、白冰（高颖之夫）

高承元三子高法长一家

　　高法长，原滨州第三棉纺织厂职工，现为自由职业者。其妻王金环，滨州魏桥棉纺集团退休职工，2003年3月被选为滨州市工商联党代会代表。儿子高克，山东科技大学泰山学院专科毕业，就职于山东同力建设项目管理有限公司，任工程监理。高克之妻刘海宁，青岛大学本科毕业，就职于山东九环集团。此照片是2016年6月，高克之子周岁那天拍下的。

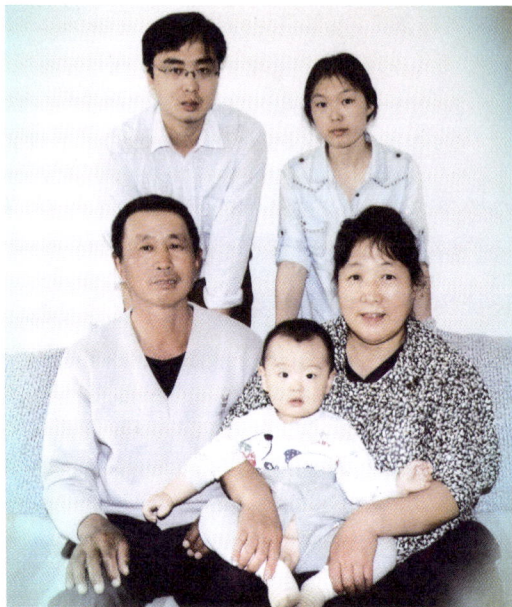

　　前排左起：高法长（高承元三子）、王金环（高法长之妻，怀抱高克之子高艺航）。后排左起：高克（高法长之子）、刘海宁（高克之妻）

高承元四子高法河一家

　　高法河，滨州市新辉毛纺厂职工。其妻李红霞，曾是滨城区蒲城乡中学的一名英语教师。长女高聪，就职于滨城区睿智祥公司；次女高璇，于山东烟台中医药大学专科毕业，现在滨州市中医院实习。2013年3月18日，高聪结婚那天，留下了这张喜庆照。

　　前排左起：李红霞（高法河之妻）、高法河（高承元四子）。后排左起：高聪（高法河长女）、高璇（高法河次女）

高承元五子高法仑一家

高法仑，就职于山东科仑药业股份有限公司。其妻杨晓英，就职于滨州中裕食品股份有限公司。2001年7月，儿子高一凡两周岁时，留下了这张喜悦照。

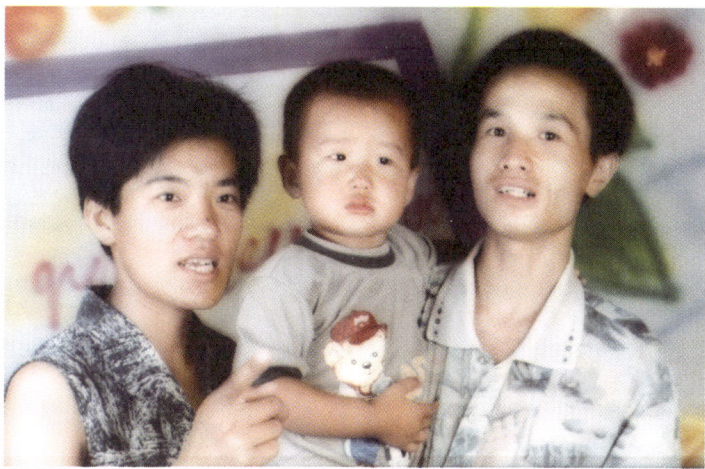

左起：杨晓英（高法仑之妻）、高一凡（高法仑之子）、高法仑（高承元五子）

高承元六子高法峰一家

高法峰，自由职业者。其妻姜云芝，滨州市百货大楼新大商场职工，曾被评为"优秀导购"。2007年10月，与五兄高法仑一家和母亲一起在家中留下这张幸福照。

前排左起：高佳琦（高法峰之子）、于桂兰（高承元之妻）、高一凡（高法仑之子）。后排左起：姜云芝（高法峰之妻）、高法峰（高承元六子）、高法仑（高承元五子）、杨晓英（高法仑之妻）

高法坤之子高涛一家和父母在一起

　　高涛，中共党员，于南昌航空工业学院本科毕业后，先后在法国雷恩第一大学、科西嘉大学语言中心修读法语，于科西嘉大学人力资源管理专业，获硕士学位。回国后，入职滨州市宏达建筑安装工程有限公司，先后任经理、总经理、董事长。妻子崔淑萍，本科学历，中共党员，在滨州市滨城区广播电视局工作。

前排左起：刘爱民（高涛之母）、高依泓（高涛之女）、高法坤（高涛之父）。后排左起：崔淑萍（高涛之妻）、高涛（摄于2016年4月）

农家小院的温馨

　　高承照之子高利兵新婚喜日，大家族成员前来祝贺，农家小院张灯结彩，亲朋好友相聚，亲情友情交融。老少四代，在高法坤新建的青砖门楼前合影，定格喜悦时刻。

　　前排左起：高聪（高法河长女）、刘盼（高小芹之女）、程龙（高利清之子）、高盼（高会堂长子）、高超（高立华之子）、高克（高法长之子）、石磊（高惠清之子）、高帅（高会堂次子）。二排左起：庞凤云（高承连之妻）、李延凤（高承照之妻，怀抱外孙宋津州）、于桂兰（高承元之妻）、高俊英（高振岭长女）、贾登兰（李延凤婶母）、高承英（高振岭次女，怀抱高立平之女高倩）、高承美（高德富长子）、高承元（高振岭次子）、高承照（高德富次子）、高承连（高德富三子）。三排左起：高冬芹（高承元次女）、高涛（高法坤之子）、高立平（高承仁三子）、高立国（高承元次子）、耿松华（高立国之妻）、高利兵（高承照之子）、景新平（高利兵之妻）、高利清（高承美之女）、徐翠玲（高立民之妻）。四排左起：高会堂（高承仁次子）、高法仑（高承元五子）、高立华（高承仁长子）、高法长（高承元三子）、高法河（高承元四子）、高立民（高承仁四子）、高法坤（高承元长子）、刘爱民（高法坤之妻）、田秀霞（高会堂之妻）、高颖（高立国之女）、宋立伟（高惠娟之夫）。后排左起：高法峰（高承元六子，肩扛高冬芹之子穆雅楠）、杨树华（高立平之妻）、李红霞（高法河之妻）、高惠清（高承照长女）、高惠芳（高承照三女）、王金环（高法长之妻）、高小芹（高承元长女）、高惠娟（高承照次女）（摄于1995年4月12日）

高承美一家

　　高承美干农活、赶毛驴车很在行。他用一根树枝做鞭子，"嘚"一声，小毛驴俯首帖耳，乖乖上路。他还身怀演艺绝技。20世纪50年代，高杜演戏，他扮演老太婆，演得逼真。订了娃娃亲的未婚妻也来看戏，听到村里姐妹们的议论，说这个人不像个爷们，引起一场"退婚"风波。这段趣事给婚后的夫妻生活带来意味深长的插曲。高承美的女儿是纺织厂的技术能手，负责培训新职工。外孙在汽车市场开店面，经营汽车。高承美的后人沿着他的足迹继续向前奔日子。

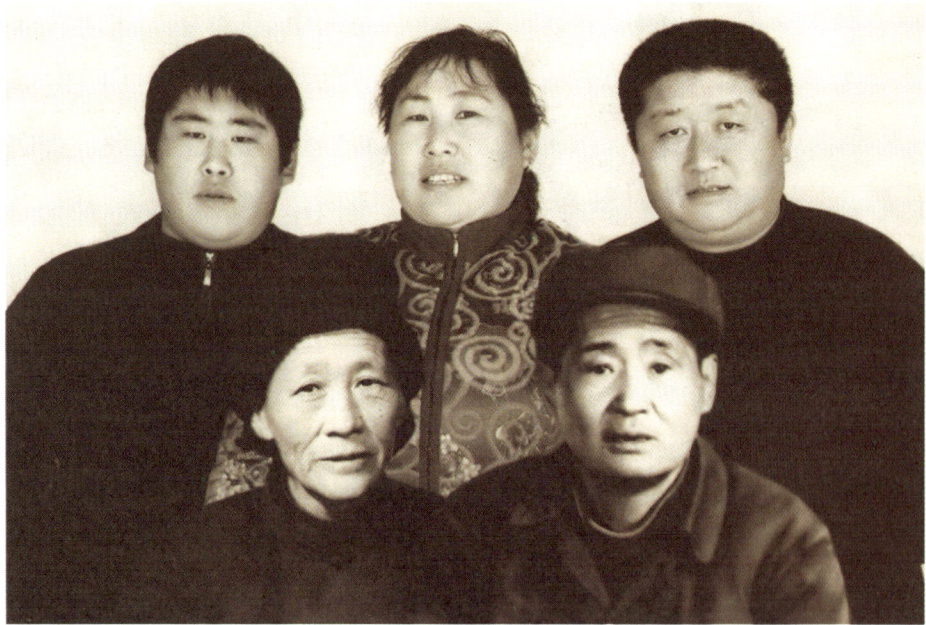

前排左起：陈爱英（高承美之妻）、高承美。后排左起：程龙（高利清之子）、高利清（高承美之女）、程洪新（高利清之夫）

张罗续修族谱的热心人家

　　高承照，自 1959 年起，在利津县和高杜村间接任教 18 年。其间，曾任高杜大队团支部书记。受本家大爷高鹏岭（私塾先生）的熏陶，深知文化传承和血脉传承的重要性，他一心留住先祖根魂，留住世代谱史。自 1997 年起，他起早贪黑，蹬着三轮车走乡串村，自费张罗、收集、整理滨州高家谱系资料，远则书信联系，近则登门拜访，涉及惠民、沾化、利津、高青、博兴、淄博和滨州市区上百个村庄。烈日炎夏，风雪寒冬，每每出行，老伴总会给他备好行装，带上水壶、干粮，将他送出村口，目送三轮车上的背影渐行渐远。开出租车的儿子，有时放弃生意，拉着他跑淄博、高青和博兴，出租车成了他的专用车。终于在 2008 年，参与了由高杜居委会发起、组织的滨州高家第六届续修族谱活动。他戴着老花镜，夜以继日，时常通宵达旦地整理谱系资料，为此次续修族谱做出了重大贡献。当涉及 3 万多人的滨州高家谱系《滨州高家》出版后，人们捧着那沉甸甸的谱书，无不赞叹高承照及其家人为此奔波 10 多年所付出的心血和汗水。

前排左起：李延凤（高承照之妻）、高承照（怀抱高利兵之子高令鲁）。后排左起：高利兵（高承照之子）、高令娣（高利兵之女）、景新萍（高利兵之妻）（摄于 2007 年）

高承连一家人

高承连，1964年进入高杜建筑队，掌握了瓦工行的各门技术，成为建筑队的骨干。滨州市区现存的不少建筑物中的道道砖缝中，留下了他当年的汗滴。年龄大了之后，他离开建筑行业，办起了家庭旅馆，一家人继续营造新生活。

前排左起：庞凤云（高承连之妻，怀抱高利群之子高令明）、高承连。后排左起：王小菊（高利群之妻）、高利群（高承连之子）（摄于1999年初春）

百年坯屋孝悌情

高承森、高承泉兄弟两人及其父辈和祖辈，就居住在这座上百年的坯屋老宅里。屋虽旧，人至亲。孝敬长辈已成为世代家人的优良家风。无论岁月充满多少酸与苦，兄弟姊妹同心携手，相依相守。这是1974年10月，兄弟姊妹们围在母亲身旁，留下的这张老照片。一家人在这座坯屋老宅里相伴相挽，和睦相处。

前排左起：高翠銮（高承泉之女）、高志刚（高承泉之子）。中排左起：高承泉（高承森之弟，怀抱高承森之子高志强）、杜彩云（高承森的大娘）、赵建英（高承森之母）、高承森。后排左起：张成华（高承泉之妻）、常桂英（高承森之妻）、高承菊（高承森之妹）（摄于1974年10月）

高承泉一家人

　　高承泉，滨州第一棉纺厂退休职工。在旧村改造中，他深怀眷恋地告别了自家的百年老宅，于2000年第一批搬进了新楼房，住进水电暖、通信设施齐全，装饰新颖、宽敞明亮的新居，全家老小笑逐颜开。兴奋之余，采纳孩子们的提议，在他家居住的新楼房前，留下了这张记录乔迁新居的全家照。

　　前排左起：高承泉、高小龙（高翠銮之子）、张成华（高承泉之妻）。后排左起：高子悦（高志刚之女）、高翠銮（高承泉之女）、董小平（高志刚之妻）、高志刚（高承泉之子）、高北镇（高翠銮之夫）（摄于2000年）

皮匠四爷和他的家人们

　　解放前，高松岭一直在北镇街做皮货生意，因他在家族兄弟中排行第四，村民习惯称他为"皮匠四爷"。旧社会，他养育了11个孩子，只活下了一女一男（高承娥和高承林）。20世纪60年代，他的独子高承林结婚后，接连生了一女三男，一家人的生活衣食无忧。20世纪70年代，他家是全村率先用上"三转一响"（手表、自行车、缝纫机和收音机）的人家之一。1974年10月12日，高松岭望着儿孙满堂的景象，心情愉悦，特意请来照相馆的师傅，在自家宽敞整洁的庭院里，拍下了这张照片。

　　前排左起：高青晨（高承林三子）、高海霞（高承林之女）。中排左起：高青军（高承林次子）、张成英（高松岭之妻）、高松岭、高青春（高承林长子）。后排左起：杜翠芝（高承林之妻）、高承林（高松岭之子）（摄于1974年10月）

高承林长子高青春一家

　　高青春，原滨州第二棉纺厂职工，曾荣获该厂2003年技术革新能手奖以及滨州市纺织系统技术工人比武大赛第一名。企业转型后，高青春靠自己的技能独闯市场，充分展示他的技术专长。妻子是滨州蒲园管理处职工，先进工作者。儿子从山东科技大学毕业后，任滨州宝伟书店业务经理。

左起：于金玉（高青春之妻）、高东旭（高青春之子）、高青春（摄于2002年冬）

高承林次子高青军一家

高青军，在滨州造纸厂上班时，爱学习，肯钻研，悟性好，在造纸设备安装调试方面积累了丰富经验。企业转型后，靠自己的一技之长，受聘于多个厂家，设计安装调试设备。其妻是原滨州造纸厂退休职工。女儿就读于滨州医学院。

高承林三子高青晨一家

高青晨，原滨州第三棉纺厂职工，多次被企业评为先进生产者。企业转型后，和妻子在滨州蒲园办起了一个游乐场。女儿现就读于滨州学院。

左起：朱兴琴（高青军之妻）、高婷婷（高青军之女）、高青军（摄于2002年冬）

左起：丁希玉（高青晨之妻）、高冬昕（高青晨之女）、高青晨（摄于2002年冬）

勤俭持家的高承广一家

　　解放前，高承广帮行医的父亲打理家中的皮货生意和鞭炮生意；解放后，担任高家村公安员；1958年7月至1960年年底，任高杜党支部书记。生活困难时期，他带领村民寻找可替代的食品，共度灾年。1966年后，历任高杜大队会计、毛刷厂厂长。他有四个儿子，长子和次子是纺织工人。1981年长子被所在的厂评为"爱厂如家"先进工作者；次子，1995年5月，值班巡夜时勇擒盗贼；三儿子夫妻俩卖水果，艰辛相守；四儿子和爱人勤俭持家，几十年如一日。勤俭成为老书记一家的家风。

　　前排左起：高会荣（高承广长女）、高海波（高爱国之子）、高荣霞（高承广次女）、谢培培（高会荣之女）、高垒（高胜利之女）。二排左起：高小燕（高法章次女）、高海燕（高法章长女）。三排左起：崔同娥（高爱国之妻）、高小妮（高承广妹妹）、高承广、刘宝花（高法生之妻）、董建华（高胜利之妻）、王青娥（高法章之妻）。后排左起：高爱国（高承广四子）、高法章（高承广次子）、高海滨（高法生长子）、高胜利（高承广三子）、高法生（高承广长子）、高海涛（高法生次子）、高峰峰（高胜利之子）（摄于1994年冬）

高承广长子高法生一家

　　高法生，滨州一棉退休工人，业余爱好是烹饪。20世纪80年代开过饭店，学了一手做白丸子的手艺，他做的白丸子成了吸引顾客的"压轴菜"。如今，佳节来临，他做的白丸子还是亲朋好友们分享的佳品。他的两个儿子，一个在高杜茶叶市场做生意，一个是石油工人。

　　前排左起：高子辛（高海涛之女）、刘宝花（高法生之妻）、高法生、高江伟（高海彬之子）。后排左起：张建华（高海涛之妻）、高海涛（高法生次子）、高海彬（高法生长子）、杨洪宁（高海彬之妻）（摄于2013年2月）

高承广次子高法章一家

　　高法章，滨州二棉退休工人，退休前在二棉做门卫工作。由于他忠于职守，夜擒盗贼，曾受到上级的表彰和奖励。他的两个女儿都建立了自己的美满家庭。

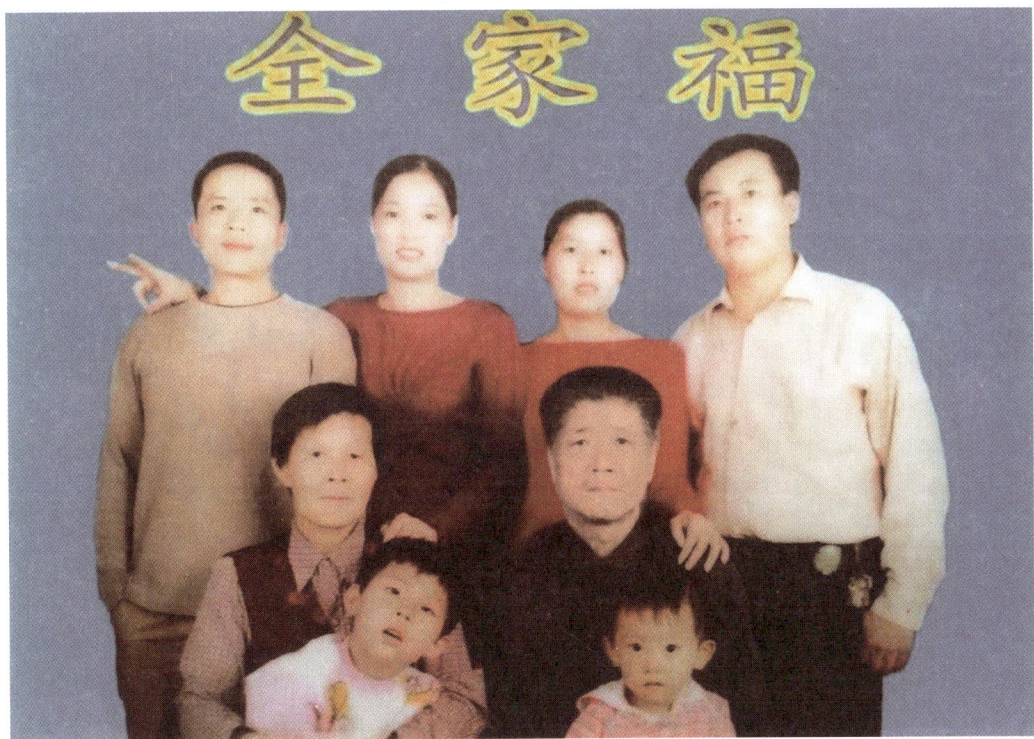

　　前排左起：王青娥（高法章之妻，怀抱高海燕之女张志雯）、高法章（怀抱高小燕之女李慧茁）。后排左起：李桂文（高小燕之夫）、高小燕（高法章次女）、高海燕（高法章长女）、张英田（高海燕之夫）（摄于2006年5月）

高承广三子高胜利一家

　　高胜利夫妇，20世纪80年代率先在路边支摊卖水果，30年来风雨无阻，艰辛付出，创下一个好家境。儿子做茶叶生意，儿媳就职于滨州人寿保险公司。

　　前排左起：董建华（高胜利之妻，怀抱高峰之子高新杰）、高胜利（怀抱高垒之子李秀哲）。后排左起：安兰芳（高峰之妻）、高峰（高胜利之子）、李长文（高垒之夫）、高垒（高胜利之女）（摄于2010年6月）

高承广四子高爱国一家

　　高爱国夫妇，经营个体旅馆多年，是诚信经营的模范户。其妻持家有道，勤俭为本，敬老为荣，为老人洗衣做饭，几十年如一日；老来仍闲不住，加入了环卫队伍，为滨州市的街道容颜增美。儿子是市公交公司职工，儿媳是银座商城职工。

前排左起：崔同娥（高爱国之妻，手牵高海波之女高欣妍）、高爱国。后排左起：王朝玲（高海波之妻）、高海波（高爱国之子）（摄于2010年春节）

志愿军荣残军人高承周一家人

　　20世纪50年代，高承周替兄参军的事迹被传为佳话。1951年2月，16岁的高承周，为留长兄在家侍奉爹娘，替哥哥应征入伍，随中国人民志愿军跨过鸭绿江，奔赴朝鲜战场，当首长的通信员。他穿枪林，冒弹雨，传达作战命令，荣立三等功。在一次战斗中，高承周不幸被敌机扔下的炸弹炸伤左腿，被子弹射伤右手和胳膊，被评定为"三等甲荣残军人"。1952年回乡后，他拖着伤残的身体，带头加入了初级社、高级社。1956年担任生产队队长。1958年7月1日党的生日这天，他光荣地加入中国共产党。1966年，参与创办高杜大队第二生产队建纺铸造厂。1968年任高杜大队负责人，1983年任高杜党支部副书记，1997年退休。高承周养育四男三女，如今，长子在滨州电业局工作，次子在高杜居委会上班，三子、四子经营茶庄。作为一名战斗功臣、荣残军人，高承周给高杜人留下了宝贵的精神财富。

　　前排左起：高吉凤（杜艳芬之舅母）、杜秀玲（杜艳芬之母）、杜艳芬（高法礼之妻）、高法礼（高承周之长子）、董莲花（高承周之妻）、高承周、高小妮（高承周之姐）。中排左起：崔同娥（高爱国之妻）、郑俊英（曹呈喜之妻）、王青娥（高法章之妻）、刘宝花（高法生之妻）、高会真（高承周之长女）、刘相枝（杜建平之妻）、崔玉霞（高凯之舅母）、刘蕾（高凯之妻）、李岩萍（高建平之妻）、于位芬（高小平之妻）、王美英（高建民之妻）、高小叶（高承周之小女）、杜建平（高凯之舅父）。后排左起：第四名高玉珍（高承周之次女）、高海波（高爱国之子）、高凯（高法礼之子）、高小平（高承周之次子）、高建民（高承周之四子）、高建平（高承周之三子）（摄于2005年高凯结婚时）

高承周次子高小平一家

高小平先在高杜建筑队上班，继而任高杜电气焊厂副厂长，高杜党支部委员、居委会委员。自2005年起，在高杜置业有限公司基建工程项目部工作，负责基建工程的设计、预算和质检工作。其妻在滨州天河商场上班。儿子曾留学俄罗斯，毕业后回国，就职于滨州人寿保险公司；儿媳是滨阳化工厂职工。一家人共同营造着有滋有味的生活。

前排左起：于位芬（高小平之妻）、高御辰（高凯明之子）、高小平。后排左起：李艳妮（高凯明之妻）、高凯明（高小平之子）（摄于2016年夏）

高承周三子高建平一家

高建平夫妇，原系滨州棉纺厂职工，2006年二次创业，在高杜茶叶市场办起了"凌青茶业"店铺。夫妇俩一个跑外，一个守内，谨遵诚信经营的理念，茶香价廉，门庭若市。2006年盛夏，一家人忙中抽闲，在自己的茶叶店里，定格了这一时光。

前排左起：李岩萍（高建平之妻）、高建平（高承周之三子）。后排左起：高凯旋（高建平之子）、路萍（高凯旋之妻）（摄于2006年夏）

各有专长五兄妹

　　高兰岭的五位子女，各有专长。长子不仅是庄稼地里的把式，还具有瓦匠、水电暖安装、烹调等多种技艺。次子是高杜翻砂厂的首批职工，后来担任该厂副厂长。三子精通车钳工技术，后转向安装工程，任滨州市宏达建筑安装工程有限公司项目经理。长女成家后经商，小女曾是高杜"毛刷厂娘子军"中的一员。五兄妹不但各有其能，而且都是治家过日子的好手。

　　前排左起：高承华（高兰岭之长女）、高承杰（高兰岭之长子）。后排左起：高承亮（高兰岭之三子）、高承荣（高兰岭之小女）、高承祥（高兰岭之次子）（摄于1998年秋）

高兰岭长子高承杰一家

　　高承杰自幼好学，善帮他人。他的瓦工手艺高，村里谁家盖屋修房，垒灶盘炕，他就带上瓦刀、泥板，赶去帮忙；他的水电暖安装技术强，为生产队承揽工程项目，创下不错的收益；他的烹调技艺好，庄乡们的婚丧嫁娶、孩满月和老人祝寿等宴请，他担当宴席大师傅；大队创办起高杜青纺宾馆，他成了餐厅大厨的掌勺师傅。年龄大了，他修自行车的技术派上用场，带上修车的家把什，搬个小板凳，在路边为自行车补胎、紧辐条、换座子、打气、搭油，把方便送给行人。老百姓生活中需要的活儿，他差不多都会，"多才多艺"的他名不虚传。此照片摄于2006年，高承杰与家人在一起。

　　前排左起：高凌畅（高利勇之女）、李吉花（高承杰之妻）、高承杰、高一鸣（高志勇之子）。后排左起：高静（高利勇之妻）、高利勇（高承杰之长子）、高志勇（高承杰之次子）、夏尚芹（高志勇之妻）

高承杰长子高利勇一家

高利勇，曾是海军北海舰队战士，1994年退伍回乡，就职于滨州市公路局干部科。其妻自营服装生意，女儿读高三。

左起：高静（高利勇之妻）、高凌畅（高利勇之女）、高利勇（高承杰之长子）（摄于2016年盛夏）

高承杰次子高志勇一家

高志勇，1991年12月入伍，在武警部队山东省总队从警三年，曾任上士班长。退伍回乡后，任过高杜党支部委员。2007年投身创业潮，在高杜茶叶市场开办了"一鸣茶庄"。其妻是滨州市开发区里则第一中学教师，儿子在滨州市渤海中学读书。

左起：高一鸣（高志勇之子）、夏尚芹（高志勇之妻）、高志勇（高承杰之次子）（摄于2016年盛夏）

高兰岭次子高承祥一家

　　高承祥，高杜大队队办企业的建设者之一，1966 年就参加高杜大队第二生产队建纺铸造厂的创办。他从翻砂工做起，后任车间主任，一直干到副厂长职位上。其长子在滨州宏达公司从事水电暖和路灯安装工作，为滨州市民送去凉爽、温暖和光明。次子从事摄影艺术，为顾客定格美好瞬间。

　　前排左起：高鸿宇（高国辉之子）、孙美真（高承祥之妻）、高承祥（怀抱次子高永辉之女高雨翰）。后排左起：崔爱华（高永辉之妻）、高永辉（高承祥次子）、高国辉（高承祥长子）、张玉华（高国辉之妻）（摄于 2007 年初春）

高兰岭三子高承亮一家

　　高承亮，原是高杜大队机械加工厂职工，后进入滨州市宏达建筑安装工程有限公司，现任该公司经理。儿子高鹿，从北镇中学高中毕业后，入北京齐进法语中心和法国土伦大学进修法语，2005年考入法国科西嘉大学，获得企业管理学院地中海国际贸易专业和科学技术学院综合计算机与系统专业"双硕士学位"。儿媳杨梦航与丈夫同校同专业，毕业回国后，夫妇俩利用所学专长，在滨州自主创办了贸易公司。女儿苏嘉琪，现在烟台大学攻读博士学位。

左起：苏嘉琪（高承亮之女）、杨梦航（高鹿之妻）、高鹿（高承亮之子）、高承亮、苏静（高承亮之妻）（摄于2009年初冬）

高兰岭次女高承荣一家

　　高承荣，原高杜大队毛刷厂职工。其夫刘宝森是滨州第二棉纺厂退休职工，中共党员，工程师。儿子在山东滨州渤海活塞股份有限公司工作，中共党员，高级技师。儿媳在滨州市中心血站工作，护师。女儿在滨州华润纺织有限公司上班。

　　前排左起：刘宝森（高承荣之夫）、高承荣。后排左起：刘卫国（高承荣之子）、刚晓光（刘卫国之妻）、刘燕（高承荣之女）、徐闽晋（刘燕之夫）（摄于1997年秋）

和谐幸福一家人

照片中的一家人，原本是两个家庭。高杜村徐绪芹的丈夫英年早逝，原滨州地区外贸局工会主席许逢和的妻子不幸病故。1989年，徐绪芹与许逢和因共同的命运走到了一起，两家人组成了一个新家庭。老两口互敬互爱，对待双方的孩子亲如己生。双方儿女十分赞同和支持他们俩的结合，对二老孝敬有加，一家人相亲相爱，和谐幸福。

前排左起：尤思泉（许雪梅之夫）、王建华（许雪莲之夫）、许道泉（许逢和长子，怀抱许雪峰之女许胜杰）、许逢和（徐绪芹之夫，怀抱常虹之女叶玉芊）、徐绪芹（怀抱常青之子常文龙）、张翠兰（许道泉之妻，怀抱常利之子常文浩）、刘芳（许雪松之妻，怀抱其子许瑞瑞）、常青（徐绪芹长子）。二排左起：尤然（尤思泉之女）、许雪梅（许逢和次女）、王艳（许雪峰之妻）、许雪莲（许逢和长女）、常虹（徐绪芹之女）、张玉玲（常利之妻）、代永芳（常青之妻）。后排左起：王靖（王建华之女）、许一鸣（许道泉之子）、许雪松（许逢和三子）、常利（徐绪芹次子）、叶滨（常虹之夫）（许逢和次子许雪峰摄于2006年春节）

老党员一家

　　高令庆，1956年入党的老党员，原北镇油棉厂退休职工，曾任安装队队长、生产科科长，工程师职称，曾多次被评为先进工作者。其妻是滨州市人民医院主管药剂师。四个女儿中，有的是工人，有的是审计师。其子现任滨州市财政局机关代建管理中心项目二科科长，负责全市公共设施建设项目的审批、验收，为全市基本建设严把投资关。儿女优秀，不愧是老党员带出的一家人。

　　前排左起：郭云龙（高宏之子）、高民（高令庆之子）、王爱英（高令庆之妻）、高令庆、张咏梅（高民之妻）、高彰伦（高民之子）。后排左起：郭建军（高宏之夫）、高宏（高令庆四女）、魏春春（高建梅之女）、高建梅（高令庆三女）、刘宗顺（高建梅之夫）、高吉娥（高令庆长女，怀抱韩永之女韩雨杉）、韩永（高吉娥之子）、王建红（韩永之妻）、杨力（高建芝之夫）、高建芝（高令庆次女）、杨晓昕（高建芝之女）（摄于2015年春节）

农技夫妇和儿女们

　　高令辉、郝守英夫妇是北镇农校的同学。1962 年 7 月毕业后，他俩同时被分配到沾化县农技部门，从事农业新技术的应用和推广工作。共同的理想和愿望，让他俩结为伴侣。高令辉，历任沾化县农业技术推广站技术员、站长、滨城市（县级）蒲城乡农技站站长、滨州市（县级）郭集乡副乡长等职，在乡人大主席团副主席任职位上退休。其妻曾任沾化县农技站技术员、滨州市（县级）农技站农艺师、高级农艺师。儿女们各从其业。次女是滨州实验学校高级教师、市劳动模范，曾为中国派驻美国加州圣地亚哥州立大学孔子学院汉语教师，为传播中华文化、增进中美人民之间的友谊贡献了一分力量。

前排左起：高红霞（高令辉长女）、高令辉、郝守英（高令辉之妻）、高艳霞（高令辉次女）。后排左起：高大军（高令辉长子）、高炎军（高令辉次子）（摄于 2011 年 2 月）

高家第一任村长之家

这张照片是 2002 年 11 月 17 日，高法有的重孙女高静结婚时拍下的。解放后，高法有是高家村的首任村长，他带领村民建农救会、自卫团、妇救会，搞土改，分田地，组织担架队、小车队支前。其子高令玉，曾任儿童团团长，解放后进油棉厂当工人，后回村任生产队会计。孙子高吉忠及孙媳王福美均是胜利油田退休职工。重孙女高静及其丈夫都是胜利油田在职职工。重孙高亮，于广州中山大学毕业，获硕士学位，与妻子同在加拿大伦敦市工作。

前排左起：王福美（高吉忠之妻）、齐爱英（高令玉之妻）、高令玉（高法有之子）、高吉忠（高令玉之子）。后排左起：高萍（高吉忠长女）、高静（高吉忠次女）、岳军（高静丈夫）、高亮（高吉忠之子）

高令奇一家

　　高令奇，曾任北镇建筑社瓦工、高杜铸造厂机加工车间班长、市中废旧物资回收站站长等职。1990年自主创办了特殊材料厂，后到威海市经营服装辅料批发，生意做得风生水起。其妻从威海汽车销售公司退休。儿女们有的当教师，有的当工人，有的是公务员。如今老两口在儿女们的陪伴下颐养天年。

　　前排左起：信泽志（高冬青之夫）、车士凤（高令奇之妻，怀抱高建磊之子高楚航）、高令奇、于利波（高吉珍之夫）、于祉旋（高吉珍之女）。后排左起：信凯旋（高冬青之子）、高冬青（高令奇长女）、高建磊（高令奇之子）、韩莹（高建磊之妻）、王文谨（高令奇四女）、王娟（高令奇三女）、高吉珍（高令奇次女）（摄于2008年2月）

民间大厨之后

　　高法祥年轻时闯过关东，下过苦力，1948 年参加中国人民解放军，1949 年入党。回乡后，他利用在部队所学的厨艺，热心为村民服务。村中红白大事的宴席上，总会响起他那炒勺和炒铲的碰撞声。他的拿手菜中，堪称一绝的白丸子、琉璃藕和拔丝山药给宴席增添了浓香和喜庆。当工人的儿子高令国、儿媳张爱萍传承了他的品德，在做好本职工作的同时，也乐于助人，村中有红白大事都回家来帮忙。

前排左起：张爱萍（高令国之妻）、高令国（高法祥之子）。后排：高乾（高令国之女）（摄于 2008 年 2 月）

摆水果摊的人家

　　1967 年，高令勤随父母由市西办事处大有崔村迁回老家高杜生活，在乡亲们的帮助下盖了房，成了家，并被安排在高杜预制厂上班。其妻原是滨州建工集团工人。2000 年以后，夫妻二人自主创业，在路边摆起了水果摊。甜蜜的水果，"甜蜜"了客户，亦"甜蜜"了自己。在滨州水泥厂工作的儿子以及在滨州烟草公司工作的女儿，下了班也回家搭把手。一家人享受着甜蜜的日子。

　　一排左起：李维芬（高令勤之妻，怀抱高春燕长子孙高翔）、高令勤（怀抱高春燕次子孙高宇）、高佳程（高吉利之女）。二排左起：巴新叶（高吉利之妻）、高吉利（高令勤之子）、孙海涛（高春燕之夫）、高春燕（高令勤之女）（摄于 2006 年 6 月）

城市"美容师"一家

　　高吉镇，在滨州园林处工作，是绿化、美化城市环境的"美容师"。其妻是新大商场职工，现承包柜台经营服装生意。小两口在各自的岗位上奋斗，住进了单元楼，开上了小轿车。2013 年 7 月，儿子 12 岁生日那天，一家人留下了开心的笑容。

左起：林建英（高吉镇之妻）、高吉镇、李瑞杰（高吉镇之子）

三代工人之家

高吉庆，滨城区第二运输公司退休职工。其女儿是滨州一棉退休职工，女婿是滨州海德曲轴有限公司退休职工。孙子和孙媳、孙女和孙女婿都在各自的单位上班。高吉庆一家三代都是工人。2010年，其妻不幸患脑血栓，常年卧床不起，全靠女儿、女婿照顾。女婿像儿子一样给她喝水喂饭，端屎端尿，六年如一日。

一排左起：高吉庆、李桂芹（高吉庆之妻）。二排左起：卜凡勤（高秀荣之夫）、高秀荣（高吉庆之女）。三排左起：卜燕（高秀荣之女）、王伟（卜燕之夫）、高峰（高秀荣之子）、高立青（高峰之妻，怀抱女儿高文雅）（摄于2008年10月）

三代军人之家

这是一个军人之家。1946年，解放战争的炮火正急，解放区开展了轰轰烈烈的大参军运动，17岁的高吉堂在母亲的支持下，报名参了军，成为渤海军区的一名战士。28年后，1974年12月，这位参加过解放战争的老兵，把长子高长滨送到了部队。1999年12月，高吉堂又送长孙高亮当了武警战士。一家人三代戎装，可敬可佩。

一排左起：闫金龙（高小红之子）、高洋洋（高红卫之子）、孙倩（高秀红之女）、高鲁明（高立滨之子）、高红卫（高吉堂三子）。二排左起：高立滨（高吉堂次子）、高小红（高吉堂次女）、徐其风（高吉堂之妻）、高吉堂、高秀芬（高吉堂长女）。三排左起：张连芹（高立滨之妻）、高秀梅（高吉堂三女）、高秀红（高吉堂四女）、左五高亮（高长滨之子）、左六杜玉萍（高长滨之妻）、左七高长滨（高吉堂长子）（摄于1999年12月）

高吉堂次子高立滨一家

高立滨，滨州医学院总务科副科长。其妻是滨州三棉退休职工，儿子是烟台市牟平区人民医院职工。

左起：张连芹（高立滨之妻）、高鲁明（高立滨之子）、高立滨（摄于2015年12月）

高吉堂三子高红卫一家

高红卫，滨州万达成品油运输公司职工。其妻是滨州泰丰纺织有限公司职工。儿子自滨州医学院毕业后，就职于惠民县人民医院。

左起：崔淑芹（高红卫之妻）、高颖（高红卫之女）、高红卫、高洋洋（高红卫之子）（摄于2016年春）

创业致富人家

　　高吉祥、杜风芹夫妇，持家有道，教子有方。改革开放之初，三个儿子就放弃了"铁饭碗"，走上创业之路。长子创办了超越饭庄；次子成立了土建工程队；三子开办了炒鸡店，买了出租车。三兄弟干得红红火火。几年后，他们家便扒掉土坯房，率先盖起了两套四合院，接着又建起了一栋二层楼。如今长子、次子住进了别墅，三子也住了单元楼。耄耋之年的高吉祥、杜风芹夫妇天天生活在温暖的阳光里。

　　前排左起：高晨曦（高洪生三女）、张秀叶（高洪军之妻）、孙淑霞（高洪生之妻）、孙英（高会生之妻）、杜风芹（高吉祥之妻，怀抱高越越之女单煜宁）、高吉祥（怀抱高蒙蒙之子张成智）、高会生（高吉祥长子，怀抱高超超之女王宣方）、高洪生（高吉祥次子）、高洪军（高吉祥三子）。后排左起：高志良（高洪军之子）、高旭旭（高洪生次女）、高越越（高会生次女）、高蒙蒙（高洪生长女）、高超超（高会生长女）、高君青（高吉祥之女）、耿随庆（高君青之夫）、王海涛（高超超之夫）、单俊峰（高越越之夫）、耿春恒（高君青之子）、张海瑞（高蒙蒙之夫）（摄于2015年8月）

高吉祥长子高会生一家

高会生，滨城区二运公司退休职工，现任高杜置业有限公司董事会董事。其妻是滨州市棉机厂退休职工，2016年荣获市中办事处"孝星"称号。女儿、女婿都有各自的事业，长女是滨州中油燃气有限公司财务科科长，次女是滨州吾美文化传播公司老师。

前排左起：孙英（高会生之妻，怀抱高越越之女单煜宁）、高会生、王宣方（高超超之女）。后排左起：高越越（高会生次女）、高超超（高会生长女）、王海涛（高超超之夫）、单俊峰（高越越之夫）（摄于2015年8月）

高吉祥次子高洪生一家

高洪生，滨州丰鑫有限公司经理。其妻是滨州双泰置业有限公司业务员。女儿、女婿都有各自的工作和学业。

前排左起：孙淑霞（高洪生之妻，怀抱高蒙蒙之子张成智）、高洪生。后排左起：高旭旭（高洪生次女）、高蒙蒙（高洪生长女）、张海瑞（高蒙蒙之夫）、高晨曦（高洪生三女）（摄于2015年8月）

高吉祥三子高洪军一家

高洪军，曾在原滨州毛纺厂工作，现为高杜置业有限公司职工。其妻是滨州金马机械有限公司退休职工。儿子于山东中医药大学研究生毕业，现为滨州市中医院医生。

左起：张秀叶（高洪军之妻）、高洪军、高志良（高洪军之子）（摄于2014年12月）

电工一家人

高建林，原滨州造纸厂电工，是安全正常供电的维护者。2004年5月，到高杜物业管理有限责任公司工作后，仍挎小维修包，走家串户，跑店铺，去楼道，进市场，确保居民、商家和公共场所的正常用电，给人们夏送清凉，冬送温暖，夜送光明。其妻和儿子、儿媳都是企业员工。一家三代过着亮堂堂的日子。

左起：李敏敏（高克之妻）、常淑红（高建林之妻，怀抱高克长女高博函）、高建林（怀抱高克次女高诗函）、高克（高建林之子）（摄于2016年春）

纺织保全工一家

　　高保林，滨州第二棉纺厂织布车间保全工。在20多个春秋的工作中，对全车间每台设备的性能和工作原理都了如指掌。他从设备前走过，就能从机械运转的声响里知道设备是否正常，做到有故障及时排除，保证正常生产。其妻是滨州毛纺厂退休职工。女儿自大学会计专业毕业后，在滨州一家物流公司当会计。一家人过着殷实祥和的日子。

左起：刘建平（高保林之妻）、高飞（高保林之女）、高保林（摄于2016年4月）

不平凡的一家人

　　这是一张拍摄于 1987 年初秋，四世同堂喜庆新人的照片。解放前，高同顺兄弟五人分家时只有一间土坯屋，地无一垄，三闯关东。合作化后，高同顺是生产队的饲养员。其妻贤惠善良。长子是滨城区二运公司退休职工。次子从公安特派员干到滨州市（县级市）公安局局长、政委，56 岁殉职。女儿从滨州地毯纱厂退休。三子参过军，当过工人，曾任滨州金马机械有限公司党总支书记，山东省一轻系统劳动模范，滨州市"富民兴滨"劳动奖章获得者。四子从铸造工做起，干到副厂长、居委会委员、副主任，同时还是一队红白理事会理事、民间大厨，2015 年被市中办事处评为"优秀共产党员"。一家人普通而不平凡。

　　一排左起：张娜（高立花之女）、高彬彬（高新华之子）、高勇波（高吉孟三子）、高海涛（高新民之子）、高志刚（高兴无之子）。二排左起：高吉凤（高同顺之女）、董凤英（高吉孟之妻）、李秀琴（高吉尧之妻）、高同顺、高吉尧（高同顺长子）、高吉孟（高同顺次子）。三排左起：高小霞（高吉孟三女）、南凤銮（高新民之妻）、黑岐玉（高新华之妻）、张丽君（高立军之妻）、高立军（高吉孟长子）、高新民（高同顺三子）、高新华（高同顺四子）。四排左起：高立霞（高吉孟次女）、高立花（高吉孟长女）、高永军（高吉孟次子）、高兴无（高吉尧次子）

高同顺次子高吉孟一家

　　高吉孟、董凤英夫妇养育了六个子女，三个女儿都是工人，三个儿子都是滨州市公务员。长子现任滨州市市区国家税务局副局长，次子现任滨州市财政局融资科科长，三子现任滨州市滨城区拆迁办办公室主任。

　　前排左起：高可欣（高勇波之女）、周千皓（张娜之子）。二排左起：李燕（高永军之妻）、张丽君（高立军之妻）、董凤英（高吉孟之妻）、高立军（高吉孟长子）、高立花（高吉孟长女）、高立霞（高吉孟次女）。三排左起：张少杰（高立霞之子）、高小霞（高吉孟三女）。后排左起：高勇波（高吉孟三子）、高永军（高吉孟次子）、高梓洋（高立军之子）、李玥（高梓洋之妻）、张莉（高勇波之妻）、张娜（高立花之女）、于瑞（高小霞之女）（摄于2013年10月）

高同顺三子高新民一家

　　高新民，滨州金马机械有限公司党总支书记，现已退休。其妻是滨城区二运公司退休职工。儿子现任奥本生物有限公司总经理，儿媳现任滨州开发区里则办事处组织科科员。

　　前排左起：高铂骁（高海涛之子）、南凤銮（高新民之妻，怀抱高海涛之女高晓筱）、高新民。后排左起：鲁娟（高海涛之妻）、高海涛（高新民之子）（摄于2016年8月）

高同顺四子高新华一家

　　高新华，历任高杜居委会委员、副主任。其妻是一名家庭主妇，照料生活不能自理的公公，六年如一日，从没怨言，是村中有名的孝顺媳妇。儿子是滨州公交公司职工，儿媳是滨州新大商场职工。

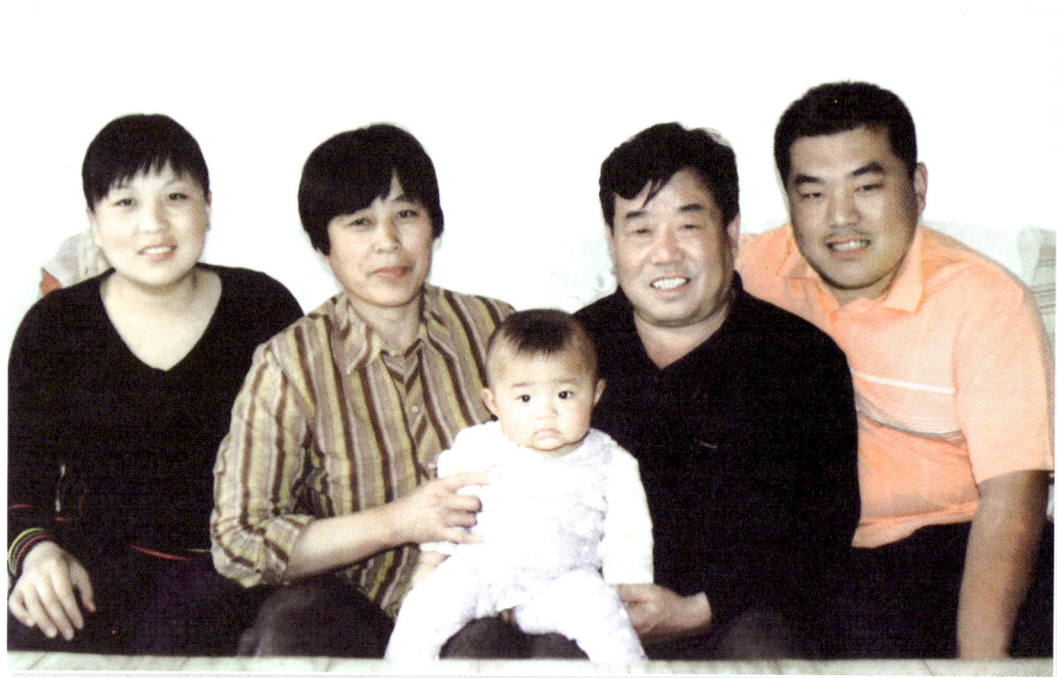

左起：李海燕（高彬彬之妻）、黑岐玉（高新华之妻，怀抱高彬彬之女高一诺）、高新华、高彬彬（高新华之子）（摄于 2008 年 8 月）

高同顺长孙高胜利一家

　　高胜利，胜利油田滨南采油厂退休职工，其妻是油田家属工，也已退休。儿子是滨南采油厂职工，儿媳是滨城区劳动保险事业处职工。

　　前排左起：赵玉芹（高胜利之妻）、高胜利（高同顺长孙）。中排左起：高皓森（高志营之子）。后排左起：马月霞（高志营之妻）、高志营（高胜利之子）（摄于 2015 年 5 月）

前排左起：孙淑芸、沈伟东（孙淑芸之夫）。后排左起：任萍（高志刚之妻）、高安琦（高志刚之女）、高志刚（孙淑芸之子）（摄于2016年7月）

孙淑芸一家

孙淑芸，家庭主妇。儿子是渤海医院的药剂师，儿媳在滨州家客印务印刷厂工作。

前排左起：张丽君（高立军之妻）、董风英（高立军之母亲）、高立军。后排左起：李玥（高梓洋之妻）、高梓洋（高立军之子）（摄于2015年5月）

高吉孟长子高立军一家

高立军，滨州市市区国家税务局副局长。其妻是滨州市滨城区供销社退休职工。儿子是滨州市边防局沾化派出所副所长，儿媳是滨州市边防局干部。

高吉孟次子高永军一家

高永军，滨州市财政局融资科科长。其妻李燕，滨州市立医院医生。女儿是天津大学的学生。

左起：高雅（高永军之女）、李燕（高永军之妻）、高永军（摄于 2015 年 8 月）

高吉孟三子高勇波一家

高勇波，现任滨州市滨城区拆迁办主任。其妻是滨州市贵友纺织有限公司财务科会计师。

左起：高勇波、高可欣（高勇波之女）、张莉（高勇波之妻）（摄于 2015 年 8 月）

三兄弟一家亲

　　高立兴，1979年参军，1982年入党，荣立过三等功，1983年退伍；曾先后任高杜居委会赤脚医生、团支部书记、党支部副书记、居委会副主任。他工作勤恳，关爱群众，热爱集体。2016年5月，不幸因病殉职。其大弟是滨州丰鑫建筑安装公司技术骨干，小弟是高杜置业有限公司职工。父母去世后，各自成家立业的高立兴三兄弟，相依相携，亲情依旧。

　　前排左起：高天天（高立忠次子）、高立萍（高立兴之妹）、杜艳萍（高立兴之妻，怀抱高立春之女高筱颜）、高立兴、高立忠（高立兴之大弟）。后排左起：单新安（高立萍之子）、赵学梅（高立春之妻）、高龙龙（高立忠长子）、李新新（高龙龙之妻）、王京（高立忠之妻）（摄于2014年11月）

高立忠一家

高立忠，滨州鑫丰建筑安装公司技术骨干。其妻是家庭主妇，持家勤俭。长子是滨州北斗电子科技有限公司职工，次子是滨州海得曲轴有限公司职工。

前排左起：王京（高立忠之妻）、高立忠。后排左起：高天天（高立忠次子）、高龙龙（高立忠长子）、李新新（高龙龙之妻）（摄于2014年11月）

高立春一家

高立春，高杜置业有限公司职工，其妻是滨州市百货大楼职工。

左起：赵学梅（高立春之妻）、高筱颜（高立春之女）、高立春（摄于2015年10月）

老木工队队长和家人

高承尧，自幼学木工，木匠活名扬乡里。20世纪60年代初，高承尧出任高杜建筑队第一任木工队队长。他善于接受新事物，主张村民盖新房使用宽门大窗，内门使用推拉门。出自他手或经他指导制作出来的桌、椅、橱、凳，样式新颖，大方耐用。他的三个女儿中，有两个是工人，另外一个女儿和女婿安居高杜，从事个体经营。2000年，高承尧全家住上新楼房，过着衣食无忧的日子。

高承尧（摄于1968年冬）

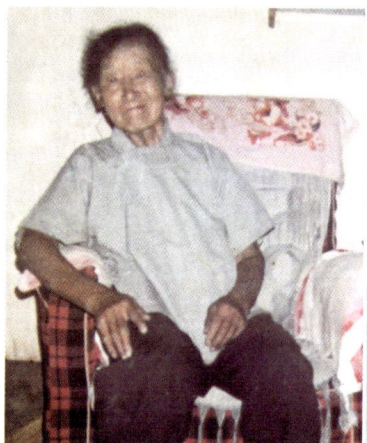

李桂英（高承尧之妻）（摄于1986年6月）

高承尧三女高小华一家

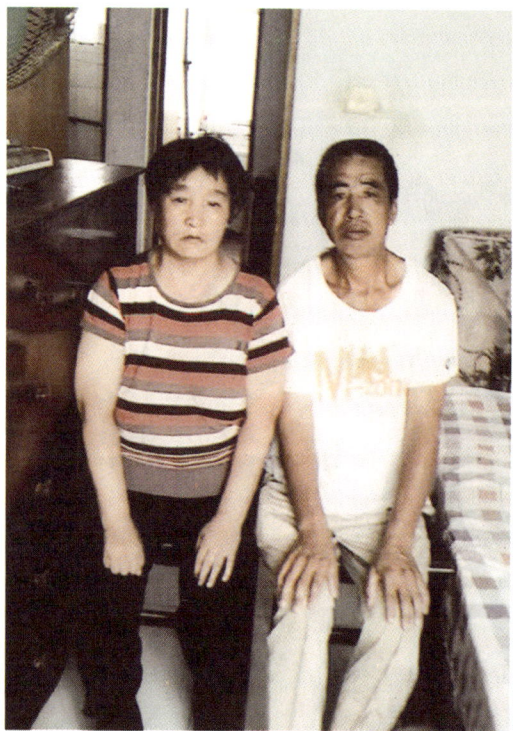

高小华姐妹三人，大姐是纺织工人，二姐是滨州轻工机械厂退休职工。为了父母老有所依，高小华和丈夫安居高杜，留守在父母身边。两个姐姐对无固定收入的妹妹一家倾心呵护，关怀备至。

左起：高小华（高承尧三女）、赵金泽（高小华之夫）（摄于2016年7月）

老"会长"一家人

　　这是 1984 年 4 月 15 日拍摄的一张照片。图中二排左四抱小孙女的是这家的家长高承江。他小时候读过私塾，学过木工，卖过粗布。1947 年 3 月，他被推选为高家村农救会会长。他深入群众，察民情，体民疾，带领庄乡搞土改，分田地。他育有四男三女，儿女长大成人后，四个儿子都有各自的事业。长子是企业科室主任；次子是建筑公司木工队队长；三子随其舅父，是国企职工；四子是个体经营者。三个女儿先后走上工作岗位，其中两个是纺织工人，一个是银行职员，现均已退休。大儿媳曾是小学教师，现已退休。一个孙女在大学任职。第四世中，有一个曾孙在海军服役；一个曾孙在上海从事娱乐行业，兼相声演员；一个曾孙是在校大学生。

　　前排左起：高韶波（高法林之子）、高韶群（高法林之女）、胡海峰（高志敏之子）、刘群（高志萍之女）、高韶泉（高法兴次子）。中排左起：彭爱华（高法林之妻）、王丽荣（高法兴之妻）、耿方英（高承江之妻，怀抱高云霞长女于莹）、高承江（怀抱高洪林之女高韶峰）、高法兴（高承江长子）、高法林（高承江次子）。后排左起：高韶琴（高法兴之女）、高云霞（高承江三女儿）、刘向兰（高洪林之妻）、高洪林（高承江四子）、高志萍（高承江长女）、高志敏（高承江次女）、高韶春（高法兴长子）

高承江长子高法兴一家

　　高法兴，原滨州轻工机械厂办公室主任，现已退休。他自幼酷爱京剧，受滨州市京剧团名家指点，成为票友。妻子是滨州逸夫小学退休教师。他的两个儿子，一个是滨州金马机械有限公司职工，一个是华润纺织（合肥）有限公司副总经理。他的长孙在上海市从事娱乐业，是一名相声演员，孙女是合肥工业大学在校大学生。

前排左起：王立荣（高法兴之妻）、高法兴。后排左起：高梦旭（高韶泉之女）、宣春芳（高韶泉之妻）、高韶泉（高法兴次子）、高韶春（高法兴长子）、高瑞（高韶春之子）、薛丽霞（高韶春之妻）（摄于2006年4月）

高承江次子高法林一家

　　高法林，曾任原北镇公社建筑社木工队队长，高杜毛刷厂厂长，2006年12月病故。此后，妻子彭爱华独自撑起这个家，里里外外，精打细算，勤劳致富。他们的孙子是一名海军战士，一家人日子奔得更有劲。

　　前排左起：尤悦（高韶群之女）、彭爱华（高法林之妻）。后排左起：高韶群（彭爱华之女）、尤伟（高韶群之夫）、高琛（高韶波之子）、高韶波（彭爱华之子）、孙青（高韶波之妻）（摄于2015年10月）

高承江小儿子高洪林一家

　　高洪林，个体经营者，妻子是退休纺织工人。女儿自中国海洋大学毕业后，留校任职，女婿是青岛科技大学干部。

　　前排左起：刘向兰（高洪林之妻，怀抱高韶峰次女陈奕杉）、高洪林（怀抱高韶峰长女陈奕潼）。后排左起：陈宇鹏（高韶峰之夫）、高韶峰（高洪林之女）（摄于2012年3月）

高杜铸造厂老厂长一家

　　高法孔，原高杜大队第二生产队副队长。自 1966 年开始参与第二生产队建纺铸造厂的筹备组建工作，先任该厂采购员，后任高杜铸造厂厂长。他精通业务，擅长社交，带领职工搞技术革新，减轻工人的体力劳动，并提高产品质量，使高杜铸造厂及其产品从无名跨入知名行列。儿子、儿媳常年奔忙于建筑行业，生意做得风生水起，小日子过得殷实美满。

高法孔（高全胜之父）（摄于1968 年 5 月，济南大明湖）

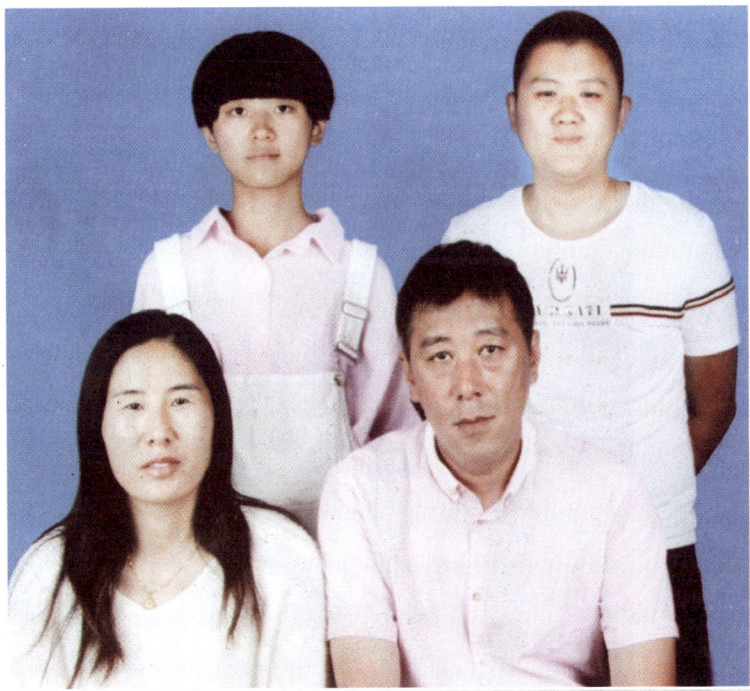

前排左起：赵雪峰（高全胜之妻）、高全胜（高法孔之子）。后排左起：高佳艺（高全胜之女）、高寒（高全胜之子）（摄于2016 年 5 月）

小生意起步的小康人家

　　高令军自幼家贫，成家后，与妻子在姜家市场开起了五金批发零售小商店。20世纪90年代，夫妻俩闯进青岛市场，做起了啤酒专卖生意，成为小康之家。他们育有一男一女两个孩子，同在澳大利亚读书。女儿大学毕业后，留澳就业。儿子作为在澳中国留学生代表，曾受到中国驻澳大使馆领导的接见。

左起：高咪咪（高令军之女）、高万超（高令军之子）、宋相美（高令军之妻）、高令军（摄于2016年春）

宋芳荣和她的孩子们

　　宋芳荣，结婚来到高杜后，就积极参加集体生产劳动，无论干什么活，都敢和男劳力比高低。庄稼地里的活，她样样拿手。和男劳力一起铡草，她摁铡刀，日铡草料过千斤，被人们称为劳动能手。她的三子一女，儿子中有的在外做生意，有的在高杜市场开茶社，女儿是工人。如今，宋芳荣和孩子们过着安逸舒适的日子。

左起：高贞会（宋芳荣之女）、高政中（宋芳荣次子）、宋芳荣（怀抱三子高政滨）、高政文（宋芳荣长子）
（摄于1972年5月）

宋芳荣长子陪伴母亲过生日

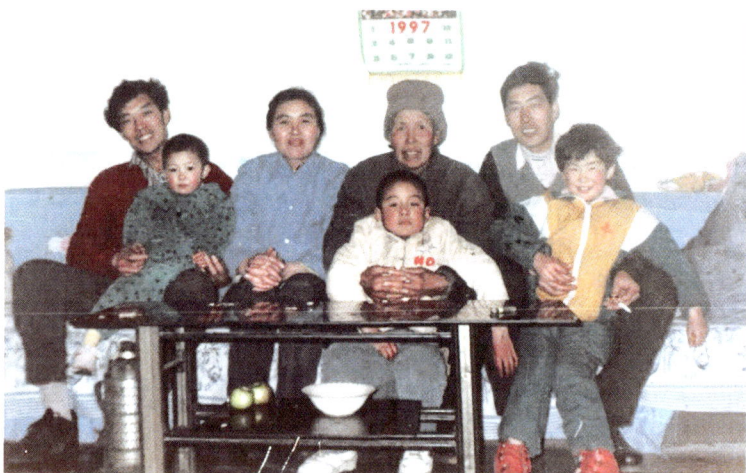

1997年11月，宋芳荣58岁生日这天，长子高政文组织姐姐弟弟及孩子们一起为母亲祝福并合影留念。

左起：高政中（宋芳荣次子，怀抱女儿高逸霏）、高贞会（宋芳荣之女）、宋芳荣（怀抱高贞会次子付海亮）、高政文（宋芳荣长子，怀抱长女高亚楠）

宋芳荣次子、女儿和母亲在一起

2013年春节，宋芳荣的次子高政中和姐姐两家一起陪伴母亲过春节，并合影留念。

前排左起：刘晓芳（付海明之妻）、高贞会（宋芳荣之女，怀抱付海明之子付聪聪）、宋芳荣、高政中（宋芳荣次子）、杜红霞（高政中之妻）。后排左起：付海明（高贞会长子）、付存新（高贞会之夫）、付海亮（高贞会次子）、高逸霏（高政中之女）

黄河大坝巡防员一家人

　　高法勇是多年的黄河大坝巡防员。1978年，他为了方便工作，全家搬进了大坝上的滨字48号堰屋子居住，一心扑在大坝巡防这一事业上。妻子除做小生意外，也起早贪黑搭把手。15年以后，四个孩子长大成人，先后成了家。他的三个儿子，两个跑出租，一个当纺织工，家境日见起色。2000年，夫妇俩和三个儿子同时乔迁新楼房，一家人过上了好日子。

　　前排左起：魏玉青（高立贵之妻）、高立贵（高法勇次子）、张爱兰（高法勇之妻，怀抱高立波次子高金坤）、高法勇。中排左起：高超（高立贵之子）、耿伟娜（高立花之女）、高立印（高法勇长子）、马桂芹（高立印之妻）。后排左起：高立波（高法勇三子，怀抱其长子高华滨）、耿相银（高立花之夫）、高立花（高法勇之女）、高婷婷（高立印之女）（摄于2005年春）

高法勇长子高立印一家

高立印从事个体客运业务，妻子相助，笑迎乘客，他们的客运车是滨州个体客运公司的文明班车。

左起：马桂芹（高立印之妻）、高婷婷（高立印之女）、高立印（摄于 2016 年 5 月）

高法勇次子高立贵一家

高立贵原是出租车司机，妻子是高杜物业公司管理员。图为儿子结婚那天的全家合影。

前排左起：魏玉青（高立贵之妻）、高立贵。
后排左起：孟舟舟（高超之妻）、高超（高立贵之子）（摄于 2015 年 11 月）

"铸造老师"家的新风景

　　1969年，高法云与原籍高青的王同清姻缘相牵，结为伴侣，随即安家高杜。1966年，高杜初建铸造厂，王同清便成为铸造工匠，年复一年，暑来寒往，他整整干了50个春秋。直到2016年春，他的铸造工生涯画上了句号。他们的三个孩子，女儿是一家旅行社会计，两个儿子和两个儿媳都做生意。高法云夫妇告别翻砂工作后，又到市场管理队做事。如今，"铸造老师"一家，老少各有所为，各有所乐，生活安逸而自在。

前排左起：高法云、王同清（高法云之夫）。后排左起：吕超花（王建伟之妻）、王建伟（高法云次子）、王建梅（高法云之女）、王建立（高法云长子）、梁晓芳（王建立之妻）（摄于2000年4月）

高法云长子王建立一家

王建立，从事货车运输，他诚信服务，是个驾驶技术娴熟、肯吃苦、有责任心的好司机。

前排：王亚旋（王建立之女）。后排左起：梁晓芳（王建立之妻）、王建立（摄于2003年冬）

高法云次子王建伟一家

王建伟夫妇，常年摆地摊卖小百货，小到针头线脑，大到锅碗瓢勺，卖的都是些千家万户离不开的日用品。夫妻俩薄利多销，他们从顾客满意的笑容中得到满足和快乐。

左起：吕超花（王建伟之妻）、王建伟（手牵儿子王申豪）（摄于2001年冬）

老书记一家人

　　1977 年秋，高杜大队社员的生活水平得到大幅度提高，多数人家都住进了红瓦房。高承淮的三儿子结婚，全家人特意在自家的红瓦房前合影贺喜。高承淮于 1959 年始任高杜大队大队长，1969 年接任大队党支部书记，1983 年 4 月因病辞职，在大队领导岗位上奋斗了 24 年。他和领导班子一起，带领庄乡发展生产，改善生活，使高杜大队成为滨县最富裕的大队之一。他的四个儿子中，有三个儿子参军并入党。三个孙子中，长孙是电业局职工；次孙曾代表北镇中学参加省数学和化学竞赛，后成为一名医学博士；三孙是滨州市公安局治安大队大队长。子孙们的成长饱含着老书记高承淮的心血。

　　前排左起：马秀荣（高志杰之妻，怀抱其子高飞）、董新伟（高志芬长子）、高冬（高法杰之子）、苏英华（高法杰之妻）。中排左起：高志文（高承淮次女）、高志青（高承淮四女）、薛秀琴（高承淮之妻）、高承淮（怀抱高法杰之女高冬梅）、高志芬（高承淮长女，怀抱其次子董新国）、高志军（高承淮五女）。后排左起：高英杰（高承淮四子）、常桂珍（高士杰之妻）、高士杰（高承淮三子）、高法杰（高承淮长子）、高志杰（高承淮次子）、高志娟（高承淮三女）

高承淮长子高法杰和他的家人

　　高承淮长子高法杰是胜利油田的退休职工。其妻是高杜大队赤脚医生，1990 年荣获山东省卫生系统先进工作者称号，现已退休。儿子在滨州电业局工作，儿媳在滨州公铁大桥管理处财务科工作，孙女是东北师范大学学前教育学院在校大学生。

　　前排左起：苏英华（高法杰之妻）、薛秀芹（高法杰之母，怀抱高冬梅之女李姿涵）、高法杰。后排左起：李志强（高冬梅之夫）、高冬梅（高法杰之女）、高琪（高冬之女）、高冬（高法杰之子）、高玉焕（高冬之妻）（摄于 2008 年冬）

高承淮次子高志杰和他的家人

　　高志杰，滨州医学院退休职工。其妻是滨州国棉一厂退休职工。儿子于山东大学医学院研究生院博士毕业，现就职于齐鲁医院。儿媳于山东大学医学院硕士毕业后，在山东大学附属生殖医院工作。孙子在山大附小上小学，是机器人爱好者，2015年代表山东省参加全国比赛，荣获三等奖。

前排左起：马秀荣（高志杰之妻，怀抱高飞次子高翙翼）、高志杰、高翔翼（高飞长子）。后排左起：丁玲玲（高飞之妻）、高飞（高志杰之子）（摄于2016年夏）

高承淮三子高士杰和他的家人

高士杰，滨州魏棉纺织厂退休职工。其妻是滨州电业局退休职工，系本单位老年门球队队长，2013年和队友们参加市比赛取得第一名。儿子是滨州市公安局治安大队大队长，儿媳在滨州市水利局工作。

前排左起：常桂珍（高士杰之妻，怀抱高冰之子高煜祺）、高士杰。后排左起：张晓红（高冰之妻）、高冰（高士杰之子）（摄于2015年夏）

高承淮四子高英杰和他的家人

高英杰是滨州一棉机械加工厂的质量检验员，业余时间学了一门炒菜手艺，庄乡邻居招待客人，他就拿着锅和炒勺去献艺帮忙。其妻是滨州市百货大楼退休职工。女儿在瑞康器材商店工作。

前排左起：杜立景（高英杰之妻，怀抱高媛之子李梓墨）、高英杰。后排：高媛（高英杰之女）（摄于2016年夏）

温暖的一家人

高世强，当过建筑工人，后调入滨州路灯管理处从事路灯管理，心系一盏一线，连续多年被评为先进工作者。妻子是原惠民地委保密室总机话务员。儿子是滨州市邮政局职工。儿媳毕业于武汉音乐学院，长于钢琴演奏，现在滨化集团工作。儿子、儿媳经常带着孩子来家照看父母，是一对孝敬父母的好夫妻。

"朝阳庆典"的魅力

照片中的左一，是高法利之女高谦谦。她于2006年办起了高杜首家庆典服务公司——"朝阳庆典"，并与轿车出租等有关单位联合，面向社会提供各种庆典"一条龙"服务。公司开业当天，就迎来了一大串订单，开门红带来了月月红、四季红。"朝阳庆典"以热情、周到、守信、价优的服务，占得庆典市场的一席之地。新产业如朝阳般给全家带来了新生活、新日子。

前排左起：郭玉珍（高世强之妻）、高世强。
后排左起：良倩（高培龙之妻）、高云浩（高培龙之子）、高培龙（高世强之子）（摄于2016年4月）

左起：高谦谦（高法利之女）、孙秀娥（高法利之妻）、高法利（摄于2005年冬）

老槐树下的大家庭

　　20世纪40年代末，高家村西头，有一处三院连环的深宅院群，一株百年老槐树挺立于主院之中。这就是高凤鸣夫妇及其五个儿子的大院。高凤鸣，当过村长，参与编辑了1937年《滨州高家五修族谱》。当时的这户人家，近20口人，几十亩土地，十几亩果园，养着一套骡马大车和一辆花棱轿车子，取堂号曰"积德堂"。高凤鸣与老伴高董氏育有五男一女，老两口对子女言传身教，家教严明，五个儿子各有所长，各司其职，把这个大家庭打理得井井有条。这张照片是1969年9月，高凤鸣家的部分后人，在老槐树大院中拍摄的。截至2016年，这户人家已有96人。现在世的77人（不含女婿、外甥），其中有6名大学生，11名共产党员，有7人加入过中国人民解放军。

　　前排左起：邢爱萍（高令芹之女）、高春祥（高法晋次子）、高建民（高令杰次子）、高令芳（高法舜五女）、高令枝（高法舜四女）、尚女（高法荣之外孙女）、彭秋祥（高法荣四子）、高吉升（高令泉长子）。二排左起：高香菊（高法晋长女）、高全祥（高法舜次子）、高勇（高令泉次子）、高氏女（高凤鸣之妹）、高法荣（高凤鸣之女）。三排左起：高令云（高法美长女，怀抱儿子孟男）、赵玉英（高法晋之妻，怀抱其次女高爱菊）、董芳英（高法舜之妻）、王柏荣（高法岭之妻）、董莲花（高法美之妻，怀抱高令杰长女高建红）、高法美（高凤鸣次子）、高法岭（高凤鸣三子）、高法舜（高凤鸣四子）、高法晋（高凤鸣五子）。后排左起：高令青（高法舜三女）、高令兰（高法舜长女）、马学兰（高令杰之妻）、高令芹（高法岭长女）、于凤兰（高令泉之妻）、孟繁荣（高令强之妻）、高令强（高法舜长子）、高令武（高法庭次子）、高令娥（高法美次女）、高大花（高法舜次女）。

高凤鸣次子高法美一家

高法美与庄稼地打了一辈子的交道，是村里在数的庄稼把式。兄弟五人中，他负责家中几十亩地的耕种管理和收藏。在生产队，他是农业生产管理的"智囊"人物之一，社员们送其雅号"二队长"。他性格温存，谈吐幽默，是村民们公认的"开心果"。1989年春，80岁的他和子孙们一家四代人，在其宅院里留下了这张照片。

前排左起：马学兰（高令杰之妻）、董莲花（高法美之妻）、高盼（高建军之女）、高法美、高令杰（高法美之子）。后排左起：高建红（高令杰之女）、崔常俊（高建红之夫）、孙秀英（高建军之妻）、高建军（高令杰长子）、杜红梅（高建民之妻）、高建民（高令杰次子）

高凤鸣三子高法岭一家

在兄弟五人中，高法岭负责照管、使用骡马大车，一年四季跑运输。合作化入社以后，他依然是生产队里使用大牲畜的把式，继续和大车、骡马打交道。1990年初春，高法岭82岁的老伴在子孙们的簇拥下，在自家院子里定格了这一镜头。

前排左起：高乐（高吉升之女）、于凤兰（高令泉之妻，怀抱高勇之女高娜）、王柏荣（高法岭之妻）、高令泉（高法岭之子，怀抱高伟之子高越）、高克（高军之子）。中排左起：高勇（高令泉次子）、高吉升（高令泉长子）、高军（高令泉三子）、高伟（高令泉四子）。后排左起：卜会莉（高勇之妻）、高凤兰（高吉升之妻）、缪真（高军之妻）、贾会平（高伟之妻）

高凤鸣四子高法舜一家

　　高法舜追求思想进步，待人诚恳。1945年，八路军解放蒲台、滨县前夕，他积极协助农救会组织村民筹集支前物资，参加支前活动。新中国成立后任高家村村长，后任过互助组组长、初级社副社长，1958年任高杜第二生产队大食堂司务长。在生活困难时期，他带领村民引进多种"代食品"，共度灾年。自此，"司务长"的雅号冠以终生。即便在他1963年改任生产队队长，1966年创办第二生产队翻砂厂并任厂长，1980年任高杜青纺宾馆经理直至退休，社员们对其"司务长"的称谓从未改变。1996年冬，年已古稀的高法舜夫妇怀抱曾孙，与家人在自家庭院中留下了这张全家照，洋溢着天伦之乐。

　　前排左起：董方英（高法舜之妻，怀抱高建滨之女高雅）、高法舜（怀抱高红滨之子高逸飞）。中排左起：李淑贞（高全祥之妻）、孟繁荣（高令强之妻）、高宁（高全祥之女）、高令强（高法舜长子）、高全祥（高法舜次子）。后排左起：李建华（高红滨之妻）、高红滨（高令强次子）、高卫滨（高令强三子）、高建滨（高令强之长子）、韩小红（高建滨之妻）

高凤鸣五子高法晋一家

在兄弟五人中，只有高法晋念过私塾。新中国成立前夕，高法晋曾在供销专社供职，后扛过"脚行"，拉过地排车。1966年第二生产队创建翻砂厂，他是创建人之一，操作烘炉多年。1980年后，任青纺宾馆会计。与老伴育有两男两女，儿女均陆续参加了工作，建立了各自的家庭。1988年初春，高法晋的老伴60岁寿辰，子女们依偎在二老身边，在家中留下了这张祝寿照。

前排左起：高红（高令国长女）、高朋（高令国次女）、张玲（高香菊之女）。中排左起：高爱菊（高法晋次女）、赵玉英（高法晋之妻）、高法晋（怀抱高春祥之子高超）、高香菊（高法晋长女）。后排左起：崔新美（高春祥之妻）、高春祥（高法晋次子）、高令国（高法晋长子）、李桂兰（高令国之妻）

高凤鸣长孙高令文一家

　　高凤鸣的长子高法庭，在北镇乃至滨（县）蒲（台）利（津）地域小有名气，是这个大家庭的"主心骨"。解放后，他进入商界，20世纪50年代初，在北镇剧场街（今大观园）盖屋开店，是商界的先行者。他的长子高令文，温文尔雅，尊老爱幼，只要遇见辈分比他高的，他都是主动按辈分称呼；总是徒步推着自行车，从不骑着车子出村。乡亲有事找他帮忙，他总是尽力而为。他和老伴都在商业系统工作了一辈子，曾任过职员、会计、办公室主任、公司经理等职。高令文的子女们知书达理，勤奋上进，均干出了自己的事业。此照片摄于2015年11月23日，长孙高山结婚典礼时。

　　前排左起：李枝燕（高国涛之妻）、贾淑芹（高令文之妻）、高国珍（高令文之女）、高国涛（高令文长子）。后排左起：慕淑霞（高国昌之妻）、冯建彪（宫蕊之夫，怀抱女儿冯家熠）、宫蕊（高国珍之女）、张宇（高山之妻）、高山（高国涛之子）、李新明（高山之舅夫）、高云峰（高国昌之子）、高国昌（高令文次子）

高凤鸣次孙高令泉一家

　　高令泉，高凤鸣三子高法岭之子，在孙辈中排行老二。解放前，高令泉当过儿童团副团长、查路条、送信件、护送八路军伤员，很是积极活跃。新中国成立前夕参加工作，曾任首长的勤务员、区政府通信员，后任章丘县绣惠公社人武部部长、滨县（后县级滨州市）农业局种子站党支部书记等职。离休后，筹建高杜老年门球队，自学成为国家级门球裁判，参加过多次执裁区域的门球赛事。其老伴曾是生产队的劳动能手，是理财过日子的好当家。他的四个儿子，都闯出了自己的一片蓝天。2005年国庆节，高令泉的孙女高乐结婚大喜之日，全家人在新房里拍照庆贺。

　　前排左起：高凤兰（高吉升之妻）、于凤兰（高令泉之妻）、高令泉、高吉升（高令泉之长子）。中排左起：高娜（高勇之女）、高克（高军之子）、高乐（高吉升之女）、成兆明（高乐之夫）、高越（高伟之子）、高军（高令泉三子）。后排左起：高勇（高令泉次子）、卜会莉（高勇之妻）、贾会平（高伟之妻）、缪真（高军之妻）、高伟（高令泉之四子）

高凤鸣三孙高令武一家

　　高令武，高凤鸣长子高法庭的次子，在高凤鸣的孙辈中排行老三。他曾在原滨县商业系统工作多年，后辞职回村务农。大队搞起建筑队后，改学瓦工，并入北镇公社建筑社，任施工队技术员。凭借从商多年积聚的捕捉商机的睿智，率先涉足开放大潮，全村第一家购买了东风牌拖挂汽车，与儿子、儿媳共同投入个体运输业。老伴身怀缝纫技艺，买了架缝纫机，经常免费为乡亲加工服装。高令武一家是高杜最早踏上富裕路的家庭之一。1987年寒冬，高令武夫妇带领全家人，留下了这张全家照。

　　前排左起：苏洁（高建新之女）、常敏（高萍之女）、高鸿飞（高建国之子）、高艳（高建国之女）。中排左起：高小青（高令武三女）、苏荣华（高令武之妻）、高令武、高建新（高令武次女）。后排左起：高建国（高令武之子）、刘焕英（高建国之妻）、高萍（高令武长女）、常希平（高萍之夫）、苏振华（高建新之夫）

高凤鸣四孙高令杰一家

　　高令杰，高凤鸣次子高法美之子，在孙辈中排行老四。1958 年年底入伍，驻防渤海前哨戍边守疆，连续五年被评为五好战士。1961 年初冬，他在大孤岛清剿中表现突出，荣立三等功，并光荣加入中国共产党，升任上士班长。退伍后，先后任乐陵县一乡武装部干事、滨县里则乡武装部干事、滨城区市西办事处武装部部长，直至退休。他的妻子是位性格爽快的家庭主妇。高令杰的三个子女，都有自己的事业。2005 年春节，高令杰夫妇与子女们在新楼房里合影留念。

前排左起：马学兰（高令杰之妻）、高令杰。后排左起：高建民（高令杰次子）、
高建军（高令杰长子）、高建红（高令杰之女）

高凤鸣五孙高令强一家

　　高令强，高凤鸣四子高法舜的长子。自1966年起，一直在滨县化肥厂工作。退休后，他爱上京剧，动不动就学唱几句，成了京剧票友活动场所的常客。他的老伴从滨州市餐饮行业退休，是位"上得厅堂，下得厨房"的好当家。2016年农历五月，女主人68周岁生日这天，全家三代聚集在一起，喜气洋洋地拍照留念，祝福老人安康。

　　前排左起：高晨旭（高卫滨之女）、高雅（高建滨之女）、孟繁荣（高令强之妻）、高令强、高逸飞（高红滨之子）。后排左起：李建华（高红滨之妻）、高红滨（高令强次子）、杨坤（高卫滨之妻）、高卫滨（高令强三子）、高建滨（高令强长子）、韩小红（高建滨之妻）

高凤鸣六孙高令国一家

　　高令国，高凤鸣五子高法晋的长子。他于 1965 年年底入伍，服役于海军北海舰队，历任班长、区队长、分队长、教官等职，1980 年转业到滨州市公安局工作，直到退休。妻子李桂兰是滨州市第一棉纺厂退休职工。一双女儿都有自己的事业和家庭，是高令国夫妇名副其实的贴心"小棉袄"。此照片拍摄于 2016 年初春，身着唐装的高令国夫妇和女儿们在一起。

前排左起：李桂兰（高令国之妻，怀抱高红之子张智翰）、高令国、张高洁（高朋之子）。后排左起：高红（高令国长女）、张小军（高红之夫）、张磊（高朋之夫）、高朋（高令国次女）

高凤鸣七孙高全祥一家

　　高全祥，高凤鸣四子高法舜的次子。他于 1977 年应征入伍，在济南军区第三局某部驻青岛训练队戍边，中共党员。1980 年退伍回乡，先后任高杜大队福利食品厂厂长、居委会工作人员、居委会主任助理等职。妻子是家庭主妇，女儿、女婿在东营创业。2008 年春节，全家人相聚一起，留下了这张照片。

前排左起：李淑贞（高全祥之妻）、高全祥。后排左起：王辉（高宁之夫）、高宁（高全祥之女）

高凤鸣八孙高春祥一家

　　高春祥，高凤鸣五子高法晋的次子。他先是工作于滨州市第二棉纺厂，从事电器专业多年；后创办个体电器商行，业务遍及滨州市区，2016年被市中办事处授予"诚信经营"商户。儿子、儿媳因绘画艺术结缘。大学毕业后，儿媳自己办起画廊，生活中一直有艺术相伴。2014年高春祥之子高超结婚典礼那天，留下了这一合影。

左起：高春祥、高超（高春祥之子）、刘婷婷（高超之妻）、崔新美（高春之祥之妻）

高凤鸣长曾孙高吉升一家

　　高吉升，高凤鸣次孙高令泉的长子。高吉升于1974年入伍，历任战士、班长，曾参加1977年68军机械大比武，获得全团的嘉奖，并被授予"学习雷锋积极分子"的光荣称号。1980年退伍到滨州外运公司工作，先后任车间主任、机务科科长、材料科科长、物业公司副总经理和党支部副书记等职。女儿、女婿在淄博工作并安家。2010年春，高吉升喜获龙凤胎孙辈。

左起：成兆明（高乐之夫）、高凤兰（高吉升之妻，怀抱高乐之子成惟肖）、高吉升（怀抱高乐之女高惟妙）、高乐（高吉升之女）（摄于2010年夏）

高凤鸣次曾孙高勇一家

高勇，高凤鸣次孙高令泉的次子。他和爱人同在滨州金马机械有限公司工作，一家人和睦相依，过着殷实的日子。此照片摄于2016年5月母亲节，女儿高娜为母亲买了一件花衣服，笑得老两口合不拢嘴。

左起：高勇、高娜（高勇之女怀抱其子刁瑞祺）、卜会莉（高勇之妻）

高凤鸣三曾孙高建国一家

高建国，高凤鸣三孙高令武之子。他传承了祖父高法庭的经商之长，继承了父亲高令武的经营之道，与妻子手拉手，自谋出路闯市场，开辟出了一片新天地。20世纪80年代初，高建国家是高杜第一家既拥有东风牌货车，又拥有红旗牌轿车的人家。这是2016年春节，全家人一起欢庆佳节的一个画面。

左起：王鑫（高艳之夫）、高艳（高建国之女）、王子墨（高艳之子）、高建国、刘焕英（高建国之妻）、高鸿飞（高建国之子）

高凤鸣四曾孙高国涛一家

高国涛，高凤鸣长孙高令文之长子，与妻子均就职于滨州市广电局。儿子从天津医科大学毕业后，在滨州中医院从事医学研究。全家都是文化人。

左起：高山（高国涛之子）、高国涛、李枝燕（高国涛之妻）（摄于2006年夏）

高凤鸣五曾孙高军一家

高军，高凤鸣次孙高令泉的三子。他和爱人缪珍原都是纺织工人，后联手创业，在高杜茶叶市场经营茶店。此照片摄于2011年春节前夕，家里添了第三代，全家人笑逐颜开。

左起：高克（高军之子）、夏芳（高克之妻）、缪珍（高军之妻，怀抱高克之子高俊轩）、高军

高凤鸣六曾孙高国昌一家

高国昌，高凤鸣长孙高令文的次子，共产党员，曾任滨州市百货大楼业务主任，现任高杜置业有限公司董事会董事。其妻是滨州市百货大楼职工。儿子是中共党员，退伍军人。

左起：綦淑霞（高国昌之妻）、高云峰（高国昌之子）、高国昌（高令文之次子）（摄于2008年）

高凤鸣七曾孙高建军给女儿举办婚礼

高建军，高凤鸣四孙高令杰的长子。2010年5月1日，在其父母的精心操持下，高建军高兴地为女儿举办婚礼。亲朋好友纷纷前来祝贺，三代人欢聚一堂，欢天喜地，喜不自胜。

前排左起：马学兰（高建军之母）、高令杰（高建军之父）。后排左起：高建民（高建军之弟）、高建军、高源（高建民之子）、高盼（高建军之女）、赵超（高盼之夫）、杜红梅（高建民之妻）、崔毅（高建红之子）、高建红（高令杰之女）、崔常俊（高建红之夫）

高凤鸣八曾孙高伟一家

高伟，高凤鸣次孙高令泉的四子，和爱人贾会平共同经营茶坊，闯出了自己的事业。2016年夏，这户殷实的小家庭定格了这一美好画面。

前排左起：贾会平（高伟之妻）、高铭远（高越之子）、高伟。后排左起：谢薇（高越之妻）、高越（高伟之子）

高凤鸣九曾孙高建民一家

高建民，高凤鸣四孙高令杰的次子，是村民们公认的孝子。面对半瘫痪、生活不能自理的父亲和患脑血栓的母亲，以及需要照顾的兄长，高建民忍着腰部遭车祸重伤的疼痛，与妻子杜红梅一起，支撑着这个家庭。他们用轮椅推着父亲散心，精心调理病残亲人的生活，乡亲们称赞他们夫妇俩是"久病床前真孝子"。

左起：杜红梅（高建民之妻）、高源（高建民之子）、高建民（高令杰之次子）（摄于2005年）

高凤鸣十曾孙高建滨一家

　　高建滨，高凤鸣五孙高令强的长子。1986年就业于原惠民地区商业局食品公司肉联厂，曾任车间副主任，后辞职，自己经营电气焊生意。其妻系原滨州第三棉纺厂职工，企业转型后，自主创业经营一家茶坊。女儿在博兴开办舞蹈学校。自谋职业的一家人，靠自己的双手，闯出了一条富裕之路。

　　左起：高雅（高建滨之女）、韩小红（高建滨之妻）、高建滨（高令强之长子）（摄于2014年）

高凤鸣十一曾孙高红滨一家

　　高红滨，高凤鸣五孙高令强的次子，系滨州魏桥棉纺集团保卫科干事，其妻系魏棉纺织集团职工。

　　左起：李建华（高红滨之妻）、高逸飞（高红滨之子）、高红滨（摄于2012年）

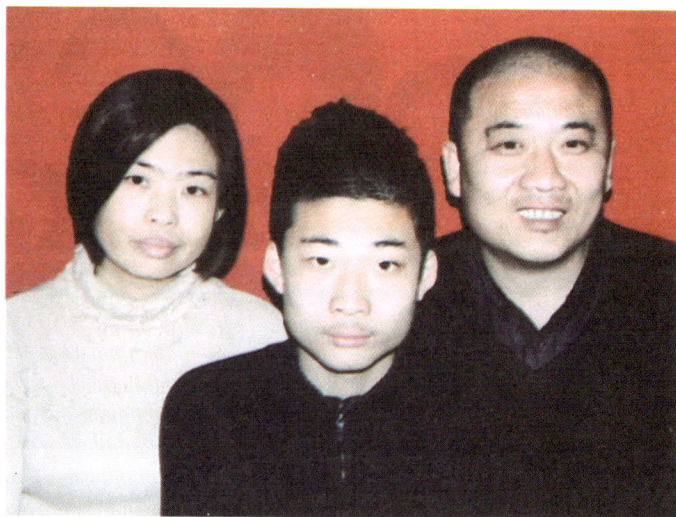

高凤鸣十二曾孙高卫滨一家

高卫滨，高凤鸣五孙高令强的三子，退伍军人，滨城区公路局稽查队队长。其妻是滨城区交通运输公司职工。夫妻俩爱岗敬业，事业有成。

左起：高卫滨、高晨旭（高卫滨之女）、杨坤（高卫滨之妻）（摄于 2010 年）

高凤鸣十三曾孙高超喜结良缘

高超，高凤鸣八孙高春祥之子，大家庭曾孙辈中年龄最小的一位。现就职于平安保险公司滨州支公司。2014 年 9 月 19 日喜结良缘，高超的母亲和四位大妈乐开怀。

前排左起：崔新美、李桂兰、贾淑芹、于凤兰、马学兰。后排左起：刘婷婷（高超之妻）、高超

时隔四十五年的大家庭合影

　　1969年，高凤鸣的五孙高令强结婚时，这个大家庭的部分成员，在老槐树大院的老屋前留下了那张"老槐树下的大家庭"合影。45年后的2014年，高凤鸣的十三曾孙高超结婚那天，这个大家庭的部分成员，在高楼林立的小区里，又拍下了这张合影。土坯房变成了高楼大厦，老粗布衣衫变成了新颖服饰，老风箱、土锅台变成了燃气灶，老牛车、手推车、地排车，变成了大汽车、小轿车、电动车……老人离去，新人辈出，但血脉基因和精神底色世代相传。此时，高凤鸣的后人们一家70多口人，子孙满堂，喜气满庭。

　　前排左起：李桂兰（高令国之妻）、于凤兰（高令泉之妻）、贾淑芹（高令文之妻）、高令国（高法晋长子）、高令强（高法舜长子）、马学兰（高令杰之妻）、高大花（高法舜次女）、高建民（高令杰次子）。后排左起：高令青（高法舜三女）、高令芳（高法舜五女）、李枝燕（高国涛之妻）、高香菊（高法晋长女）、王栋（高爱菊之子）、高爱菊（高法晋次女）、崔娟（王栋之妻）、崔新美（高春祥之妻）、刘婷（高超之妻）、高超（高春祥之子）、高春祥（高法晋次子）、高卫滨（高令强三子）、张玲（高香菊之女）、高建滨（高令强长子）、高令枝（高法舜四女）、高吉升（高令泉长子）、高建军（高令杰长子）、高勇（高令泉次子）、高国昌（高令文次子）、高建国（高令武之子）、高军（高令泉之三子）（摄于2014年高超结婚当天）

蘸糖葫芦的人家

　　高振和对糖葫芦情有独钟。他制作的糖葫芦，晶明闪亮，酥脆香甜，加上他那响亮而悠远的叫卖声，名扬乡里。他的儿子虽以赶铁瓦大车做生意为主，但也学得一手制作糖葫芦的手艺，制作的糖葫芦式样新颖，色艳味美。每逢赶车扬鞭去周村送货，都不忘带上包装好的糖葫芦，对人以礼相见。高振和的两个孙子，也从小喜欢糖葫芦。多年后，他们有时还情不自禁地吆喝两声："卖糖葫芦！"小小的糖葫芦，在高振和的家中默默传承着。这是1975年元旦，高振和及其家人的全家照。

　　一排左起：杜素真（高令荣之女）、高建青（高令祥之女）、高建堂（高令祥之子）、高立民（高令华次子）、高拥军（高令普之子）。二排左起：高令荣（高长法长女）、李桂荣（高令华之妻）、李子莲（高长法之妻）、高振和（高长法之父）、高长法、高令华（高长法长子）、高令普（高长法次子）。三排左起：高娥（高令华次女）、高真（高令华长女）、高伟（高长法次女）、战振香（高吉岩之妻）、高吉岩（高令华长子）、崔岩华（高令祥之妻）、刘桂兰（高令普之妻）、高令祥（高长法三子）

赶大车传人的一家

高振和之子高长法是赶大车把式，他的长子继承父业，成了生产队的马车驭手，次子是村里的农电工，三子是翻砂造型技术工。此照片是1987年春节高长法之妻和全家人的合影。

前排左起：王建（高真之女）、郝超（高娥之子）、高磊（高吉岩长子）、高森（高吉岩次子）。中排左起：崔岩华（高令祥之妻）、刘桂兰（高令普之妻）、李桂荣（高令华之妻）、李子莲（高长法之妻）、高令华（高长法长子）、高令普（高长法次子）、高令祥（高长法三子）。后排左起：郝子建（高娥之夫）、王秀民（高真之夫）、高吉岩（高令华长子）、高建堂（高令祥之子）、高拥军（高令普之子）、高立民（高令华次子）、战振香（高吉岩之妻）、高真（高令华长女）、高娥（高令华次女）

高长法长子高令华全家福

　　高令华继承父业，成为新一代的车把式，是 20 世纪 70 年代高杜大队运输业的骨干。他为集体赶车跑运输，马不停蹄，日夜奔忙。如今，儿女满堂，子孙绕膝，一家人其乐融融。

　　前排左起：高真（高令华长女）、战振香（高吉岩之妻）、李桂荣（高令华之妻，怀抱王建之女康金睿）、高令华（怀抱高立民之子高晨）、高吉岩（怀抱高磊之子高培元）、高娥（高令华次女）、沙云霞（高立民之妻）。后排左起：毛贤慧（高磊之妻）、王建（高真之女）、郝贝贝（郝超之妻）、郝超（高娥之子）、高磊（高吉岩长子）、郝子建（高娥之夫）、康峰（王建之夫）、高立民（高令华次子）、王秀民（高真之夫）（摄于 2007 年春节）

高长法次子高令普一家

　　高令普是高杜第一代农电工。20世纪70年代，他为集体和村民的用电周到服务，不计得失，人们称他是"自家的电工"。如今，儿子做生意，儿媳是纺织工人。图为高令普和母亲、儿子、侄孙女，四代人在一起。

　　左起：李子莲（高长法之妻）、董卉春（高拥军之妻）、刘桂兰（高令普之妻，怀抱高建堂长女高杨）、高令普（怀抱高建堂次女高程）、高拥军（高令普之子）（摄于1991年冬）

高长法三子高令祥一家

高令祥，高杜第一代翻砂造型技术骨干，也是全村率先从事个体经商的人，高杜首家水泥预制厂合作人之一。图为高令祥的孪生孙女周岁生日当天，全家人的合影。

前排左起：崔岩华（高令祥之妻）、高令祥（高长法小儿子）。后排左起：周君（高建堂之妻，怀抱长女高杨）、董卉春（高拥军之妻，怀抱高建堂次女高程）、高建青（高令祥之女）、许志勇（高建青之夫）、高建堂（高令祥之子）、高拥军（高令普之子）（摄于1992年春）

高令华长子高吉岩一家

高吉岩，1988 年前任惠民地区建筑公司汽车队队长，带领车队为建筑工地运送沙石料以及搞外运业务。他带领的汽车队是公司多年的先进单位，他个人也多次被公司评为先进工作者。妻子、儿子都在滨州电业局工作。儿媳毛贤慧，山东中外运弘志物流有限公司滨州分公司经理。

一排左起：战振香（高吉岩之妻）、高培元（高磊之子）、高吉岩（高令华长子）。二排左起：高磊（高吉岩长子）、毛贤慧（高磊之妻）（摄于 2008 年冬）

高令华次子高立民一家

高立民在滨州印染集团工作，妻子是纺织工人，儿子就职于滨州车管所，全家都是上班族。图为高立民之子周岁生日那天的合影。

左起：沙云霞（高立民之妻，怀抱儿子高晨）、高立民（高令华次子）（摄于 1993 年冬）

老司机和他的家人

　　1978年秋，在陕西宝鸡铁路分局工作的高法贤回来探家时，召集当时在家的家人，拍下了这张照片。高法贤在1947年参军，参加过渡江战役，是中国人民解放军某部汽车兵，后转业到西北参加铁路大建设，继续开汽车，被宝鸡铁路分局誉为"安全驾驶标兵"。他的妻子是童养媳，两个姐姐对待她像亲妹妹一般，维护她在家庭中的地位。五弟一家和公公、婆婆一块儿生活，照顾两位老人安度晚年。三弟的长子与他人合伙办起了水泥预制厂。老司机的弟弟和后人们过着温馨的日子。

　　前排左起：高令霞（高法贤三弟高法宗三女）、高令新（高法贤三弟高法宗次子）、高顺华（高法凯之子）。中排左起：高董氏（高法贤之妻，怀抱高令义之女）、高法娟（高法贤二姐）、高法秀（高法贤大姐）、高法贤。后排左起：高令萍（高法贤三弟高法宗次女）、常会珍（高令义之妻）、高令义（高法贤三弟高法宗长子）、高法凯（高法贤五弟）、杜新英（高法凯之妻）、高令青（高法贤三弟高法宗长女）

原荷花湾边的人家

　　20世纪70年代，高杜大队将高家以南和杜家以北的那片空地，开发成了一片几十亩地的池塘，用以养鱼种藕。从此，这片水面从"小荷才露尖尖角，早有蜻蜓立上头"，到满塘荷花满池蝶，白鲢青鲤争相跃，"美不胜收，压倒淤泥白莲藕"，成了村中的一大景致。当年，董近英的老宅子紧靠北岸，在老宅基上盖起了前出厦砖瓦房，红瓦倒映碧水中，仙荷羞立窗影间。旧村改造后，董近英一家搬进了新楼房。长子与长媳开办了自家的涂料厂；次子是滨州体育场的电工，次媳是滨州华纺印染公司食堂的厨师；一个孙子在南京上大学。如今家里的日子像昨天荷花湾中盛开的荷花，美不胜收。

　　前排左起：高建民（董近英次子）、董近英、高新民（董近英长子）。后排左起：高杰（高建民之子）、姜红艳（高建民之妻）、刘红岩（高新民之妻）、高鹏（高新民之子）（摄于2016年夏）

老铁路工人一家

1975年春，在通化铁路分局工务段工作的高法利一家人，为了却老家亲人的牵挂，拍下了这张照片。高法利是八级电焊工，曾代表单位参加1980年铁道部在上海举行的电焊技术表演赛，他以娴熟的操作技能和过硬的焊接技艺获得优秀奖，并晋升一级工资。1976年，唐山震区一台12吨重的受损大电机运到通化火车站，高法利的妻子带领她所在的铁路家属服务队的姐妹们，硬是用枕木将21辆三轮板车捆连在一起，把受损大电机连夜送往距车站十多里的市内修理厂。20年后，全家搬回滨州，儿子是滨城区生猪检验员。如今，高法利一家人仍保持和发扬着"老铁路精神"。

前排左起：高令华（高法利三女儿）、于学兰（高法利之妻，怀抱儿子高令祥）、高法利。后排左起：高令荣（高法利次女）、高令针（高法利长女）

高法凯和他的家人

此照片摄于 1994 年春，是在高法贤五弟高法凯 50 岁生日时拍的。高法凯体格强壮，有力气。上河工时，他把小独轮车上的土装得冒尖；修台田，一把铁锨翻飞；举止穿戴，透着庄稼人的味道。其妻曾是高杜饭店的面食厨师，儿子是原滨州造纸厂职工。

前排左起：杜新英（高法凯之妻）、高法凯。后排：高顺华（高法凯之子）

修自行车的人家

此照片是在 2002 年春，高太平的女儿结婚时照的。庄户人出身的高太平，透着庄稼人的诚实厚道。20 世纪 80 年代，他开始摆地摊修自行车。他总忘不了小时候生产队和社员们帮他家盖房子的事，庄乡们来修自行车，他从不收钱。他的妻子在家门口或路边摆水果摊，女儿在魏棉纺织集团上班。摆地摊修自行车的高太平，带着一家人起早待晚，过着"庄户人家"的日子。

前排左起：杜桂花（高太平之妻）、高太平（怀揽侄子高杰）。后排：高小芳（高太平之女）

高令义和他的家人

此照片是在 2005 年春，高法贤三弟高法宗长子高令义的女儿结婚时照的。20 世纪 80 年代，高令义与他人合伙经营了一家水泥预制厂，年终分得红利，喜得他走路都唱着小曲。其妻在滨州一棉退休，女儿经营着自己的店面，一家人都在各自的岗位上忙碌着。

前排左起：郭翠芳（高令新之妻）、常会珍（高令义之妻，怀揽高令新之子高琪峻）、高令义。后排左起：刘继末（高蒙之夫）、高蒙（高令义之女）

高杜街口的一家人

高杜居委会旧居改造前，高法贤三弟高法宗次子高令新家的院后墙上，钉着一块长方形的"高杜街"铁制街牌。此街，北起黄河一路南首，南至黄河大坝，柏油路面，有路灯，给人们的出行带来方便。20 世纪 80 年代，夫妻俩做起服装生意，其妻不识字，进货时把品种、规格、价格都用符号记下来，用符号代替文字。他们的儿子在部队，是士官，中共党员。

前排左起：高琪峻（高令新之子）。后排左起：郭翠芳（高令新之妻）、高令新（摄于 1996 年春）

幼儿教师的一家

　　此照片是在 2008 年夏高秋英（左三）的女儿出嫁时照的。高秋英当过织布工人，后考上幼教，任教 20 年。曾被评为省级幼儿教学先进工作者、市幼儿教学能手。她有一儿一女，儿子就职于滨州车管所，儿媳是个体经商户；在烟台开发区制药厂工作的女儿、女婿，一个是主任，一个是厂长。一家人各执其业，共奔前程。

左起：黄鹏（商倩之夫）、商倩（高秋英之女）、高秋英、肖建荣（商宁之妻）、商宁（高秋英之子）

"大车门"后代人家

　　20世纪50年代以前，在高家西头，有一座坐北朝南，面向高家村前大道的土坯大车门。这是高胜良、高令峰和高存良兄弟仨的祖辈老宅院的大门。此大门楼洞子既可行人，也可进出骡马大车。大车门黄泥披身，斑痕点点，像位饱经沧桑的老农夫，矗立在高家村的大道旁，见证着高杜过往的变迁，述说着农家的故事。如今，日子有了翻天覆地的变化，但大车门里的精神和品德依旧，从大车门走出的后人们用不同的方式续写着高杜居民美好的日子。

　　这张照片中是大车门后人的长兄高胜良一家。高胜良，当过石油工人，调回滨州后，最先创办起个体钢筋拔丝厂，妻子是他的得力助手。夫妻俩艰苦创业，创出了富足好家境。两个女儿是大学毕业生，儿子是在校大学生。高胜良一家，人财两旺。

前排左起：高子龙（高胜良之子）、李秀珍（高胜良之母）。后排左起：高圆（高胜良次女）、高沙（高胜良长女）、于爱青（高胜良之妻）、高胜良

"大车门"后人老二高令峰一家

左起：刘爱华（高令峰之妻）、高松（高令峰之子）、高令峰

此照片是在 2006 年夏，高令峰的儿子从部队回家探亲时照的。高令峰原在高杜铸造厂上班，是铸造厂 195 型小拖拉机的专职司机。他天天驾驶着小拖拉机，夏顶烈日，冬冒严寒，为铸造厂进货送件，一天下来，骨头架被颠得像散了一样。但是他一开就是八年。后来他开上了农用汽车、大货车。1990 年，滨州市长途客运汽车公司招聘安全行驶百万千米无事故司机，他被选中，当了客车驾驶员。他的妻子曾是纺织企业的技术能手。儿子在部队，是优秀士官，中共党员，退伍后被招入胜利油田工作。

"大车门"后人老三高存良一家

高存良，原北镇柴油机厂工人。其妻是原北镇棉纺厂工人，曾在全厂技术比赛中夺魁，并戴着大红花，乘厂里的专车去北京观光游览。女儿毕业于中国海洋大学，现在济阳工作。

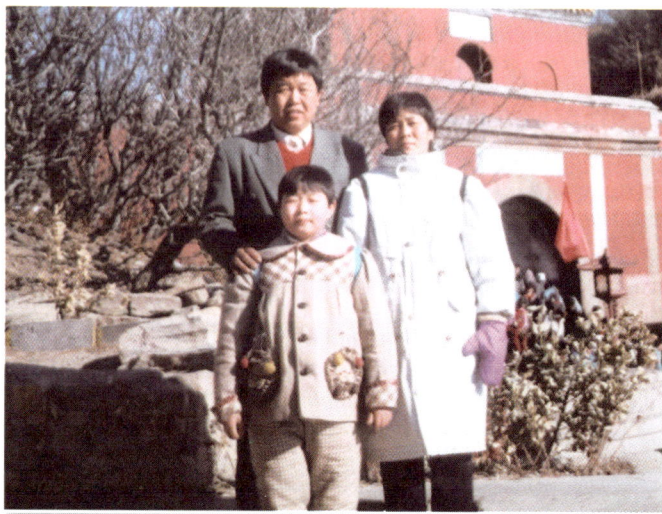

前排左起：高敏（高存良之女）。后排左起：高存良、沙占玲（高存良之妻）（摄于 1993 年冬）

穷困户变成富裕人家

　　赵玉兰16岁那年，丈夫高法贡将她娶进门。于是，赵玉兰成了高家村最穷的一窝光棍汉人家的当家人，挑起这个穷家的重担。她虽然肩嫩脚小，不识字，但心灵手巧，人勤快，善管家，精理财，会处事，没几年，就把这个缺吃少穿、屋顶露天的穷家打理得像模像样。一家人的日子过得风生水起。丈夫高法贡曾任高杜铸造厂推销员多年，后来自家开办水泥预制厂。其长子是滨印集团的优秀管理人员，次子是胜利油田钻探进度破世界纪录的标杆钻井队成员。三子、四子和长孙闯荡市场，有厂房，有设备，有车辆，创业有成。昔日的贫困户，如今变成了富裕人家。

　　前排左起：高会荣（赵玉兰长女）、康新华（高令生之妻）、高令生（赵玉兰次子）、高法贡（赵玉兰之夫，怀抱高亮之女高梓萱）、赵玉兰（怀抱高晶之女马素坤）、高令勇（赵玉兰长子，怀抱常珊之子范书瑞）、贾秀兰（高令勇之妻）、高小翠（赵玉兰次女）。中排左起：赵娜（赵平长女）、刘燕（高会荣长女）、高霏（高令生之女）、高晶（高令勇之女）、高翠华（赵玉兰三女）、刘淑琴（赵平之妻）、苏玉敏（高宝华之妻）、常珊（高小翠之女）、王君（高亮之妻）、高亮（高令勇之子）、常金国（高小翠之夫）、高亚文（赵平次女）、高吉琛（高宝华之子）。后排左起：齐文玉（高翠华之女）、刘会生（高会荣之夫）、计庆（高霏之夫）、马海（高晶之夫）、齐鲁波（高翠华之夫）、赵平（赵玉兰三子）、高宝华（赵玉兰四子）、范二刚（常珊之夫）、刘冰（高会荣之子）（摄于2004年春新楼房前）

高法贡长子高令勇一家

　　高令勇，原滨州印染集团动力车间主任，好学爱钻，精通锅炉的安装、运行、使用。退休后，韩国、柬埔寨以及中国台湾等地的商人来滨州投资建厂，涉及锅炉安装、试运、使用等问题，大多聘请他做顾问。其妻是滨州印染集团退休职工。儿子经营一个家兔养殖场，儿媳和女儿经营一家家具商店。

前排左起：高梓萱（高亮之女）、贾秀兰（高令勇之妻）、高令勇（怀抱高晶之女马素坤）。后排左起：高亮（高令勇之子）、王君（高亮之妻）、高晶（高令勇之女）、马海（高晶之夫）（摄于2016年夏）

高法贡次子高令生一家

　　高令生，原胜利油田钻井标杆队 3252 钻井队职工，曾被誉为"小老虎"，现已退休。当年，他所在的钻井队在"学大庆，做铁人，革命加拼命，多为祖国献石油"精神的激励下，日钻探进尺破世界纪录，为中国人争了气，给庄乡争了光。其妻是胜利油田退休职工。女儿、女婿是胜利油田在职职工。

　　左起：高霏（高令生之女）、康新华（高令生之妻）、高令生、计庆（高霏之夫）（摄于 2002 年秋）

高法贡三子赵平一家

　　高法贡三子赵平曾是北镇化肥厂的职工。企业转型后，他于 1998 年自己创办起塑料加工厂。建厂 10 多年来，企业已具有一定规模。其妻在家料理家务，大女儿是一韩国企业的员工，小女儿在济南上大学。

　　前排左起：刘淑琴（赵平之妻）、赵平。
　　后排左起：高亚文（赵平次女）、赵娜（赵平长女）（摄于 2010 年秋）

高法贡四子高宝华一家

20 世纪 90 年代，高宝华抓住滨州地区建筑业迅猛发展的时机，购买了一台载重量 20 吨的大卡车，营运沙石料。后来他创办了自己的塑料颗粒厂，与妻子共同经营。儿子是退伍军人。

左起：高宝华、高吉琛（高宝华之子）、苏玉敏（高宝华之妻）（摄于 2015 年夏）

高法贡长女高会荣一家

高会荣，在蒲城水库西北角开了一家农家小吃店，经营滨州特色小吃冬瓜烫面包。其夫经营自己创办起来的水泥预制厂。儿子是一家企业的会计，儿媳是教师，女儿是中国工商银行滨州市分行职工。

前排左起：高会荣、刘恩希（刘兵之女）、刘会生（高会荣之夫）。后排左起：刘燕（高会荣之女）、刘兵（高会荣之子）、刘莎（刘兵之妻）（摄于 2016 年夏）

吕剧名家和她的兄弟姐妹们

　　照片中第二排左七是吕剧名家高晓荣，她从小对吕剧情有独钟。1975 年，她被惠民地区吕剧团招为专业演员，即亮相于舞台，很快成为主角。1982 年，她主演的大型吕剧《隔墙姐妹》《婆媳之间》《挂职村长》等，荣获山东省优秀表演奖和精品工程奖；小品《最后一个岗位》获省群星奖。她是山东省戏剧协会会员、中国戏剧家协会会员、国家一级演员。2006 年 5 月，她邀桓台的姐姐、淄博的弟弟和滨州的兄妹们欢聚一堂，留下了她与兄弟姐妹们的全家照。

　　前排左起：高蜜（高法山次女）、高艳芳（高法山长女）、董高娣（高小俊之女）、王月月（高艳霞之女）、石磊（高晓荣之女）。中排左起：高法芹（高法山之妻）、李秀云（高玉生之妻，怀抱高军之子高伟佳）、高玉生（高晓荣之大哥）、高荣英（高晓荣之大姐，怀抱孙女孔乐乐）、高晓荣（怀抱外孙韩瑞旋）。后排左起：高法山（高晓荣大弟）、高军（高玉生之子）、于延莉（高军之妻）、王满意（高艳霞之夫）、高艳霞（高玉生之女）、高小俊（高晓荣小妹）、董树俊（高小俊之夫）、高大俊（高晓荣大妹）、高磊磊（高法泉之女）、石连山（高晓荣之夫）、高法泉（高晓荣二弟）

两挂光荣牌的人家

　　2005 年 8 月 6 日，在胜利油田工作的小女儿，来给 85 岁的母亲李秀荣祝寿，并拍下了这张照片。李秀荣裹着小脚，没文化，她在抗日战争、解放战争时期是村里的支前模范。当解放战争的炮声响起时，她毅然送丈夫去前线抬担架。大伯哥牺牲在朝鲜战场，烈士的光荣牌挂在了她家的大门上。入赘的女婿是退伍军人，孙子是现役军人，光荣牌又挂在了她家的大门上。她的两个孙子抢先进入市场，搞起电气焊业务。他们干个体不忘服务乡亲，不论严寒酷暑，只要供水、供暖出现故障，便赶赴现场，跳进窨坑抢修，保证庄乡们的正常生活。谁家的暖气、水管、门窗出了问题，他们一概随叫随到。高杜建起文化市场以后，李秀荣的孙媳第一个办起了装裱字画社。挂光荣牌的光荣人家，光荣精神代代相传。

　　前排左起：高欢（高国华之子）、高明（高国良之子）、高乐（高国伟之子）。中排左起：高法俊（李秀荣次女）、李秀荣、高法英（李秀荣长女）。后排左起：崔金凤（高国良之妻）、姚新花（高国华之妻）、张学英（高国伟之妻）、高红艳（高法英次女）、高国伟（高法英三子）、高国华（高法英次子）、高国良（高法英长子）、高红红（高法英长女）

高法英次子高国华一家

　　高国华，曾是滨州华纺公司职工，多次被企业评为"安全生产工作者"。公司转型后，他在高杜市场办起了电气焊门市部，为庄乡服务。2008 年，他被居委会评为"创业劳动模范"。妻子是他们门市部的材料保管员，儿子和儿媳经营着他们自己的店面。

　　左起：郭学玲（高欢之妻）、姚新花（高国华之妻，怀抱高欢之子高子涵）、高国华、高欢（高国华之子）（摄于 2016 年夏）

开办小型机械加工厂的人家

　　高法明，原高杜铸造厂车工，善学习，爱钻研，练就了一身硬功夫，车、铣、刨、磨，样样精通。他率先在家中办起了机床加工业务，从一台破旧车床干起，几年的工夫，他把机床加工业务发展成为车、铣、磨、刨配套齐全的小型机械加工厂。他的生意越做越好，成为高杜首批奔上致富路的人家。

　　前排左起：谢素贞（高法明之妻）、高吉瑞（高令涛之子）、高法明。后排左起：张玉爱（高令涛之妻）、高令涛（高法明之子）（摄于2016年6月）

高建忠一家

高建忠，滨州造纸厂职工。其妻杜金花，原滨州魏棉纺织公司的退休职工。儿子在滨州和平搅拌站工作，儿媳在滨州鸿宇电动车厂工作。

高新光一家

高新光，曾在滨州二建工作，后为高杜铸造厂工人。其妻系滨州魏桥纺织公司职工。女儿、女婿都有各自的事业。一家人过着祥和的生活。

前排左起：杜金花（高建忠之妻，怀抱高令菲之子高小尚）、高建忠。后排左起：赵洁（高令菲之妻）、高令菲（高建忠之子）（摄于2016年夏）

前排左起：刘连云（高新光之妻，怀抱高月月之女于婧茹）、高新光。后排左起：高月月（高新光之女）、于鲁梦（高月月之夫）（摄于2016年春）

物业维修工一家

　　高建兴，原滨州一棉职工，现就职于高杜物业管理有限责任公司，负责所属小区的供水、供暖设施的维护维修，处理应急故障。春夏秋冬，时间不分早晚，一声招呼，他即刻到场，排除故障，确保用户正常使用。他的妻子是滨州华润有限公司职工，女儿是在校大学生。一家人奔忙着，快乐着。

　　前排左起：王伟霞（高建兴之妻）、高建兴。后排：高润楠（高建兴之女）（摄于2012年春节）

老贫协主任一家

　　20世纪70年代，高振伦曾任高杜大队贫协主任、一队队长，带领庄乡春播、夏管、秋收、冬藏，一年四季不得闲。其妻勤俭持家，儿女都是工人。长子现任胜利油田测井公司高级技师，多次荣获"先进生产者"称号。子孙三代传承着老一辈的勤奋好家风。

　　前排左起：高会娟（高法利之女）、杜云秀（高振伦之妻）、高振伦、杨洋（高宝华之子）。二排左起：张雪枝（高法利之妻）、高宝华（高振伦之女）、高娜（高法喜之女）、贾小美（高法喜之妻）、盖艳华（高法军之妻）。二排右起：毛海渤（高静之夫）、高静（高振伦长孙女）、高法利（高振伦三子）、高法喜（高振伦长子）、高法军（高振伦四子）、高会莎（高法军之女）（摄于2008年12月）

高振伦三子高法利一家

高法利，滨州棉机厂铆焊分厂厂长。其妻是滨州华润有限公司纺织职工，女儿是滨州联通公司职工。

左起：高会娟（高法利之女）、张雪枝（高法利之妻）、高法利（摄于 2010 年春）

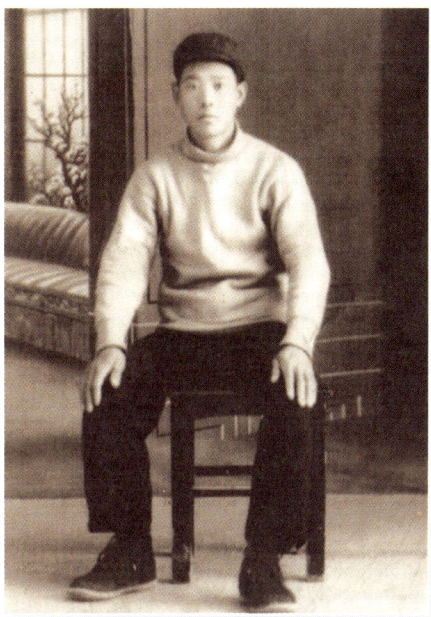

高振峰（高法荣之夫）（摄于20
世纪50年代末）

不平常的一家人

　　高振峰，一生种田，耕扶犁，种扶耧，十八般庄稼活，他
无所不通，不幸中年去世。家庭失去了顶梁柱，妻子高法荣在
悲痛中独自挑起抚养儿女的重担，既当娘，又当爹，领着七个
子女艰难度日。如今子女都已成人，并成家立业。有的当工人，
有的做水、电、暖工程，有的经营管材配件，一家人踏上了富
裕路。晚年的高法荣生活在晚辈们的关爱中，享受着甜蜜的生
活。下面的这张照片，是高法荣与家人的合影。

　　前排左起：高延芹（高法荣之女）、郝笛蕊（高延芹之女）、高梓航（高延亭之子）、
高志豪（高延伟之子）。后排左起：高法荣、高梦达（高延兵之子）、刘海军（高延兵
之妻）、高延兵（高法荣三子）（摄于2015年9月）

高振峰长子高延军一家

　　高延军精通电气焊、水电暖和路灯安装等，是此行业中的佼佼者。其妻是持家好手，儿子是滨州金马机械有限公司车工，儿媳就职于滨州魏桥纺织公司。

　　前排左起：高展朋（高行之子）、高法荣（怀抱高行之女高露瑶）。后排左起：成敏敏（高行之妻）、赵新存（高延军之妻）、高延军、高行（高延军之子）（摄于2016年6月）

高振峰次子高延民一家

高延民，滨州市铸锅厂退休职工。其妻系滨州魏桥纺织公司退休职工。女儿系滨州印染集团职工。

前排左起：高延民、高爱玉（高延民之妻）。后排：高茹梦（高延民之女）（摄于2014年10月）

高振峰四子高延勇一家

高延勇，滨州魏棉集团职工。其妻系自由职业者，儿子系在校学生。

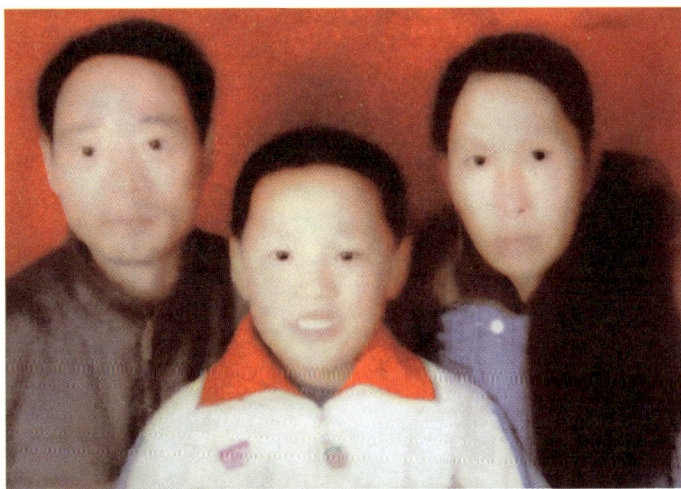

左起：高延勇、高梦杰（高延勇之子）、高艳霞（高延勇之妻）（摄于2012年冬）

高振峰五子高延伟一家

高延伟夫妇自主创业，开办了水电暖配件及安装门市部，为顾客提供上门服务。他们用辛劳和汗水给顾客炎夏送清凉，寒冬送温暖。

左起：高延伟、高志豪（高延伟之子）、张霞（高延伟之妻）（摄于 2004 年 10 月）

高振峰六子高延亭一家和母亲在一起

高延亭，滨州路灯管理处职工。其妻是滨州新大商场营业员。

左起：高延亭、高法荣（怀抱高延亭之子高梓航）、孙艳艳（高延亭之妻）（摄于 2004 年 2 月）

大炉工一家

　　1967 年，高振成一家由彭李乡张八棍村迁回老家高杜生活。高振成先务农，后在高杜铸造厂当大炉工。虽然文化水平不高，但是他坚持在干中学，在学中干，练就了一双"火眼金睛"。他不用测温仪器，只用眼一瞅，就能看出铁水的大致温度，是名副其实的大炉师傅。其妻勤俭贤惠，持家有道。儿女们有的当工人，有的做生意。一家人生活得非常充实。2016 年 6 月，长孙高波结婚，高振成夫妇与在滨州海得曲轴有限公司工作的长子一家人合影时，老两口露出满足的笑容。

前排左起：高振成、张爱英（高振成之妻）、高东华（高振成长子）。后排左起：高波（高东华之子）、曹艳（高波之妻）、张翠萍（高东华之妻）

高振成次子高小华一家

高小华夫妇自主创业，经营滨州有名的吉祥馄饨店，香溢四方客。其女系在校学生。

左起：高亚雯（高小华之女）、高小华、冯素珍（高小华之妻）（摄于2016年夏）

高振成三子高全华一家

高全华夫妇是滨州华润纺织有限公司职工，儿子系在校学生。

左起：孙岩梅（高全华之妻）、高文龙（高全华之子）、高全华（摄于2016年夏）

高振成四子高春华一家

　　高春华，中国邮政速递物流股份有限公司滨州市分公司员工。妻子宋永霞，滨州市邮政管理局员工。夫妇俩为千家万户传递亲情、友情和温暖。女儿是在校学生。

左起：宋永霞（高春华之妻）、高雅琪（高春华之女）、高春华（2016年夏）

杜姓人家

DU XING RENJIA

　　清康熙三十九年,滨州杜家南街三宗二支十一世三兄弟,奉家族之命,携妻带子,迁来大清河北岸,定居于祖产二层小楼,管田产,植田园,榨油机轰鸣,点心坊飘香,"杜记"盐场如雪原,夜半窗影读书声……东、中、西三大院闻名遐迩,血脉传承。如今的杜姓后裔,在洒满阳光的康庄大道上,用浓墨重彩的大手笔,续写着家族的新篇章……

诸多"第一"的杜经堂一家

在高杜一提起杜经堂的名字，人人都挑大拇指，因为在他身上有着诸多让人羡慕的"第一"。杜经堂是滨州杜家高杜一支二十一世"第一"长孙，儿时是"第一个"享受滨州杜家祭祖"爷爷陪孙子"的传统尊崇；新中国成立初期，国家兵役制改革，他是杜家村"第一个"穿上戎装的义务兵；退伍后，他是杜家村"第一个"由政府安排工作的退伍军人。日常生活中，他经受过自己"第一次"盖房的辛劳，品味过"第一次"戴上北极星手表的喜悦；既体验过"第一次"用心血盖起的院落被推土机推倒的眷恋，也"第一次"享受了搬进现代化单元楼的舒适。杜经堂于1991年退休，子女们都是工人。他这诸多"第一"的殊荣，不仅仅是他们一家的光彩，亦是镌刻在高杜前进道路上的轨迹。

前排左起：杜文颜（杜新峰之女）、陈旗（杜新红之子）。二排左起：高淑英（杜经堂之妻）、杜经堂。三排左起：张秀芳（杜新峰之妻）、杜新峰（杜经堂之子）、杜新红（杜经堂次女）、陈和平（杜新红之夫）、杜新芳（杜经堂长女）。后排左起：李振伟（杜新芳长子）、李振兴（杜新芳次子）、李小平（杜新芳之夫）（摄于2004年1月）

建筑工人杜建堂一家

1968 年 8 月，杜建堂下学后，就在村里的建筑队干活。因他爱学、肯干，很快成为技术骨干。2000 年以后，他走上了建筑工程监理岗位。在工作中，不管从地下到高层，从内在到外观，他都一丝不苟，视工程质量为生命，一座座拔地而起的新建筑物是对

左起：宣良花（杜建堂之妻）、杜迎迎（杜建堂之女）、杜建堂（摄于 2004 年 1 月）

他最好的奖赏。现在，他仍坚守在监理岗位，带着一家人，过着平稳、舒爽的日子。

勤奋持家三兄弟

杜顺堂、杜庆堂、杜勤堂兄弟三人，谨遵"勤奋干事，诚实做人"的家风，坚守"做事先做人，立业先立德"的处世原则，团结一心，互帮互助，在各自选择的事业中拼搏奋斗，奔向致富路。2004 年春节，三兄弟欢聚一堂，和他们的孩子一起，在长兄家的客厅中留下了这张称心、舒心的合影。

前排左起：杜勤堂、杜顺堂、杜庆堂。后排左起：杜鹏娟（杜勤堂之女）、杜鹏岳（杜顺堂次女）、杜鹏迁（杜顺堂长女）、杜鹏飞（杜庆堂之女）

长兄杜顺堂一家

　　杜顺堂，原高杜铸造厂木型工、销售员，1998年与他人合作办起自己的铸造厂；后进高杜居委会工作，曾获高杜居委会"突出贡献奖"，被聘为高杜居委会主任助理。妻子孝岩芹，历任高杜毛刷厂会计、盛通贸易公司（大观园）出纳。长女杜鹏迁，中共党员，中国海洋大学本科毕业，曾就职于滨州市邮政管理局，现就职于高杜置业有限公司；其夫于上海海事大学本科毕业，是该校航海技术专业在读研究生，A类大副，中共党员，滨州职业学院海洋学院教学科副科长，专业学科带头人，济南辖区船舶通航专家库成员。次女杜鹏岳，中国海洋大学毕业，滨州市邮政管理局员工；其夫于天津商业大学毕业，注册会计师，任山东新华有限责任公司会计事务所滨州分所业务部主任、项目经理。

前排左起：孝岩芹（杜顺堂之妻）、毕晨赫（杜鹏迁之子）、杜顺堂。后排左起：陶卓（杜鹏岳之夫）、杜鹏岳（杜顺堂次女、怀抱其子陶波洲）、杜鹏迁（杜顺堂长女）、毕延亮（杜鹏迁之夫）（摄于2016年仲夏）

老二杜庆堂一家

　　杜庆堂，高杜铸造厂工人，原滨州市市中宏达建筑安装公司工程师，现任滨州顺子肉大观园门店店长。其妻刘红兵，曾任高杜蒲园酒家会计，现任滨州剧场街顺子肉店铺店长。女儿杜鹏飞于四川理工大学毕业，中共党员，就职于滨化集团股份有限公司氯碱车间，曾获"优秀员工"和"三八红旗手"荣誉称号；其夫于武汉科技大学毕业，中共党员，先就业于滨州侨昌化学有限公司，任分公司经理，后经营个体农资批发生意。

前排左起：刘红兵（杜庆堂之妻，怀抱杜鹏飞次子李明泽）、杜庆堂（怀抱杜鹏飞长子李润泽）。后排左起：杜鹏飞（杜庆堂之女）、李鹏（杜鹏飞之夫）（摄于2016年8月）

老三杜勤堂一家

　　杜勤堂，中专学历，中共党员，滨州毛纺厂总经理助理，曾获得1989年全省纺织系统钳工比武大赛滨州地区第一名、全省第五名的优异成绩。其妻刘红霞，中专幼师毕业，原滨州第二棉纺厂幼儿园退休教师，现为高杜物业管理有限公司职工。女儿杜鹏娟，于山东畜牧兽医职业学院毕业，就职于滨州市宏达建筑安装有限公司，任财务出纳；其夫刘震，中专毕业，中共党员，从部队转业后，就职于滨州市自来水公司营业科。

前排左起：刘红霞（杜勤堂之妻）、刘洛辰（杜鹏娟之女）、杜勤堂。后排左起：杜鹏鹃（杜勤堂之女）、刘震（杜鹏娟之夫）（摄于2016年夏）

一颗"福星"惠门庭

　　照片中前排左一，是这户人家的主妇周玉兰。她理家过日子是把好手。伺候老人，拉扯孩子，耕耩锄耙，春播秋收，吃喝拉撒，家里的事，外头的事，张罗东、张罗西，她皆处理得头头是道，打理得井井有条，没有一点疏漏。儿女们也都像她。一家人的小日子过得很熨帖。人们说，杜述礼有福气，娶了个好媳妇。周玉兰成了全家人的"福星"。

　　前排左起：周玉兰（杜述礼之妻）、杜孙氏（杜述礼之母）、杜述礼、杜连堂（杜述礼三子）。后排左起：杜立堂（杜述礼次子）、杜艳萍（杜述礼次女）、杜艳青（杜述礼长女）、杜雪堂（杜述礼长子）、王建敏（杜雪堂之妻）（摄于1978年4月）

杜述礼长子杜雪堂一家

　　杜雪堂，滨化集团有限公司退休职工。他爱好武术，在滨州市历届武术比赛中多次获得较好名次。妻子王建敏，曾任滨化集团热电车间党支部副书记、主任、工程师，现已退休。其子杜海峰，是滨化集团有限公司环境保护部副主任、工程师；儿媳段桂荣，北汽海纳川分公司职工。这一家奋斗者，除儿媳外，都把青春年华献给了滨化集团。

　　左起：段桂荣（杜海峰之妻）、王建敏（杜雪堂之妻）、杜浩聪（杜海峰之子）、杜雪堂、杜海峰（杜雪堂之子）（摄于2016年4月）

杜述礼次子杜立堂一家

杜立堂，原为滨州市宏达建筑安装工程有限公司项目部经理，现任滨州市港务局工程监理公司监理工程师。其妻马淑芳，从事个体经营。女儿杜婷婷是滨州医学院附属医院护士，女婿赵诚是滨州市公路局职工。

左起：杜婷婷（杜立堂之女）、马淑芳（杜立堂之妻，怀抱外孙女）、杜立堂、赵诚（杜婷婷之夫）（摄于2016年4月）

杜述礼三子杜连堂一家

杜连堂，原滨城区物资局职工，现为高杜物业管理有限公司职工。其妻吕麦菊，原滨州第三棉纺厂职工，现自谋职业。儿子是滨州职业学院在校学生。

左起：吕麦菊（杜连堂之妻）、杜海龙（杜连堂之子）、杜连堂（摄于2006年夏）

"老队长"身后的大家庭

　　这张照片是在 1991 年 9 月，杜述德四子杜冬堂喜结良缘时拍下的全家照。杜述美、杜述德和杜述庆姐弟三人，是杜家村老队长杜宪明的三个子女。杜宪明从初级社开始干生产队队长，一直干到 1961 年 7 月去世。其长子杜述德继承父业，先在小队任队长，后任大队会计、大队长，继而任居委会党支部书记。在他的带领下，居委会办起宾馆、饭店、商店、铸造、印刷等十几家企业，全居通上自来水，并开始为 60 岁以上的老人发老年费。次子杜述庆曾任高杜大队民兵连连长、电气焊和暖气片厂厂长、党支部委员等职。"老队长"人去，后人跟上来，沿着他那为庄乡洒汗的脚印大步向前迈。

　　前排左起：郭凤兰（杜述庆之妻，怀抱杜春堂之女杜嫚）、杜述庆、杜述美（杜述德姐姐）、杜述德（怀抱杜秋堂之女杜蒙蒙）、李凤云（杜述德之妻，怀抱杜忠堂之女杜端）。中排左起：刚宪荣（杜春堂之妻）、宣翠珍（杜红波之妻）、王继珍（杜冬堂之妻）、杜冬堂（杜述德四子）、朱爱英（杜秋堂之妻）、马桂华（杜忠堂之妻）、杜忠堂（杜述德三子）。后排左起：杜卫波（杜述庆三子）、杜春堂（杜述德次子）、杜秋堂（杜述德长子）、杜建波（杜述庆次子）、杜红波（杜述庆长子）

杜宪明长子杜述德一家

杜述德，北镇完小毕业后，历任村初级社、高级社记账员、团支部书记、第三生产队会计、生产队队长、高杜大队会计、大队长、党支部副书记。1988年起，杜述德任高杜大队党支部书记、天都实业总公司经理，带领乡亲艰苦奋斗，抓农业，办企业，奔富路，将高杜大队带入当时的"小康村"行列。1999年3月退休。他是滨州市（县级）第四至第六届人大代表。其四子一女都有各自的事业和家庭。

前排左起：李传美（杜述德之妻）、杜述德、杜帛润（杜蒙蒙之子）。二排左起：刚宪荣（杜春堂之妻）、杜春堂（杜述德次子）、朱爱英（杜秋堂之妻）、杜秋堂（杜述德长子）。三排左起：杜迎春（杜述德之女）、杜嫚（杜春堂之女）、王继珍（杜冬堂之妻）、杜冬堂（杜述德四子）、马桂华（杜忠堂之妻）、杜蒙蒙（杜秋堂之女）、杜忠堂（杜述德三子）。四排左起：高旭（杜迎春之女）、高建春（杜迎春之夫）、杜阳阳（杜冬堂之女）、赵宁（杜阳阳之夫）、杜端（杜忠堂之女）（2016年4月摄）

杜述德长子杜秋堂一家

　　杜秋堂，原队办企业职工，高杜翻砂厂汽车司机，后经营个体运输业，又与妻子办起了家庭水晶瓷厂，奔向致富路。女儿在滨州市质量技术监督局工作。

　　左起：杜蒙蒙（杜秋堂之女）、朱爱英（杜秋堂之妻）、杜帛润（杜蒙蒙之子）、杜秋堂（摄于 2016 年 4 月）

杜述德次子杜春堂一家

　　杜春堂，原滨州第三棉纺厂职工，企业改制后，受聘于中国农业银行滨州分行。妻子刚宪荣，原滨州第二棉纺厂退休职工。女儿杜嫚，中国石油大学（东营）硕士毕业，就职于中海沥青股份有限责任公司。

　　左起：刚宪荣（杜春堂之妻）、杜嫚（杜春堂之女）、杜春堂（摄于 1996 年秋）

杜述德三子杜忠堂一家

杜忠堂，退伍军人，滨州市园林处职工。妻子是自由职业者。女儿是中油燃气公司职工。

左起：马桂华（杜忠堂之妻）、杜端（杜忠堂之女）、杜忠堂（摄于 1996 年秋）

杜述德四子杜冬堂一家

杜冬堂，原滨州第一棉纺厂职工，企业转型后，自己经营一个小超市。妻子原是滨州毛纺厂职工，现为滨州新大商场营业员。女儿是济南一军工企业职工。

左起：王继珍（杜冬堂之妻）、杜阳阳（杜冬堂之女）、杜冬堂、赵宁（杜阳阳之夫）（摄于 2015 年 5 月）

杜宪明次子杜述庆一家

　　杜述庆，干过农活，拉过地排车，曾任高杜大队民兵连连长、高杜电气焊和暖气片厂厂长、高杜大队党支部委员、高杜居委会党支部委员等职。妻子是理家好手，是丈夫的好帮手。他们育有三子一女，个个事业有成。

　　前排左起：牟晨蕾（杜红芬之女）、郭凤兰（杜述庆之妻，怀抱杜卫波之女杜鹏迪）、杜述庆（怀抱杜红波之女杜鹏鑫）、杜鹏程（杜建波之子）。中排左起：宋文娟（杜卫波之妻）、宣翠珍（杜红波之妻）、杜红芬（杜述庆之女）、边焕美（杜建波之妻）。后排左起：杜卫波（杜述庆三子）、杜红波（杜述庆长子）、牟新华（杜红芬之夫）、杜建波（杜述庆次子）（摄于2003年秋）

杜述庆长子杜红波一家

杜述庆次子杜建波一家

杜红波，原滨州第三棉纺厂职工，现与妻子共同经营一家餐饮店。女儿是一名在校学生。

杜建波，原滨州市公交公司职工，现为滨州保安驾校教练员。其妻边焕美，退伍军人，原为滨州毛纺厂职工，现为滨州佳乐家超市营业员。儿子是一名在校大学生。

左起：杜红波、杜鹏鑫（杜红波之女）、宣翠珍（杜红波之妻）（摄于2006年冬）

左起：边焕美（杜建波之妻）、杜鹏程（杜建波之子）、杜建波（摄于1998年冬）

杜述庆三子杜卫波一家

　　杜卫波，与其妻从事个体餐饮业，经营名为"舌尖上的羊肉"的一家餐馆。他们秉承"诚信为本"的宗旨，诚实守信，肉香价廉，生意兴隆。

左起：杜卫波、杜鹏迪（杜卫波之女）、宋文娟（杜卫波之妻）（摄于2003年夏）

鲜血洒在异国的烈士家人

　　杜宪嵩、杜宪峥兄弟二人，各自成家后仍在一起生活。1951年春节后，杜宪嵩的独生子杜述圣结婚没几天，美帝侵略朝鲜的战火烧到了鸭绿江边，全国掀起抗美援朝的热潮。杜述圣说服家人和刚娶进门的媳妇，参加了中国人民志愿军，赴朝抗击美帝。入朝后，他当通信兵，负责保障作战部队的指挥联络畅通。1952年除夕夜，杜述圣奉命冒炮火到前沿阵地巡查、修复通信线路，不幸倒在了血泊里，年仅19岁。老嫂比母，杜宪峥一家人担当起了照顾赡养烈士母亲的重任。对老嫂像老人一样孝敬，让她过着衣食无忧、子女绕膝的日子，孩子们由"大娘"改叫"亲娘"，为其养老送终。1981年2月21日照这张全家福合影时，杜述圣牺牲已近30年，杜宪峥特意和家人重述侄子的这段往事，让孩子们珍惜如今的幸福，以良心、孝心和敬慕之心，祭奠献身异国的烈士英灵，传承烈士爱国爱家之情怀。

前排左起：杜翠花（杜宪峥长女）、杜同华（杜宪峥继女，怀抱女儿彭海燕）、杜宪峥（怀抱杜述泉儿子杜维堂）、张兰（杜述泉之妻）、杜荣花（杜宪峥次女）。后排左起：杜述海（杜宪峥三儿子）、杜述泉（杜宪峥长子）、杜述峰（杜宪峥次子）、董玉珍（杜述峰之妻）

杜宪峥长子杜述泉一家

　　杜述泉，原高杜大队翻砂厂大炉工，靠自学烹饪技艺成为高杜青纺宾馆餐厅主厨、饭店经理，后与其妻共同经营个体饮食业。其子杜维堂，滨城区市中办事处行政执法大队职工，儿媳是滨州市东润化工职工。

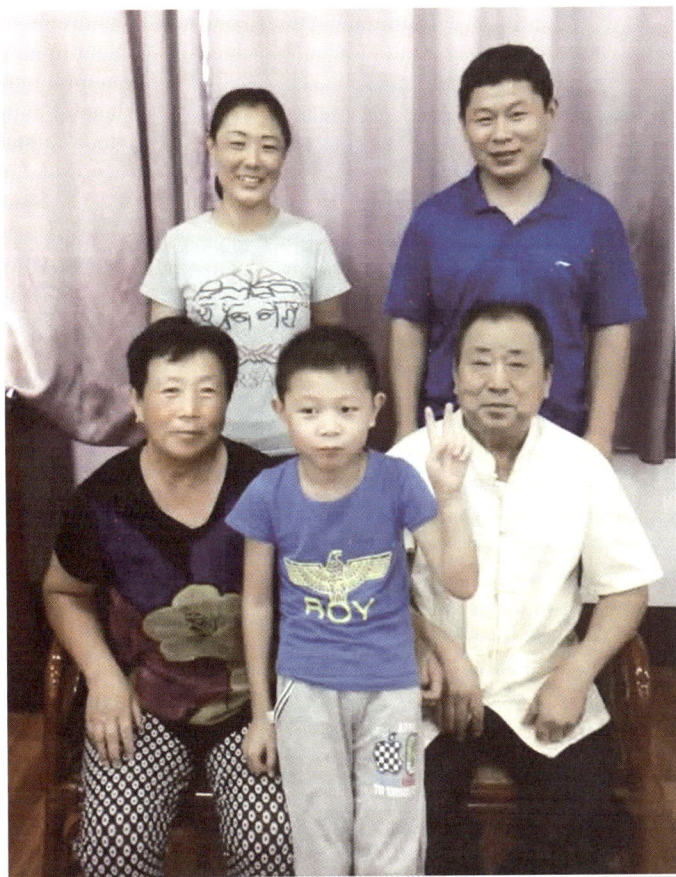

前排左起：张兰（杜述泉之妻）、杜念曦（杜维堂之子）、杜述泉。后排左起：郑春艳（杜维堂之妻）、杜维堂（杜述泉之子）（摄于2016年8月）

杜宪峥次子杜述峰一家

　　杜述峰，曾任第三生产队队长，高杜大队"副业口"负责人，后与妻子共同经营肉食业，闯荡出自家的致富路。儿子杜维勇，滨城区鑫诚热力有限公司职工；儿媳吴艳娟，滨城区优蜜摄影职工。

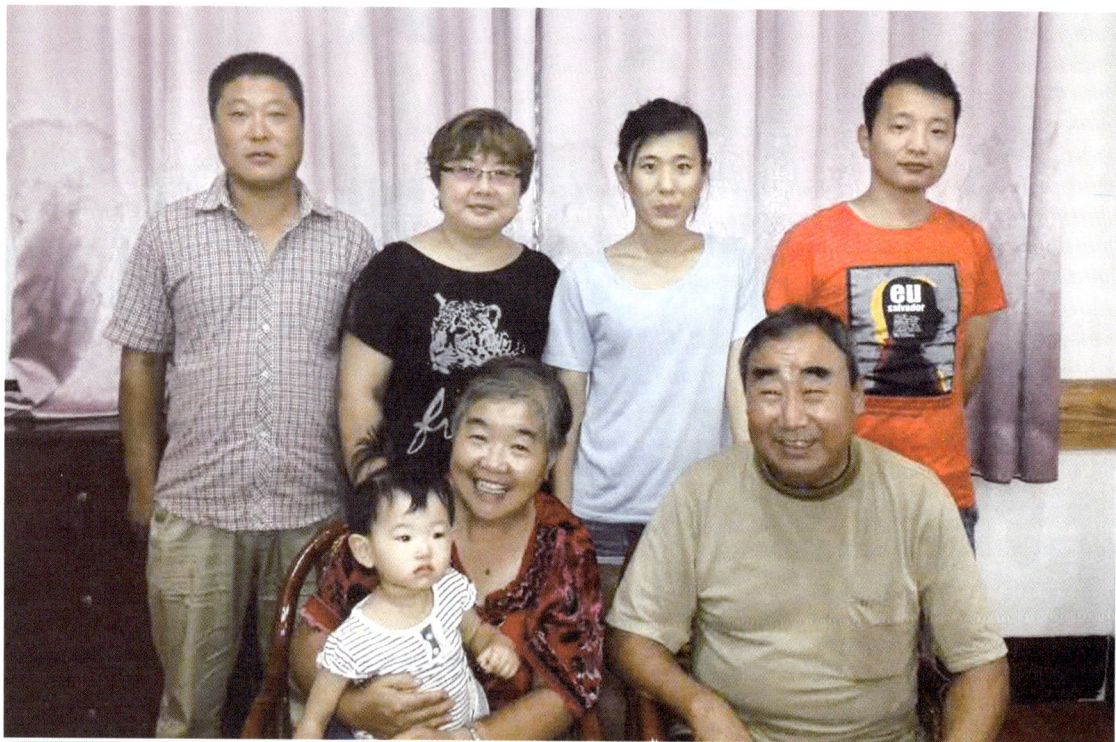

　　前排左起：董玉珍（杜述峰之妻，怀抱杜维勇之女杜念童），杜述峰。后排左起：李顺利（杜维婕之夫）、杜维婕（杜述峰之女）、吴艳娟（杜维勇之妻）、杜维勇（杜述峰之子）（摄于2016年8月）

杜宪峥三子杜述海一家

　　杜述海，曾任滨城区市中建筑安装公司施工队队长，后从事建筑工程监理，成为一名监理工程师。儿子杜维滨、儿媳唐悦均为大连理工大学硕士研究生。杜维滨就职于中国平安财产保险股份有限公司济南中心支公司，唐悦就职于中信银行济南分行。

前排左起：杜述海、王小华（杜述海之妻，怀抱杜维滨之女杜念笑）。后排左起：杜维滨（杜述海之子）、唐悦（杜维滨之妻）（摄于2015年春）

多才多艺三兄弟

杜宪法（摄于 1980 年秋）

杜宪法兄弟五人，老二杜宪孝出嗣且早逝，老五杜宪志早年失踪，没有给村里人留下多少印象，而多才多艺的老大杜宪忠、老三杜宪法和老四杜宪亭却让大家难以忘怀。长兄杜宪忠，瓦工，还有一手烹调技艺，且自幼擅长鼓书。每逢年来节到，他表演的鼓书是最受村民欢迎的文艺节目之一。20 世纪 30 年代，老三杜宪法入中华基督教会鸿济医院学医，成为杜家村乃至整个滨县最早的西医。杜宪法深受全村百姓的信赖和尊崇，其妻是村里新生命的迎接者。老四杜宪亭和妻子苏秀英，是新中国成立前渤海军需被服厂（后改为北镇被服厂）的工人。杜宪亭是厂里出色的制鞋师傅，而且口技技艺高超，常给村民带来艺术的享受。如今，他们的后人们在各自的岗位上秉承先辈风范，编织着美好未来。

杜宪法长子杜述强一家

杜述强，瓦工，一直从事建筑业。他从高杜建筑队干到北镇建筑社、滨州市（县级）第二建筑安装公司，瓦工技艺步步攀升，且担任过工地主管，现转入建筑安装监理行业，任监理员。妻子李洪英曾是队办企业职工，两个女儿都有自己的事业。

前排左起：杜伟娟（杜述强小女），杜伟芳（杜述强长女）。后排左起：李洪英（杜述强之妻），杜述强（摄于 1987 年夏）

杜宪法次子杜述俊一家

　　杜述俊，与其妻陈维霜都是原滨州第一棉纺厂退休职工。儿子杜举，滨州市工程建设监理处监理工程师。

前排左起：陈维霜（杜述俊之妻，怀抱杜举次子杜念毅）、杜述俊。后排左起：付燕青（杜举之妻）、杜铭一（杜举长子）、杜举（杜述俊之子）（摄于2017年8月）

杜宪法三子杜述杰一家

　　杜述杰，原滨县建筑公司职工，后调入滨州市工程建设监理处，历任该公司分公司经理、公司副经理。妻子周荣英是滨州第二棉纺织厂退休职工。女儿杜静自滨州医学院毕业后，考入中国协和医科大学攻读研究生，获硕士学位，后公派德国洪堡大学攻读博士，获博士学位。杜静现就职于滨州医学院附属医院科研中心。

左起：杜静（杜述杰之女）、杜述杰、马凯文（杜静之子）、周荣英（杜述杰之妻）、马磊（杜静之夫）（摄于2015年春节）

"劳动家庭"杜宪亭一家

　　1972年10月3日拍下的这张名为"劳动家庭"的照片，是多才多艺的三兄弟中老四杜宪亭一家的合影照。杜宪亭夫妇于新中国成立前入职渤海军需被服厂（新中国成立后改为北镇被服厂）。杜宪亭是出色的制鞋工匠，且擅长口技，模仿唢呐演奏《百鸟朝凤》，惟妙惟肖，让听者如临其境。他的演技，曾给全厂职工和高杜村民带来无尽欢乐。

前排左起：杜利君（杜宪亭三儿子）、苏秀英（杜宪亭之妻）、杜宪亭。
后排左起：杜玉兰（杜宪亭次女）、杜凤兰（杜宪亭长女）、杜述国（杜宪亭长子）、孙守美（杜述国之妻）、杜利民（杜宪亭次子）

杜宪亭长子杜述国一家

　　杜述国，1968 年被招入胜利油田胜利采油厂，历任井下作业队工人、技术员、队长，胜利采油厂注采科科员、注水办公室主任、工程师等职，2007 年退休。妻子孙守美是胜利采油厂退休职工。子女都是胜利采油厂在职职工。如今，每当全家听到"头戴铝盔走天涯"那豪情满志的歌时，仍感到无限荣耀。

　　前排左起：杜研萱（杜鹏之女）、孙守美（杜述国之妻）、杜述国、王潇雨（杜鹃之子）。
后排左起：毕美玉（杜鹏之妻）、杜鹏（杜述国之子）、王韶华（杜鹃之夫）、杜鹃（杜述国之女）
（摄于 2016 年夏）

杜宪亭次子杜利民一家

杜利民，与妻子王付美都是原滨州第一棉纺厂退休职工。儿子杜冰就职于山东滨州渤海活塞股份有限公司。儿媳韩敏于滨州学院毕业，现为安吉尔幼儿园幼儿教师。

前排左起：王付美（杜利民之妻，怀抱杜冰次女杜若琪）、杜利民（怀抱杜冰长女杜若曦）。后排左起：韩敏（杜冰之妻）、杜冰（杜利民之子）（摄于2016年夏）

杜宪亭三子杜利君一家

杜利君，滨州市被服厂退休职工，其妻石霞于滨州魏棉纺织集团退休。儿子杜冉于天津音乐学院毕业后，就职于天津一家房地产公司。2016年春节前，深谙孝道的儿子邀请并陪伴父母出国旅游，在泰国一景点留下了这张闪耀着父爱子孝的合影。

左起：石霞（杜利君之妻）、杜冉（杜利君之子）、杜利君

退休干部的一家

　　杜宪文，从黄河水滋养的高杜黄土地里走出来的国家干部。不论是在生产大队、公社、乡镇任职，还是在工厂、政府机关任职，搞管理，抓业务，他都干得很出色。1958 年，杜宪文获团中央、共青团山东省委优秀青年奖章，先后被选为滨县第六届人民代表大会代表，中共第三、第五届滨县县委委员。1997 年 2 月退休。其妻原是高杜社员，后进入滨州地毯纱厂当工人，已退休。子女有的当工人，有的搞个体经营，都是靠双手过日子的劳动者。

前排左起：杜建村（杜宪文次子）、高吉凤（杜宪文之妻）、高倩（杜艳萍之女）、杜宪文、杜建平（杜宪文长子）。后排左起：杜蓓蓓（杜建村之女）、杜艳萍（杜宪文之女）、卢继青（杜建村之妻）、高振明（杜艳萍之夫）、刘相枝（杜建平之妻）、杜嵩松（杜建平之子）（摄于 2004 年 3 月）

杜宪文长子杜建平一家

　　杜建平，原滨州市地毯纱厂职工，辞职后，在新兴市场开门市部，经营五金生意。妻子刘相枝，滨州市自来水公司第二水厂退休职工。儿子杜嵩松，滨州技术学院化工系化工专业教师。儿媳乍瑞，滨州市神州旅行社经理。

　　前排左起：刘相枝（杜建平之妻，怀抱杜嵩松之子杜念辉）、杜建平。后排左起：乍瑞（杜嵩松之妻）、杜嵩松（杜建平之子）（摄于2014年春）

杜宪文次子杜建村一家

　　杜建村，与其妻卢继青都是滨州市地毯纱厂退休职工。女儿自谋职业。

　　左起：杜蓓蓓（杜建村之女）、卢继青（杜建村之妻，手扶杜蓓蓓之女陈淑菡）、杜建村、陈程凯（杜蓓蓓之夫）（摄于2016年秋）

弟弟帮姐姐家过上好日子

　　杜秀岭，随夫刚到阳信时，上无片瓦，下无隔夜粮，不得不借住庄乡的房子栖身，过着贫寒的日子。其弟杜宪文很是心疼。1979 年，杜宪文带上建筑队，拉着建筑材料，行程百余里，到阳信帮姐姐盖起了四间瓦房，把外甥女接到高杜抚养，后又将两个外甥迁来高杜，1997 年帮他们在高杜买了房子定居下来。2000 年杜秀岭的老伴去世后，杜宪文又帮她迁来高杜，与子女一起生活。如今，一家人住上了单元楼，孩子们有的当工人，有的干个体，八旬高龄的杜秀岭一家人，过着舒适的日子。

　　前排：杜秀岭（怀抱曹树宝之子曹瑞杨）。后排左起：杨红（曹树宝之妻）、郑俊英（曹呈喜之妻）、曹呈喜（杜秀岭之子）、曹树宝（曹呈喜之子）（摄于2016 年夏）

杜晓亭一家人

　　杜晓亭、丁芳英夫妇祖辈为农，然而，夫妇俩十分重视子孙们的文化教育，叮嘱他们要学所有成。长子杜和平的女儿杜燕不负家人众望，1999年以优异成绩考入曲阜师范大学外语系，毕业后被滨州医学院录取为英语教师；2003年又进暨南大学攻读硕士研究生，毕业后就职于广东省佛山电视台，成为一名出色的电视媒体人。遗憾的是，杜晓亭没能见到孙女的成就。他的长子杜和平，原队办企业职工，现在高杜物业有限公司工作；其妻系原滨州第一棉纺厂退休职工。次子杜顺平，原滨州毛纺厂职工，现任滨州公路局公路工程监理公司监理员；其妻经营个体服装生意。三子杜永平与妻子共同驾驶着自家的箱货车，为滨州六和饲料公司跑运输。成家的两个女儿经营着各自的事业。杜晓亭的后人们，均默默地保持着先辈的品德和素养。

前排左起：张会芳（杜永平之妻，怀抱其子杜崇乐）、丁芳英（杜晓亭之妻）。中排左起：杜永平（丁芳英三子）、王连云（杜顺平之妻）、杜顺平（丁芳英次子）、杜和平（丁芳英长子）、陈秀云（杜和平之妻）、杜飞（杜顺平之女）。后排左起：咨同庆（杜会青之夫）、杜会青（丁芳英次女）、杜会（丁芳英长女）、苏文华（杜会之夫）、杜燕（杜和平之女）（摄于2004年1月）

党员之家

　　第一张照片是 1950 年杜老太君李氏八十大寿时的全家合影。杜老太君家祖辈以农为生，她的四个孙子，都是跟党走的带头人。她的长孙（侄孙）是新中国成立前杜家村的第一名中共党员。新中国成立后，二孙、三孙、四孙先后入党。长孙、次孙先后在本村和社办单位任党支部书记，三孙曾在本村任副书记、生产队队长。四孙从部队转业后，任中央广电局 783 台台长。次曾孙杜建勋，在部队晋升为中校军衔。全家先后又有曾孙、玄孙四人入党，一代接一代传承着高杜的奋斗精神和传统美德。第二张照片是时隔 24 年后，杜老太君李氏的大部分后人在长曾孙杜建华结婚时拍摄的。

　　前排左起：梅景荣（杜述连之妻，怀抱女儿杜建英）、李福氏（杜晓光之妻）、李氏（杜晓明之妻）、杜翠銮（杜述鉴长女）、杜老太君李氏、杜晓明（杜老太君李氏三子）、杜晓光（杜老太君李氏四子）、杜建华（杜述连长子）、杜述连（杜老太君李氏侄孙）。后排左起：梁秀珍（杜述铎之妻）、王秀英（杜述鉴之妻）、杜述鉴（杜晓光长子）、杜述铎（杜晓光次子）、杜述镜（杜晓光三子）（摄于 1950 年冬）

前排左起：杜立荣（杜述鉴三女）、杜立英（杜述镜次女）、杜小军（杜述铎次子）、杜秋利（杜述鉴三子）、杜立忠（杜述铎三子）。中排左起：梁秀珍（杜述铎之妻）、王秀英（杜述鉴之妻）、梅景荣（杜述连之妻）、李福氏（杜晓光之妻）、李氏（杜晓明之妻）、杜晓光、杜述连（杜晓光侄子）、杜述鉴（杜晓光长子）、杜述铎（杜晓光次子）。后排左起：杜秋荣（杜述鉴次女）、杜景（杜述铎之女）、杜建英（杜述连之女）、杜翠銮（杜述鉴长女）、王淑兰（杜建华之妻）、杜建华（杜述连长子）、杜新立（杜述鉴长子）、杜小立（杜述鉴次子）、杜立国（杜述铎长子）（摄于 1974 年 2 月）

杜晓光三子杜述镜一家

　　杜述镜，1959 年初中毕业后入伍，在中国人民解放军总参谋部通信 61 团服役，光荣加入中国共产党，并被提拔为干部；1964 年转业到中央广电局，历任广电局 691 工地负责人，广电局 783 台副台长、台长、调研员，1999 年 10 月退休。他酷爱书法、传统剑术、拳术，并均有一定造诣。妻子高令兰是退休工人，孩子们都有自己的事业和工作。全家定居河北省保定市。

　　前排左二：杜述镜，左四：高令兰（杜述镜之妻）。后排左起：杜立英（杜述镜次女）、任卫峰（杜立英之夫）、刘国忠（杜立红之夫）、杜立红（杜述镜长女）、杜立梅（杜述镜三女）、林卫（杜立梅之夫）（摄于 2004 年 3 月）

杜述连长子杜建华一家

　　杜建华，中学毕业后务农，曾任高杜大队民兵连连长、革委会主任，后入职滨县化肥厂，历任工人、科长；华东石油大学毕业后任滨县公交办公室干部、滨县炭黑厂厂长；1984年调入滨县总工会，历任滨县总工会、滨州市（县级）总工会党组书记、工会主席，2007年退休。其间，先后当选为滨县第六届人大代表、第十届人大常委会委员，滨州市（县级）第三至第六届人大常委会委员、中共滨州市（县级）第二、第四届委员会委员，山东省总工会第九、第十届委员会委员，滨州市第六届政协委员。妻子王淑兰，中共党员，北镇第一棉纺厂工人、统计师，1997年退休。长女杜瑞，滨城区妇幼保健站副站长；儿子杜进，滨州金马机械有限公司职工；次女杜丛，滨州市百货大楼职工。

前排左起：杜效田（杜进之子）、李怡洁（杜丛之女）、高正康（杜瑞之子）。中排左起：李新蕾（杜进之妻）、王淑兰（杜建华之妻）、杜建华、杜进（杜建华之子）。后排左起：杜瑞（杜建华长女）、高代广（杜瑞之夫）、李勇（杜丛之夫）、杜丛（杜建华次女）（摄于2008年春节）

杜述连次子杜建勋一家

　　杜建勋，1972年入伍，历任解放军总参三部新疆三局排长、司务长、科长等职，1991年晋升中校；1993年转业，就职于滨州市公路局黄河大桥管理处，历任管理处副主任、主任、党支部书记。1999年任滨州市公路局公路工程监理处副书记、工会主席，2011年退休。妻子魏振芳是随军工人，后任滨州市公路局黄河大桥管理处工人，已退休。女儿杜文静是滨州高速公路收费站职工。

左起：杜文静（杜建勋之女）、魏振芳（杜建勋之妻）、孙宇辰（杜文静之子）、杜建勋、孙强（杜文静之夫）（摄于2016年6月）

杜述鉴长子杜新利一家

杜新利,北镇第一棉纺厂退休职工。妻子张冬云,原滨州轻工机械厂退休职工。儿子杜朝辉系滨州金马机械有限公司职工。

左起:张冬云(杜新利之妻)、杜新利(杜述鉴长子)、杜效玉(杜朝辉之女)、杜朝辉(杜新利之子)(摄于2016年6月)

杜述鉴次子杜小立一家

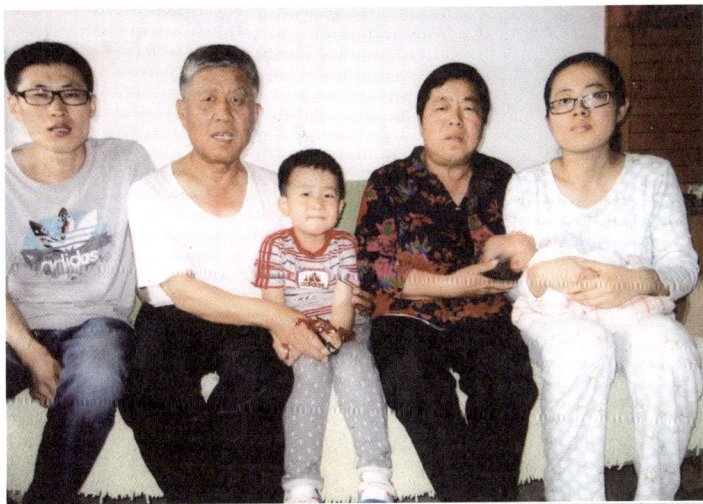

杜小利,中共党员,曾任滨州市(县级)市中福利汽修厂厂长、市中福利板门厂厂长,为残疾人开创就业之路。妻子李桂琴,滨城区市中涂料厂退休职工。女儿、女婿自主创业。

左起:牟林林(杜雯雯之夫)、杜小立、牟泽西(杜雯雯之子)、李桂芹(杜小立之妻)、杜雯雯(杜小立之女,怀抱之女牟泽瑄)(摄于2016年6月)

杜述铎长子杜立国一家

　　杜立国，汽车司机，曾在高杜大队翻砂厂开车多年，后受聘于胜利油田滨南采油厂、滨州市岩浩混凝土有限公司司机，多年安全行驶无事故。其妻李淑萍是原滨州印染厂退休职工。儿子杜鲁波是山东滨州渤海活塞股份有限公司职工。

前排左起：李淑萍（杜立国之妻）、杜立国。后排左起：崔桂欣（杜鲁波之妻）、
杜翔宙（杜鲁波之子）、杜鲁波（杜立国之子）（摄于2016年6月）

杜述铎次子杜立军一家

杜述铎三子杜立忠一家

杜立军，滨州第三棉纺厂退休职工。其妻庞文芝是魏棉纺织集团退休职工。儿子杜鲁涛是山东滨州渤海活塞股份有限公司职工，儿媳王丽媛就职于滨州市车管所。

杜立忠，滨州棉机厂职工。其妻高会霞是魏棉纺织集团职工。女儿、女婿都有自己的职业。

前排左起：庞文芝（杜立军之妻）、杜尹可（杜鲁涛之女）、杜立军。后排左起：王朋娇（杜鲁涛之妻）、杜鲁涛（杜立军之子）（摄于2016年6月）

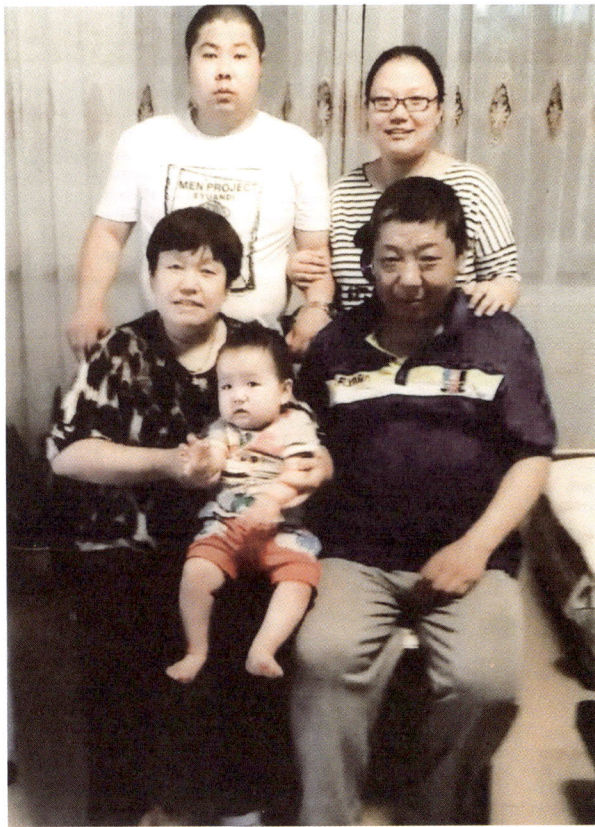

前排左起：高会霞（杜立忠之妻，怀抱杜笑之子郭晨曦）、杜立忠。后排左起：郭太升（杜笑之夫）、杜笑（杜立忠之女）（摄于2006年6月）

与建筑业结缘的一家人

　　杜晓芹，自20世纪60年代初从事建筑业，风里来雨里去，酷暑寒冬不得闲，垒砖挂瓦，上梁铺檩，抹灰涂浆。他在空闲之余，为庄乡亲朋垒灶盘炕，添景增色，一干就是40年，直至2001年退休。他的儿子、孙子相继从事建材营销，儿媳在建筑行业一直干到退休。一家三代汗洒建筑业，乐在其中。

　　前排左起：郭秀珍（杜晓芹之妻，怀抱杜凯之女杜嘉艺）、杜晓芹。后排左起：吴晓晓（杜凯之妻）、高会珍（杜永华之妻）、杜永华（杜晓芹之子）、杜凯（杜永华之子）（摄于2016年6月）

离休干部一家

　　解放战争时期，杜述亭是村里的儿童团团长，他扛过红缨枪，组织儿童团查路条，送情报。新中国成立后，他一直在供销社系统从事农业生产资料的供应管理工作。自 1965 年起，任滨县生产资料公司经理，至 1999 年离休，为全县农业生产发展历尽千辛万苦，做出了贡献。他是杜家村唯一享受离休待遇的老干部，于 2013 年去世。子女们都是工人。如今，他的老伴在子孙们的陪伴下安度晚年。

　　前排左起：杜彦青（杜述亭三女）、杨淑兰（杜述亭之妻）、杜馨月（杜延利之女）、杜述亭、杜海洋（杜建国之子）。后排左起：杜金玲（杜述亭次女）、杜伶（杜述亭长女）、杜延利（杜述亭次子）、杜建国（杜述亭长子）、邹爱针（杜建国之妻）、刘春风（杜延利之妻）（摄于 2004 年 3 月）

杜述亭长子杜建国一家

　　杜建国，历任高杜铸造厂汽车司机，原滨县生产资料公司职工，滨州保安驾校教练，现已退休。其妻邹爱针，滨城区生产资料公司退休职工。儿子杜海洋，建设银行滨城区支行职工；儿媳游燕燕，滨州医学院小白鸽幼儿园幼儿教师。

　　前排左起：杜馨月（杜延利之女）、杜海洋（杜建国之子）、游燕燕（杜海洋之妻，怀抱其子杜翊宣）、杜美宣（杜海洋之女）。后排左起：刘春凤（杜延利之妻）、杜延利（杨淑兰次子）、杨淑兰（杜述亭之妻）、杜建国（杨淑兰长子）、邹爱针（杜建国之妻）（摄于 2016 年 10 月）

　　左起：游燕燕（杜海洋之妻，怀抱其子杜翊宣）、杜海洋（杜建国之子）、杜建国、杜美宣（杜海洋之女）、邹爱针（杜建国之妻）（摄于 2016 年 10 月）

杜述亭次子杜延利一家

　　杜延利，原山东亚光纺织集团职工，离职后自主创业。妻子刘春凤，滨州华润纺织有限公司职工。女儿杜馨月，山东建筑大学学生。

　　左起：刘春凤（杜延利之妻）、杜馨月（杜延利之女）、杜延利（摄于2006年10月）

建筑师杜以亭和他的后人们

　　杜以亭，年轻时学泥瓦匠技术，后自学成为建筑工程师。1960年，他辞掉惠民地区建筑公司的工作回了高杜，将一个三人的建筑小组逐步发展成几十人的杜家村建筑队。该建筑队收归高杜大队后，组成高杜大队建筑队，成为大队当时的领航队办企业。后北镇公社以其为骨干组，建成北镇公社建筑社，杜以亭任业务技术副经理。县级滨州市成立后，该建筑社与蒲城建筑社合并，组成滨州市第二建筑安装公司。耳顺之年，他继续负责公司的建筑设备和材料配给工作，直到退休。他教育子女勤奋读书，儿子杜同柱1970年大学毕业后，分配到济南铁路局青岛分局铁石车辆段工作。1973年，杜同柱入了党，提了干，被选为援建坦赞铁路后备人员。该年秋末，在儿子赴坦赞前，杜以亭叫来同在北镇纺织厂工作的两个女儿和在生产队任会计的儿媳，领着孙女、孙子一起留下了这张合影。

　　前排左起：杜燕（杜同柱之女）、杜伟（杜同柱长子）。中排左起：杜同柱（杜以亭之子）、高承英（杜以亭之妻）、杜以亭。后排左起：于清华（杜同柱之妻）、高志敏（杜以亭长女）、杜同华（杜以亭次女）（摄于1973年秋）

杜以亭的老伴与长女和乡亲们一起游园

　　2015年重阳节，杜以亭的老伴高承英，在其长女高志敏的陪伴下，和全居老年人一起游览秦皇河，并拍下了这张照片。至今，86岁高龄的高承英身板硬朗，精神矍铄，尽享天伦之乐和高杜居委会大开发带来的福祉。

左起：王文荣、高承英（杜以亭之妻）、高志敏（杜以亭长女）、杜凤娥、苏英华

杜以亭之子杜同柱一家

　　杜同柱，1970 年于大连铁道学院毕业后，被分配到济南铁路局青岛分局铁石车辆段工作。1976 年，他被调入胜利油田工作。他是中共党员，高级工程师，退休后回高杜居委会贡献余热。如今 11 口人的大家庭中，有 6 人是共产党员。其女儿、女婿以及两个儿子和儿媳，都在胜利油田担任基层管理工作。其中，两人高级职称，三人中级职称，一人初级职称。外孙和长孙都是在校大学生，次孙在胜利油田十五中读初三。一家人在"我为祖国献石油"的岁月中，挥洒汗水，奉献力量。

前排左起：杜睿智（杜伟之子）、杜睿哲（杜良之子）、于清华（杜同柱之妻）、杜同柱、赵嘉栋（杜燕之子）。后排左起：杜伟（杜同柱长子）、刘岩（杜伟之妻）、杜燕（杜同柱之女）、赵堂军（杜燕之夫）、杜良（杜同柱次子）、王梅（杜良之妻）（摄于 2015 年春节）

老社长一家

前排左起：刘淑英（杜以坦之妻）、杜崇山（杜述民之子）、杜以坦。后排左起：马淑珍（杜述民之妻）、杜述民（杜以坦长孙）

两幅照片中的第一幅，拍于1989年春节杜以坦老宅。杜以坦，合作化时期曾任杜家初级社社长，红峰高级农业生产合作社副社长，1958年选调北镇公社社办企业任职。他有三个女儿，长女曾任高杜大队第三生产队记工员、妇女队长，次女在滨化集团工作，三女儿曾任高杜大队财务室出纳、大队福利糕点厂副厂长、滨州市（县级）第四届政协委员。长孙是乡镇企业职工，长孙媳在居委会做财务工作。老社长的后人们在各自的岗位上尽职尽责，尽显亮色。

前排左起：杜秀萍（杜以坦三女）、杜秀荣（杜以坦次女）、杜秀贞（杜以坦长女）、张吉庆（杜秀贞之夫）、王秀刚（杜秀荣之夫）、牟水丈（杜秀萍之夫）。后排左起：马淑珍（杜述民之妻）、杜述民（杜秀贞之子）、杜崇山（杜述民之子）（摄于2004年春节）

杜以坦长女杜秀贞一家

　　这张照片是杜秀贞和她的儿孙们的合影。杜秀贞，曾任第三生产队记工员、妇女队长。其丈夫是铁路退休职工。长子是乡镇企业职工，长媳在居委会做财务工作。长孙在滨州市北海新区工作，长孙媳妇是滨州市人民医院护士。次子与次媳均是纺织企业职工，次孙是现役军人。如今四世同堂，一家人忙碌着，快乐着。

前排左起：马淑珍（杜述民之妻）、杜秀贞、杜述民（杜秀贞长子）。后排左起：徐其云（张建新之妻）、张旭东（张建新之子）、张建新（杜秀贞次子）、王立杰（杜崇山之妻，怀抱其子杜苗苗）、杜崇山（杜述民之子）（摄于2016年6月）

杜以坦三女杜秀萍一家

　　杜秀萍，曾任高杜大队现金出纳，大队福利糕点厂会计、副厂长，滨州市（县级）第四届政协委员。其丈夫是原滨州轻工机械厂退休职工。女儿和女婿在淄博经营一家民营企业。

前排左起：张林婉（牟新岩之女）、杜秀萍、牟水文（杜秀萍之夫）、张林岳（牟新岩之子）。后排左起：牟新岩（杜秀萍之女）、张庆乾（牟新岩之夫）（摄于2016年春）

两代工人之家

　　杜同安、孙秀英夫妇，同是原滨州造纸厂退休职工。他们的儿子由滨州造纸厂转入滨州福尔特纸业公司工作，儿媳是滨州世豪服装厂工人。2016年5月，小孙子5周岁生日，这个工人之家，拍下了这张合影照。

前排左起：杜书雨（杜蓬渤之女）、孙秀英（杜同安之妻）、杜同安、杜书杭（杜蓬渤之子）。后排左起：杜秀芳（杜蓬勃之妻）、杜蓬渤（杜同安之子）

"能人"之家

　　"能人"，是村里人对聪明能干的杜晓钧的雅称。1963年，杜晓钧高中毕业。他那一把瓦刀享誉全村，盖屋、盘炕、垒灶技术顶呱呱。20世纪60年代末，在小煤油灯正吃香的时候，他把家家户户的电灯都给鼓捣亮了。高杜建毛刷厂缺乏资金购置设备，他用废旧材料制造出的土设备上马投产。70年代，在杜晓钧的带领下，大队铸造厂建起了机床车间，产出了当时只有大厂才能生产的真空泵。他的小儿子于山东大学毕业后，任青岛展望机电有限公司董事长；大儿子任该公司安装队队长。两个儿子都传承了杜晓钧聪明能干的优秀品质。

前排左起：杜崇硕（杜亮之子）、杜崇尚（杜朋之子）。二排左起：王玉珍（杜晓钧之妻，怀抱杜亮之女杜若溪）、杜晓钧、杜瑞琦（杜朋之女）。三排左起：栾春梅（杜亮之妻）、杜亮（杜晓钧次子）、杜朋（杜晓钧长子）、梁平（杜朋之妻）（摄于2015年春节）

杜同林和他的家人

  杜同林在 1986 年辞去高杜大队毛刷厂厂长职务，自费到山东建筑学院深造；毕业后，任市中建筑公司第五施工队队长；后进入滨州电力建安公司任项目经理，2014 年退休。妻子是原滨州第一棉纺厂退休职工。女儿、女婿 2009 年毕业于加拿大英属哥伦比亚大学，女儿是金融分析师，就职于加拿大蒙特利尔银行，在职研究生；女婿是加拿大注册会计师，就职于加拿大毕马威会计师事务所，在职研究生。"高杜人在加拿大"，这让杜同林夫妇感到自豪，让全村人感到骄傲。

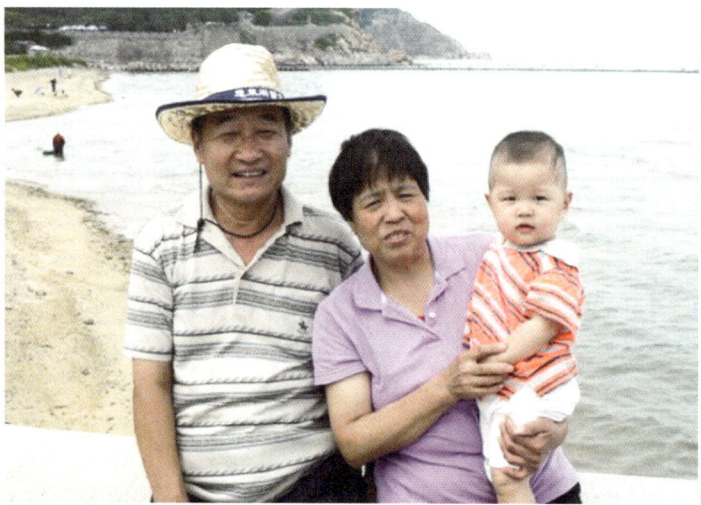

左起：杜同林、张建凤（杜同林之妻，怀抱杜金星之子杜马）（摄于 2015 年 8 月）

左起：马小斌（杜金星之夫）、杜马（杜金星之子）、杜金星（杜同林之女）（摄于 2015 年 8 月）

年龄最小的长辈一家

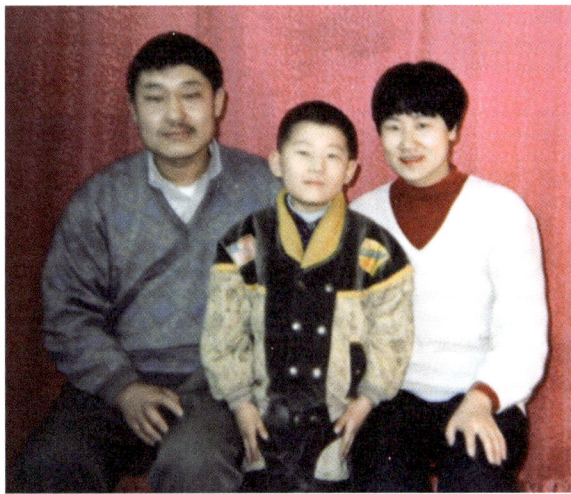

杜同强，在高杜杜姓十九世系中年龄最小，杜姓二十一世孙子辈以下的人都尊称他为"小爷爷"。杜同强在校时学习刻苦，门门功课名列前茅；高中毕业后参加工作，历任滨州第二棉纺厂会计、财务科科长。妻子梁秀娟，原滨州第二棉纺厂退休职工。儿子杜金阳，于滨州医学院毕业后考入河北医科大学攻读硕士研究生。

左起：杜同强、杜金阳（杜同强之子）、梁秀娟（杜同强之妻）（摄于1996年春）

爱好收藏的一家

前排左起：姜爱英（杜国华之妻，怀抱杜磊之子杜博瀚）、杜星语（杜磊之女）、杜国华。后排左起：王桢（杜磊之妻）、杜磊（杜国华之子）

20世纪50年代，杜国华家的条山几上摆放着祖上留下来的帽筒、花瓶等一些老瓷器，这些老瓷器是他家的传家宝。杜国华自小受老人的熏陶，也喜欢上了收藏。退休后，他带上儿子跑乡村，逛古玩市场，一起探讨欣赏。随后，一家人都入了这一"行"。在邮政储蓄银行工作的儿媳，收藏集邮册和纪念币成了她的专项；小孙女也是个收藏迷，每次和爸妈出游归来，也总会带回几件"小藏品"。杜国华的老伴儿也十分赞同和支持家人收藏。一家人在藏情古韵中，尽享收藏文化带给他们的知识和乐趣。

昔日生产队队长杜晓江的家人们

　　杜晓江，20世纪70年代第三生产队队长，他带领全队老少爷儿们发展农业生产，开展副业经营，使第三生产队的工值连年攀升。卸任后，他转任高杜大队五金门市部经理，直至去世。杜晓江去世后，妻子张秀荣顶起了家里这片天，承担起丈夫的未竟之事。四儿一女相继成家，有的搞运输，有的开商店，施展着各自的才能。2015年张秀荣生日，孩子们像小鸟般飞回慈母的身旁。瞧，张秀荣笑得多开心！

　　前排左起：杜爱民（杜晓江长子）、张秀荣（杜晓江之妻）、魏玲玲（杜爱民之妻，怀抱杜超之女杜蓓拉）。中排左起：李静（杜超之妻）、孙海云（杜永军之妻）、杜民昌（杜晓江次子）、杜永昌（杜晓江三子）、李萍（杜永昌之妻）。后排左起：杜超（杜爱民之子）、杜少伟（杜永军之子）、杜永军（杜晓江四子）、杜少鹏（杜民昌之子）、杜少奇（杜永昌之子）（摄于2015年夏）

父子大厨香千家

　　杜晓滨生前是村里红白大事的掌勺大师傅，出自他大勺里的"干炸丸子"，稀焦金黄，鲜嫩味香，口感软糯；他做的"琉璃藕"亮晶晶，甜丝丝，嘎嘣脆。三个儿子得到他的真传，大儿子是滨州医学院食堂红案班班长；二儿子是村里新一代的掌勺，他的那道干炸丸子"青出于蓝而胜于蓝"；三儿子在毛纺厂市场挂出"杜家小吃"招牌，开小吃部，顾客盈门。父子四人的烹饪手艺，喜了村民，醉了客人，给人们带来了口福。

　　前排左起：杨爱华（杜建军之妻）、王秀红（杜国庆之妻）、赵会真（杜建民之妻）、高令荣（杜晓滨之妻）、杜建民（杜晓滨三子）、杜国庆（杜晓滨长子）、杜建军（杜晓滨次子）。中排左起：杜麦针（杜晓滨三女）、赵春霞（杜春雷之妻）、杜金花（杜晓滨长女）、孟盼盼（杜春云之妻）、杜春云（杜建民之子）、杜述芳（杜晓滨次女）、杜素针（杜晓滨四女）、杜春梅（杜建军之女）。后排左起：杜春雷（杜国庆之子）、曹玉（杜述芳之子）、孝杰（杜金花之子）、宋婷（杜素针之女）（摄于2009年4月杜建民之子杜春云婚礼）

杜晓滨长子杜国庆一家

杜国庆，滨州医学院后勤管理处退休职工。其妻王秀红，魏桥纺织集团退休职工。其子杜春雷，于山东理工大学本科毕业，现任滨州市体育彩票管理中心滨城区中心主任。儿媳赵春霞，个体工商户。杜国庆的两个小孙女过着幸福欢乐的童年生活。

杜晓滨次子杜建军一家

杜建军，得其父真传，煎炸烹炒的技艺精湛，他靠自己的好手艺自主经营小吃店。妻子杨爱华是他的得力帮手，夫妇同心奔富路。女儿杜春梅于鲁东大学本科毕业，入职魏桥创业集团铝电公司技改部技术处，任助理工程师，中共党员。女婿李建超毕业于山东铝业职业学院，就职于魏桥创业集团铝电公司安全生产部，任安全工程师。杜晓滨的两个外孙女健康快乐地成长着。

前排左起：王秀红（杜国庆之妻）、杜思源（杜春雷长女）、杜国庆、杜嘉琳（杜春雷次女）。后排左起：赵春霞（杜春雷之妻）、杜春雷（杜国庆之子）（摄于2017年5月）

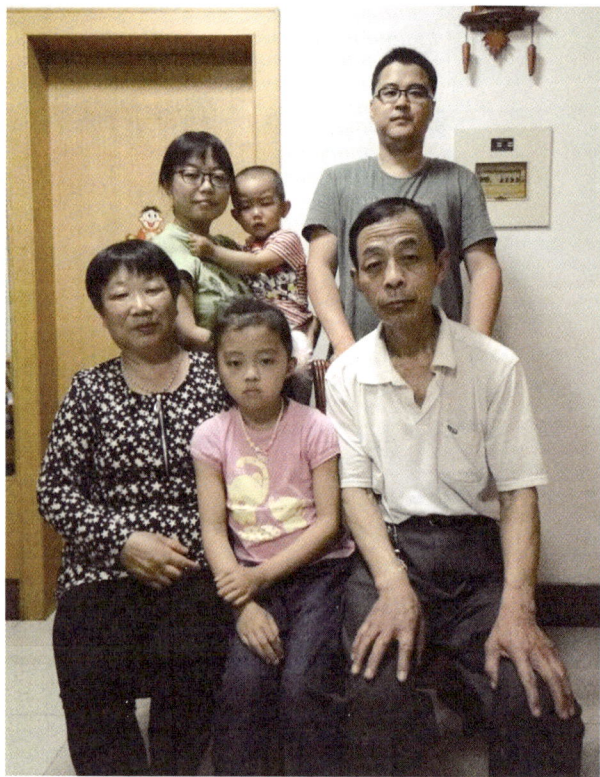

前排左起：杨爱华（杜建军之妻）、李馨颖（杜春梅长女）、杜建军。后排左起：杜春梅（杜建军之女）、李佳颖（杜春梅次女）、李建超（杜春梅之夫）（摄于2017年5月）

杜晓滨三子杜建民一家

杜建民，原滨州铸锅厂退休职工。其妻赵会真，滨州毛纺厂退休职工。儿子杜春云，银谷普惠（北京）信息咨询有限公司员工。儿媳孟盼盼，诺远普惠（北京）信息咨询有限公司员工。孙子杜皓然，逸夫小学学生。

前排左起：赵会真（杜建民之妻）、杜皓然（杜春云之子）、杜建民。后排左起：孟盼盼（杜春云之妻）、杜春云（杜建民之子）（摄于 2017 年 5 月）

瓦匠木匠惠庄乡

前排左起：杜晓顺（杜以兴次子）、杜以兴、王凤英（杜晓顺之妻）。后排左起：杜宁宁（杜晓顺之子）、杜爱花（杜晓顺之女）

20 世纪 50 年代末，杜以兴手握一把瓦刀，加入滨县零工队（后改为滨县建筑社）。村里谁家盖房子，就找他放盘子、铺线，请他指导上梁檩。后来，他的大儿子也爱上了瓦工行，成为北镇建筑社施工队队长。小儿子则学了一手木工手艺，打家具、制门窗、凿卯榫、架檩梁，地道在行。杜以兴父子的手艺，给乡亲们带来了实惠，装点了人们的生活。这张照片拍摄于 20 世纪 70 年代初，是小儿子杜晓顺一家为庆贺杜以兴光荣退休时拍下的纪念照。

昔日泥瓦匠人的一家

　　2001年春节，旧村居即将拆迁，杜晓洲一家在其平房小院中拍下了这张纪念照。杜晓洲是20世纪60年代初从黄河边庄稼地里最早走出来的瓦匠之一，他曾参加过惠民地委、惠民地区行署所属诸多单位的基本工程建设，曾任原北镇建筑社施工队队长、郭集乡建筑社预算科科长等职，直到退休。杜晓洲的妻子是个闲不住的人，曾在自家办起一个有20多名工人的合线厂，每天与一缕缕欢快跳跃的线条对话。杜晓洲的大儿子是原滨州毛纺厂保卫科科长，小儿子是原滨州造纸厂职工。如今老两口儿孙绕膝，安享晚年。

前排左起：杜家琪（杜建磊之女）、朱艳娇（杜金萍之女）、杜桢桢（杜安庆之女）、唐思琪（杜爱萍之女）。二排左起：刘春菊（杜安庆之妻）、王文英（杜晓洲之妻）、杜晓洲、杜安庆（杜晓洲长子）。三排左起：耿莲君（杜建磊之妻）、杜爱萍（杜晓洲三女）、杜金萍（杜晓洲次女）。后排左起：杜建磊（杜晓洲次子）、唐卫东（杜爱萍之夫）、朱勇（杜金萍之夫）

重兴诗书四兄弟

1966 年年初，杜廷栋与失散多年的三弟杜廷勋取得了联系，三弟来信倾叙思乡念亲之情。长兄杜廷栋深解其弟渴望见到母亲和众兄弟及家人之意，聚集起全家人，在四兄弟和母亲当年共同生活过的老北屋前，簇拥着耄耋之年的老夫人照了这张合影。

杜廷栋兄弟四人，曾祖以上均为读书人，且各获功名。后来，世道混乱，家境不济，连续三代务农。其父杜希周深知文化之珍重，他崇尚知识，崇尚读书，立志奋发治家，积累财富，供后人读书学习，用

前排左起：杜述亢（杜廷桢次子）、杜金凤（杜廷桢次女）、杜民生（杜述范之子）。中排左起：杜玲玲（杜廷栋之女，怀抱其三子孙新平）、杨桂芝（杜廷桢之妻，怀抱其三女杜金花）、胡氏（杜廷栋之妻，怀抱杜述范之女杜小红）、高氏（杜廷栋与杜廷桢之母）、杜廷栋（怀抱杜述通之女杜大红）、杜廷桢（怀抱杜述美长女杜红）。后排左起：杜金（杜廷桢长女）、崔秀荣（杜述通之妻）、高令菊（杜述美之妻）、张桂兰（杜述范之妻）、杜述通（杜廷栋次子）、杜述美（杜廷桢长子）、杜述范（杜廷栋长子）

学问立家兴业，富足后世。杜希周16岁时，从打锅饼卖锅饼起步，慧眼寻谋商机，先后在寿光羊角沟开办木材场、盐场，在北镇开办西洋饼干厂，耀眼于胶东和鲁北一带。家境厚实了，杜希周先后把四个儿子送入当时滨县最高学府——北镇鸿文中学就读。中学毕业后，次子杜廷静考入位于青州的山东省立第四师范，又考入山东齐鲁大学医学系，后就职于青岛陆军医院；长子和四子在家办起了南乡杜家楼第一所私塾，无偿教授村里的子弟读诗书、习文化。

长兄杜廷栋一生为村里的教育事业辛勤耕耘，倾心教书育人。退职后，他仍舍不得离开学校，继续留校当门卫。他把毕生献给了学校，献给了学生。

老二杜廷静，在青州读书时，参加了革命党，后加入国民革命军，抗战时期任国民革命军陆军医院主任。在长沙会战中，杜廷静以身殉国。生前与妻子育一女杜风芹，杜风芹与高家的高吉祥结为连理。

老三杜廷勋，北镇鸿文中学毕业后，去长沙寻二兄无果，辗转重庆参加国民革命军，后参加了人民解放军。新中国成立后，杜廷勋任四川巴县白市镇医院院长，1970年5月去世。

老四杜廷桢，用读书所学之学识，理财种地，在高杜大队第三生产队任会计，后任高杜大队会计，直至去世。

杜廷栋长子杜述范夫妇

杜述范，忠厚淳朴，不善言辞。早年间，在北镇街杜宪法医生开的医疗所拉药橱，称药、分药，学得些医学知识。合作化时期，他先后在杜家村初级社马车店、红峰高级社马车店、高杜大队马车店任会计兼登记员，后任高杜大队青纺宾馆会计，直到1986年去世。妻子张桂兰是生产队里的劳动能手，20世纪60年代，她在河滩种地瓜，从大坝以北挑水，在十几米高的坝坡攀上翻下，百十斤重的水桶压在肩上，仍步履如男。她和张秀荣成为一天超百担的两位"女挑夫"。张桂兰不但持家有方，且为人诚恳热情，乐于助人。

左起：张桂兰（杜述范之妻）、杜述范（摄于1966年3月）

杜述范之子杜民生一家

前排左起：孙俊英（杜民生之妻）、杜民生。后排左起：杜璐瑞（杜民生长子）、李萌萌（杜璐瑞之妻，怀抱其子杜冠霆）、杜禹锋（杜民生次子）（摄于2017年7月）

杜民生，1972年入伍，1980年年底退伍。退伍后，杜民生历任高杜大队民兵连连长、市中建筑公司副经理、市中综合公司经理、滨州盛通商贸有限公司董事长。2003年5月，杜民生任高杜居委会党支部书记兼主任，高杜置业有限公司董事长。杜民生是滨城区第八、第九届人大代表，滨州市第九、第十届人大代表。他喜闻书香，爱好文学，酷爱收藏。其妻孙俊英，聪慧能干，不惜放弃自己的事业，全力支持丈夫干事创业。其妹杜小红，从滨化集团化验员的职位上退休；妹夫蔡永红，滨农科技副总经理。长子杜璐瑞毕业于新西兰梅西大学，现任《高杜人说高杜事》编辑、滨城区执法局市中执法中队副队长；其妻李萌萌，毕业于山东农业大学，就职于菏泽曹县建设局。次子杜禹锋，山东信息职业技术学院学生。杜小红之子蔡文杰，山东大学研究生毕业后，就职于滨城区建设局，任办公室主任；蔡文杰之妻高慧敏，任交通银行滨州天成花园支行行长。

前排左起：杜小红（杜述范之女）、蔡永红（杜小红之夫）、杜民生、孙俊英（杜民生之妻）。后排左起：高慧敏（蔡文杰之妻）、蔡文杰（杜小红之子）、杜禹锋（杜民生次子）、杜璐瑞（杜民生长子）、李萌萌（杜璐瑞之妻）（摄于2016年6月）

杜廷栋次子杜述通一家

　　2003 年春节，杜述通一家在即将拆迁的平房老宅院中，拍下了这张照片，以示纪念。杜述通与车马结缘，前半生在生产队，与车马为伴，年年被生产队评为先进生产者。20 世纪 80 年代，杜述通转任市中建筑公司保管员，人称"红管家"。妻子任生产队磨坊、挂面坊会计，后任高杜大队五金门市部会计。其长子高中毕业后，在山东滨州渤海活塞股份有限公司工作，是先进工作者、技术标兵。次子承建建筑工程，在高杜城中村改造极端困难时，他垫资施工，对高杜的开发做出了贡献。这一家人，人人都有令人称道的荣誉。

　　前排左起：杜文思（杜红民之女）、杜文宇（杜红光之子）、杨坤（杜大红之子）。中排左起：崔秀荣（杜述通之妻）、杜述通。后排左起：杨会生（杜大红之夫）、杜大红（杜述通之女）、杨华（杜红民之妻）、杜红民（杜述通长子）、董淑青（杜红光之妻）、杜红光（杜述通次子）

杜廷勋一家

　　20 世纪 30 年代末，杜廷勋在北镇鸿文中学毕业后，只身到长沙寻找在军医院当主任的二哥，顺势投笔从戎，做了一名野战医院的实习医生。在长沙会战中，二哥杜廷静不幸殉国，杜廷勋含悲埋葬了哥哥后，到重庆巴县开了一家诊所济世救人，后进入巴县白市镇医院任院长。20 世纪 60 年代拍摄这张照片时，他的五个儿女已经上学了。杜廷勋在世时，曾多方打听老家的信息，因通信、交通、经济等诸多原因，回家的愿望没能实现。1973 年，大哥得知三弟家人的消息后，托人到重庆巴县，把失散 30 多年的三弟的妻儿接回了黄河边的这片热土。后来，子女们把杜廷勋的骨灰抱回了故土，圆了杜廷勋生前叶落归根之梦。

前排左起：陈天珍（杜廷勋之妻）、杜述平（杜廷勋四子）、杜廷勋。后排左起：杜述玉（杜廷勋之女）、杜述勇（杜廷勋三子）、杜述川（杜述勋长子）、杜述作（杜廷勋次子）

杜廷勋长子杜述川一家故乡出彩

　　20 世纪 70 年代，杜述川以"知青"身份进入滨县轻工机械厂工作。上班之余，他养信鸽，协助妻子办家庭养鸡场。他养的信鸽，曾数次在全区的 1000 千米和 1500 千米大赛中获奖；家庭养鸡场的鸡蛋，被商户订购一空。他擅长中国象棋，经常与棋友对垒拼杀，在县（区）举办的象棋大赛中多次获奖。妻子擅长制作川味小菜，尤其擅长做香肠。她做的香肠，色香味美，川鲁味俱佳。其长女毕业于山东艺术学院，现任滨城区市中办事处文化站站长；次女毕业于北京林业大学，现任彭李办事处财务所副所长。四川归来的赤子，在故乡的沃土上大放异彩。

　　前排左起：季祥青（杜述川之妻）、辛浩宇（杜梅影之子）、杜述川。后排左起：王延国（杜雪梅之夫）、杜雪梅（杜述川长女）、王安然（杜雪梅之女）、杜梅影（杜述川次女）、辛曙峰（杜梅影之夫）（摄于 2013 年春节）

杜廷勋次子杜述华一家

　　杜述华，是 20 世纪 70 年代初鼓动全家从重庆迁回老家的先锋。回归高杜后，杜述华被招入滨县轻工机械厂当工人，不久被提拔为该厂销售处销售员、副处长。退休后，被厂里返聘继任。妻子高秀华，滨县轻工机械厂退休职工。儿子杜秋波，滨州化工集团职工。儿媳刘志静，滨州开发区一中教师。孙子杜瑜皓是小学生。

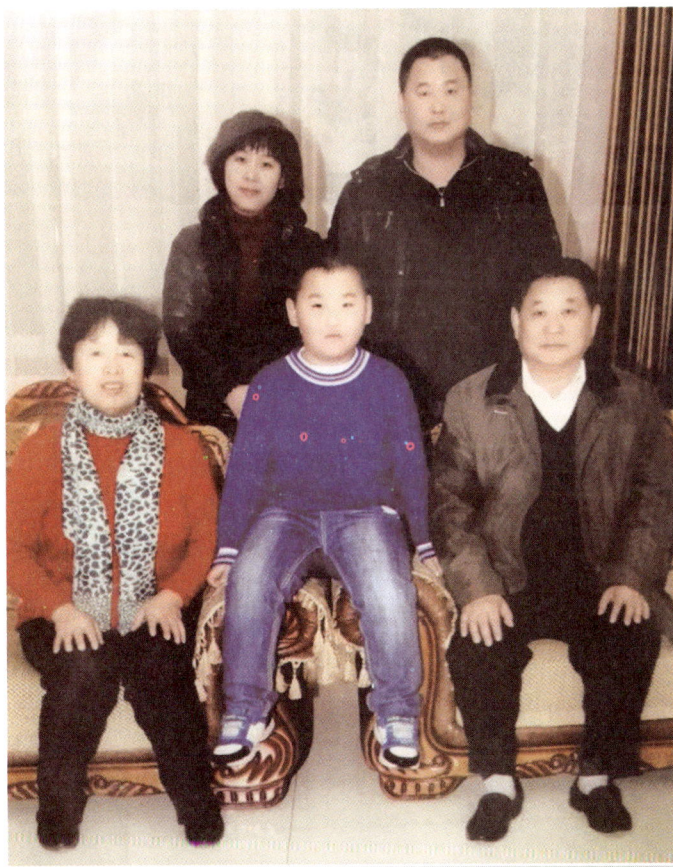

　　前排左起：高秀华（杜述华妻子）、杜瑜皓（杜秋波之子）、杜述华。后排左起：刘志静（杜秋波之妻）、杜秋波（杜述华之子）（摄于 2015 年冬）

杜廷勋三子杜述永一家

杜述永，1977 年自山东博山电力技校毕业后，被分配到沾化发电厂工作，1981 年被调入惠民地区电业局，2013 年退休。妻子梁秀香，滨城区生产资料公司退休职工。女儿杜月梅大学毕业后，就职于山东省电力公司，后调至滨州电力公司；女婿李长青，省电力公司干部；其子为小学学生。

前排左起：梁秀香（杜述永之妻）、李旭冉（杜月梅之子）、杜述永。后排左起：杜月梅（杜述永之女）、李长青（杜月梅之夫）（摄于 2015 年夏）

杜廷勋四子杜述平一家

杜述平，原滨州造纸厂退休职工。妻子侯华珍是滨州三棉退休职工。女儿杜洁跟随丈夫邹文浩在烟台芝罘区安家。

左起：杜洁（杜述平之女）、侯华珍（杜述平之妻）、杜述平、邹文浩（杜洁丈夫）（摄于 2015 年正月）

杜廷桢长子杜述美一家

　　杜述美，1953年完小毕业后，回村务农，当选为高杜第一任团支部书记。其后，他考入渤海垦区综合技校深造。毕业后，任孤岛林场小学教师。1964年回乡，先后在高杜翻砂厂担任会计、副厂长、厂长。他思想作风优良，技术革新不俗，之后光荣加入中国共产党。妻子高令菊，1960年从孤岛技校毕业后即参加工作，先后在垦利县委组织部、利津县妇联、滨县北镇人民公社、滨州市（县级）信访局任职，现已退休。长女杜红，开封大学水利学院毕业，现任黄河河口管理局科长。次女杜卫，中专毕业，是原滨州第一棉纺厂职工。儿子杜卫国，中专毕业，是魏棉纺织集团职工。杜卫国之子，中国人民解放军某部战士。

　　前排左起：孙秋慧（杜卫之女）、杜述美、高令菊（杜述美之妻）、杜红（杜述美长女，怀抱张玉杰之女）、杜乐炎（杜卫国之子）。后排左起：张健（杜红之夫）、孙维明（杜卫之夫）、杜卫（杜述美次女）、马忠美（杜卫国之妻）、杜卫国（杜述美之子）、王福民（张玉杰之夫）、张玉杰（杜红之女）（摄于2014年春节）

杜廷桢次子杜述文一家

杜述文之子杜卫利一家

杜述文，原高杜大队散热器厂技工，后为高杜物业管理有限公司职工。妻子苏双华，原在高杜青纺宾馆上班，后自主经营饮食生意。她起早贪黑，忙忙碌碌，后不幸离世。儿子杜卫利，任高杜物业管理有限公司经理。

杜卫利，高杜物业管理有限公司经理。妻子李娟，滨州市太平保险有限公司销售经理。儿子杜乐轩是滨州市清怡小学学生。

左起：苏双华（杜述文之妻）、杜卫利（杜述文之子）、杜述文（摄于1992年5月20日）

左起：杜卫利、李娟（杜卫利之妻）、杜乐轩（杜卫利之子）（摄于2016年夏）

杜述尧和他的家人

20世纪60年代初，高杜大队成立建筑队，会瓦工手艺的杜述尧被聘为五级瓦工。村里无论谁家盖屋垒墙，他总是跑在前边。他善于动脑，不墨守成规，曾率先在村里使用和推广水泥构件来替代紧缺的木材，解决了盖屋人家的燃眉之急。儿子杜建生中学毕业后回乡参加生产劳动，1975年被推选为生产队队长，1976年加入中国共产党。1977年，国家恢复高考，杜建生考入利津师范。毕业后，杜建生任蒲城乡联中教务主任、代理校长，后又任市中建筑公司施工队队长、兽药厂厂长、大观园副经理。儿媳侯会平是退休教师。

前排左起：崔玉芹（杜述尧之妻）、杜述尧。后排左起：杜文静（杜建生之女）、侯会平（杜建生之妻）、杜建生（杜述尧之子）（摄于1988年夏）

帮集体、助庄乡的一家人

　　2004 年 5 月，杜述舜的大孙子结婚那天，拍下这一张全家福。村里人一见到这幅照片，就会想起杜述舜这一家人热心帮集体、助庄乡的事儿。20 世纪 60 年代，在滨县物资局工作的杜述舜急集体所需，解集体所难，为村里淘换来了紧缺的电缆、电机和磨面机，建起了杜家村的第一个磨坊，并给各家安上了电灯，为村里建起了挂面坊等。他的老伴也是一个热心肠，和丈夫一起帮这家买砖瓦，帮那家弄木材、钢材。村里一旦有盖屋上梁或红白大事，他们的儿子、儿媳和大孙子，也都给人家跑前忙后。这一家人，为集体而忙，为庄乡而忙，并乐在其中。

　　前排左起：常一凡（杜秀荣之女）、王炎鑫（杜秀霞之子）、杜冠涛（杜东卫之子）。二排左起：孙红岩（杜东升妻）、孙玉兰（杜述舜之妻）、杜述慧（杜述舜大姐）、杜述舜、杜东生（杜述舜长子）。三排左起：仲世奎（尹秀芳之夫）、尹秀芳（杜述慧之女）、杜海涛（杜东生之子）、冯娟娟（杜海涛之妻）、杜秀青（杜述舜长女）。四排左起：侯海燕（杜东卫之妻）、杜秀娟（杜述舜次女）、杜秀霞（杜述舜四女）、杜秀荣（杜述舜三女）、王毅（杜秀清之夫）。五排左起：杜东卫（杜述舜次子）、王学军（杜秀娟之夫）、王建波（杜秀霞之夫）、常双国（杜秀荣之夫）、王欢（杜秀青之子）、王克勤（杜秀娟之子）

杜述舜长子杜东生一家

杜东生，原北镇棉纺厂职工，高杜大队队办企业职工，高杜居委会杜姓家族红白理事会理事。妻子孙红岩，高杜居委会财务会计师。儿子杜海涛，滨城区市中办事处行政执法大队职工，儿媳经营个体服装店。

前排左起：孙红岩（杜东生之妻，怀抱杜海涛之女杜睿梓）、杜东生。后排左起：冯娟娟（杜海涛之妻）、杜睿琦（杜海涛之子）、杜海涛（杜东生之子）（摄于 2016 年 10 月）

杜述舜次子杜东卫一家

杜东卫，原滨城区物资局职工，离职后系个体司机。妻子李小贞，滨州市东城驾校老师。儿子杜冠涛，毕业于山东公路技师学院，现为滨州市市政工程处职工。

左起：李小贞（杜东卫之妻）、杜冠涛（杜东卫之子）、杜东卫（摄于 2015 年夏）

四世满堂福

　　庄稼把式杜宪堂，一生持家勤俭。在他年轻时，每逢农闲便赶大集卖锅饼补贴家用。他自己不识字，却很重视儿子们学知识学文化。他省吃俭用，勒紧裤腰带过日子，供孩子上学。20世纪50年代，他的两个儿子都成了高小生，有了用武之地。长子在20世纪50年代末就成为杜家生产队副队长，后任高杜饭店副经理。次子是淄博黑山矿务局龙泉煤矿工人，是矿上多年的先进工作者。小儿媳曾任高杜小学教师数年。这张照片摄于20世纪90年代初，是在杜宪堂喜得重孙时拍下的。

　　前排左起：吕晓梅（杜红军之妻，怀抱女儿杜倩楠）、于诗葵（杜立军之妻，怀抱女儿杜喆）。二排左起：李桂兰（杜述同之妻）、杜述同（杜宪堂次子）、杜宪堂、杜述安（杜宪堂长子）。后排左起：崔莲花（杜述同义女）、杜立军（杜述同长子）、杜立波（杜述同次子）（摄于1993年7月）

杜述安之子杜洪军一家

　　杜洪军，中学毕业后就业于滨州毛纺厂，车间技术骨干。其女儿是滨州九阳家电有限公司业务员，女婿是该公司的业务经理。

　　左起：杜倩楠（杜洪军之女）、吕晓梅（杜洪军之妻，怀抱杜倩楠之子宋承锐）、杜洪军、宋忠龙（杜倩楠之夫）（摄于2016年初夏）

杜述同长子杜立军一家

　　杜立军，滨州化工集团职工。妻子于诗葵，滨州市经济开发区建工材料实验责任有限公司职工。女儿杜喆就读于山东财经大学。

　　左起：于诗葵（杜立军之妻）、杜喆（杜立军之女）、杜立军（摄于2010年8月）

杜述同次子杜立波一家

　　杜立波，原滨州造纸厂职工，现就职于滨州毛纺厂。妻子杨丽美，在滨州华联超市经营个体服装生意。儿子杜豪是在校大学生。

左起：杜豪（杜立波之子）、杨丽美（杜立波之妻）、
杜立波（摄于2014年夏）

长兄拉扯起的人家

2006 年冬，杜胜利乔迁新居，他的弟弟妹妹前来庆贺，并拍下了这张全家照。杜胜利是家中的老大，父母过早去世，他毅然地扛起这个家，辍学到建筑工地推沙子、搬砖、运瓦，干壮工，同时抚养两个弟弟和一个妹妹。1970 年，杜胜利被招入滨州一棉当了工人。数年后，妹妹出嫁，弟弟成家，都有了各自的职业。一家人安居乐业，衣食无忧。

前排左起：杜娟（杜胜利之女）、杜雨薇（杜利昌之女）、杜山（杜利华之子）、胡浩（杜凤华之子）。二排左起：张花萍（杜利华之妻）、于清美（杜胜利之妻）、杜凤华（杜胜利妹妹）。三排左起：朱花珍（杜利昌之妻）、杜利华（杜胜利大弟）、杜利昌（杜胜利小弟）、杜胜利、胡小华（杜凤华之夫）

为家乡增光添彩的人家

20世纪60年代，杜宪民中学毕业。刚成立的北镇建筑社招工，杜宪民被分配到施工队，成为一名会计兼预算员，现已退休。原市体委最早的篮球场及看台、第一幢运动员宿舍楼、酒厂的发酵及蒸馏车间工程，都凝聚着他的心血。他的大儿子杜国强是滨州市公路局高速公路南收费站站长。2012年2月12日，杜国强去青岛探亲时，跳入冰冷的水中救起落水儿童，受到了青岛市领导和群众的表扬，并被评为滨州市第四届见义勇为道德模范。他的小儿子在滨州市规划局工作，是一名穿制服的城市规划者。父子三人都为家乡增添了光彩。

前排左起：宋文其（曲云霞之子）、曲鹏涵（曲在庆之子）。二排左起：杜宪民、曲玉莲（杜宪民之妻）。三排左起：杜文锦（杜国强之女）、宋俊（杜国强之妻）、杜国强（杜宪民长子）、杜国勇（杜宪民次子）、李玉红（杜国勇之妻）。后排左起：李燕歌（曲在庆之妻）、曲在庆（曲玉莲之子）、宋浩利（曲云霞之夫）、曲云霞（曲玉莲之女）、杜文科（杜国勇之子）（摄于2013年春节）

两姓人家

　　2015年农历正月初二，董锡三一家人拍下了这一全家照。董锡三与杜宪彬的独生女杜述英结婚后，定居杜家。20世纪60年代生活困难时期，杜述英的父母体弱多病，董锡三为方便照顾老人，毅然辞掉北镇被服厂的"铁饭碗"，回村务农。他曾任第三生产队副队长、大队运输队队长等职。为抚慰老人，夫妇俩商议将其长女和长子随母姓杜，次子、次女以下皆随父姓，于是便有了这户两姓之家。长子杜玉生，是滨州市银诚物业公司员工，其妻是滨州市环卫处职工。次子董玉民与其妻从事个体运输业。三子董玉忠与其妻从事出租车业务。四子与其妻都就职于滨城区油区办。两个女儿都有自己的家庭和事业。如今，董锡三和杜述英已逾80岁高龄，子孙绕膝，夕阳正红。

　　前排左起：杜玉花（董锡三长女）、杜述英（董锡三之妻）、杜美瞳（杜大龙之女）、董锡三、董玉燕（董锡三次女）、于浩男（董玉燕之子）。中排左起：宋静涵（杜玉花之女，怀抱其子徐卓锡）、宋今立（杜玉花之夫）、张炳英（董玉民之妻）、董玉民（董锡三次子）、杜顺青（杜玉生之妻）、杜玉生（董锡三长子）、董玉忠（董锡三三子）、张继霞（董玉忠之妻）。后排左起：董玉波（董锡三四子）、徐斐（宋静涵之夫）、刘文红（董玉波之妻）、董怡璇（董玉波之女）、董世龙（董玉忠之子）、董福龙（董玉民之子）、王小宇（董福龙之妻，怀抱之子董子硕）、杜大龙（杜玉生之子）

闲不住的一家

　　1967年夏，杜述明完小毕业后，就在大队翻砂厂工作。夏季白天时间长，在翻砂厂下班后，他还要到生产队的地里锄上一个多小时的地，挣上份工分。因此，他是村里挣工分最多的人之一。妻子在麻刀厂干活，下班后，再到保管员那儿领上几十斤生料，带回家加工。晚上，他家仍灯火通明，劳作有声。他们的儿子在三九药业集团任业务员，总是超额完成任务。女儿做生意，更是不得闲。辛勤，成了杜述明家的家风。

　　前排左起：董婷婷（杜秋芬之女）、胡峰峰（杜述芳之子）。中排左起：杜红娟（杜述明之女）、杜秋芬（杜述明小妹）、刘学冷（杜述明之妻）、杜述芳（杜述明大妹）、杜红新（杜述明之子）。后排左起：胡凤岭（杜述芳之夫）、董少波（杜秋芬之夫）、杜述明（摄于1986年春节）

王姓人家

WANG XING RENJIA

　　明末清初年间，五口之家，一辆嘶哑的独轮车，一副颤悠的挑篓，由灾荒中行来，被碧水绿野和高家村人的好客恋住了脚步。于是，茅棚亮起了灯火，春田播下了种子。纺车摇星稀，织机送月淡，锅勺盆响，香火传衍，出现了"火药王家""骡马王家""五谷王家"……眼前，王姓人家正种植着日子，描绘着现代生活的风景……

实诚人家

　　王秀春，是村里公认的诚实本分之人。早年间，他家有一片梨树园，每到收获季节，王秀春就先摘下甜透的梨儿，挨家挨户地给邻居送上门，让庄乡品尝。人民公社时期，王秀春在生产大队养猪场当猪倌儿，把一头头猪侍弄得滚瓜溜圆。年纪稍大了点，他又被驻滨州石油管道局聘去看守材料总库，领导和职工都称他是"铁门卫""红管家"。他的一儿两女都在纺织企业当工人。他的孙子大学毕业后，也参加了工作。他们一家人个个都是企业里实实在在的好职工。

前排左起：王金香（王秀春长女）、王秀春、林平（王建村之妻）。后排左起：朱金光（王金香之夫）、王龙（王建村之子）、王建村（王秀春之子）、王翠香（王秀春次女）（摄于 2016 年 5 月）

"数学大王"和他的家人

　　王秀臣，1959 年 7 月考入山东师范大学数学系，是高杜第一个本科大学生。毕业后，他被分配到滨县一中任数学教师，曾在滨县教育局举办的历届数学教师培训班授课。他授课班级的学生，数学成绩特别突出，那些考入清华、北大的学生，无不浸润着他的心血。由于数学教学成绩显著，王秀臣曾被滨县教育界誉为"数学大王"。他的妻子毕业于惠民师范学校，从事教育事业，直到退休。儿子是《高杜人说高杜事》第一部书的主要撰稿人之一，女儿是滨城区供销社职工。

左起：王雷（王秀臣之子）、王秀臣、李凤芹（王秀臣之妻）、王萍（王秀臣女儿）（摄于 2005 年秋）

"火药王" 之家

　　早年的高家村，有"药高家"之称。从事火药与鞭炮制作的人家，几乎占了全村的一半。其中，持续时间最长的是王文彬家。一到冬季，他家就开始制作鞭炮，以备春节销售。他制作的火药是严格按照配方加工的，质量上乘，远近闻名。附近村庄的制鞭户，大都慕名而来采购火药。一年下来，王文彬收入颇丰。1957年春，他家盖起了高杜第一座红瓦房四合院。1962年春，王文彬去世，其妻王黑氏和三个儿子将制作火药的工艺传承了下来，成了高家村的火药世家。

　　前排左起：王树民（王秀亭之子）、王小民（王秀堂次子）。二排左起：王淑萍（王秀亭三女）、魏绪娥（王秀亭之妻）、王黑氏（王文彬之妻）、陈玉兰（王秀俊之妻，怀抱其子王建民）、王大民（王秀堂长子）。后排左起：王淑兰（王秀堂次女）、王淑青（王秀亭长女）（摄于1960年冬）

王文彬长子王秀亭一家

　　淮海战役时，王秀亭曾参加支前担架队，冒着隆隆的炮声和纷飞的子弹，送弹药、救伤员、补给养，直到此次战役胜利。合作化后，王秀亭任第一生产队会计、生产大队会计。他育有三女一男，大女儿是滨城区第五小学退休教师，二女儿是北纺退休职工，小女儿是乡镇企业退休职工，儿子从事建筑业。

　　前排左起：杜丛（王淑兰次女）、杜进（王树兰儿子）、王蕾（王树民女儿）、高飞（王淑萍儿子）、杜瑞（王树兰长女）。中排左起：谢凤芹（王树民之妻）、魏绪娥（王秀亭之妻）、王秀亭、仲希娟（王淑青女儿）、仲希亮（王淑青之子）。后排左起：王淑萍（王秀亭三女）、王淑青（王秀亭长女）、王淑兰（王秀亭次女）、王树民（王秀亭之子）（1982年冬摄于王秀亭家中）

王文彬次子王秀堂的后人们

　　王秀堂，自幼跟父亲学制火药、鞭炮手艺，少年时去崔傅刘村外祖父家，随外祖父母一起生活。1969年，外祖父母去世后，他带领家人迁回高杜，先后在大队电气焊维修门市部、大队建筑队工作，1998年病故。父母健在时的甜蜜和幸福，像一股甘甜的涓涓细流，滋润着四子一女的心田，他们亲情依依常相聚，共同守护着父母留下的精神家园。

　　前排左起：宋立芳（王国民之妻，抱王琪之女）、王小叶（王秀堂之女）、徐焕荣（王小民之妻）、王大民（王秀堂长子，怀抱王辉之子王浩轩）、王小民（王秀堂次子，怀抱王宜宜之女王佳芮）、吕平然（王小叶之夫）、王新光（王秀堂三子）、王国民（王秀堂四子）。后排左起：吕晓玥（王小叶之女）、王玉凤（王义之妻）、程雪梅（王辉之妻）、王琪（王新光之女）、王琛（王国民之子）、王辉（王大民之子）、王宜宜（王小民之子）、盖珂（吕晓玥之夫）、刘兴园（王琪之夫）（摄于2016年3月）

王秀堂长子王大民一家

王大民，曾任第一生产队副队长、市中福利食品厂厂长、高杜水泥预制厂副厂长等职，现为高杜居委会工作人员。儿子王辉，毕业于中国农业大学计算机专业，现在联想集团（滨州）售后服务中心工作；儿媳程雪梅，毕业于中国农业大学，现在滨州银座商城财务部门工作。

前排：王大民（怀抱王辉之子王浩轩）。
后排左起：程雪梅（王辉之妻）、王辉（王大民之子）（摄于2016年4月）

王秀堂次子王小民一家

王小民，曾在高杜建筑队和高杜翻砂厂工作。妻子徐焕荣，曾是高杜翻砂厂工人。儿子王宜宜，原滨州造纸厂职工，现为福龙复合纤维滨州有限公司职工。儿媳是滨州亚光集团工人。

前排：王佳芮（王宜宜之女）。中排左起：徐焕荣（王小民之妻）、王小民。后排左起：王玉凤（王宜宜之妻）、王宜宜（王小民之子）（摄于2016年4月）

王秀堂三子王新光一家

王新光，中学毕业后回村，曾先后在高杜水泥预制厂和自行车修理门市部工作，后进滨州食品厂工作至今。女儿王琪毕业于滨州职业学院，现在滨州利世骨伤医院工作；女婿刘兴园在滨州市人民医院工作。

前：王新光（怀抱王琪之女刘宸妤）。后左起：王琪（王新光之女）、刘兴园（王琪之夫）（摄于2016年4月）

王秀堂四子王国民一家

王国民与其妻原均是滨州绿洲食品有限公司职工，现夫妻二人在高杜市场经营个体餐饮店。儿子从滨州交通技校毕业后入伍，守护着首都北京的安宁；退伍后，就职于滨城区法院，是一名法警。

前排左起：宋立芳（王国民之妻）、王国民。后排：王琛（王国民之子）（摄于2016年4月）

王文彬三子王秀俊与其长子一家

王秀俊，一直在生产队从事农副业生产。他学过火药鞭炮制作，干过建筑，做过食品，赶过小驴车，是生产队的多面手。长子王建民，中学毕业后先后在大队翻砂厂、蒲园酒家工作，现在是高杜居委会基建办工作人员。王建民的妻子曾是高杜青纺饭店职工。王建民的女儿王芳是滨阳化工厂职工，她的儿子王涛和儿媳都是魏棉纺织集团职工。

前排左起：李凤美（王建民之妻）、王秀俊（王文彬三子）、王建民（王秀俊长子）。后排左起：王芳（王建民之女）、王涛（王建民之子）（摄于2005年11月）

前排左起：李凤美（王建民之妻）、王建民（怀抱王涛之女王雅薇）。后排左起：陈夏宁（王涛之妻）、王涛（王建民之子）（摄于2013年春）

王秀俊与其次子、三子在一起

　　王忠民，王秀俊次子，原滨州海得曲轴有限公司职工，妻子是原经编厂职工。王忠民的儿子是中国人民解放军西安通讯学院的在校生。王永民，王秀俊三子，原滨州造纸厂职工，现从事个体客运工作；其妻是滨州银座商城售货员，女儿是在校大学生。

　　前排左起：王永民（王秀俊三子）、王秀俊、王忠民（王秀俊次子）。后排左起：王茹雪（王永民之女）、时延霞（王永民之妻）、王会青（王忠民之妻）、王志成（王忠民之子）（摄于2016年9月）

王文美长子王会利一家

　　王会利，其父母早逝，作为家中长子，男儿当自强。他带着家人，开起了高杜第一个煤炭销售点。前几年，王会利又瞄准商机，在高杜建材城经营起建材雕花业务，两个女儿是这项业务的策划者和设计者。一家人共同经营建材业务。

前排左起：冯一帆（王芬之女）、范焕芝（王会利之妻）、王会利。后排左起：王芬（王会利次女）、王鹏（王会利长女）、郭占海（王鹏之夫）、王洁雨（王鹏之女）（摄于2016年6月）

王文美次子王立光一家

王立光，滨州毛纺厂职工，妻子李爱芳和他是同厂职工。儿子王瑞是滨州一汽销售公司职工。

左起：李爱芳（王立光之妻）、王瑞（王立光之子）、
王立光（摄于 2006 年夏）

一代老兵和他的后人们

　　1988 年 4 月，王文彦夫妇和子女及孙辈在新盖的房子前拍下了这张照片。王文彦，1948 年 11 月参加中国人民解放军，参加过渡江、上海等战役，荣立过三等功。朝鲜战争爆发后，他随军入朝作战。经历了血与火、生与死的洗礼。回国后，王文彦赴新疆戍边，又把高杜人的赤诚写在了大漠上。1955 年退伍回乡，历任第一生产队副队长、队长、大队养猪场场长和大队五金门市部负责人。他的六个子女中，大多是工人，有的经商。

　　前排左起：康翠坽（王秀青次女）、康翠芳（王秀青长女）、于明（王秀景之子）。二排左起：周爱贞（王文彦之妻）、王文彦。后排左起：王新臣（王文彦四子）、王建臣（王文彦次子）、王秀青（王文彦长女）、王秀景（王文彦次女）、王红臣（王文彦三子）

第一任稻田队队长一家

　　此照是 2016 年 4 月在王文汉家中拍下的。1957 年春，高杜开历史先河，开始垦荒种稻。首任稻田队队长的重担，压在了时任团支部书记王文汉的肩上。他带领队员查资料，拜老师，排灌、施肥，天天泡在稻田里。春日里，一畦畦绿油油的秧苗覆盖了白刷刷的盐碱地；秋日里，一眼望去，稻浪翻滚，遍地金黄，"江南稻乡"落户黄河北岸。高杜人吃上了自产的银米。后来，王文汉又任生产队副队长、公社企业负责人。他的四个子女都是工人。儿子王会臣擅长书法，是滨州书法协会会员，曾多次获奖。《高杜人说高杜事》的书名，便是字出王会臣之手。他的一笔一画苍劲而飘逸，墨迹中渗透着稻花的清香。

前排左起：杜秀云（王文汉之妻）、王文汉。后排左起：庄洁（王文汉外甥女）、王红霞（王文汉三女）、王立菊（王文汉次女）、王会臣（王文汉之子）

王文礼一家人

　　1963年春节，王文礼的四弟从齐齐哈尔带领妻儿回家探望老母亲，并拍下了这张照片。王文礼兄弟四人，他是老大。在他18岁时，父亲病故，他和母亲撑起了这个家。王文礼曾是高杜有名的车把式，他赶着马车，进京津，跑泉城，赴周村，闯潍坊，还曾远征数千里，把车辙刻在了青海高原。二弟王文章曾是村里集体经济的带头人，任过大队党支部书记、大队长。三弟王文贤是名老会计，任过大队党支部副书记、书记。四弟王文俊1948年参军，扛过枪，渡过江，在朝鲜战场立功入了党。1958年以前，这一大家人同住一个院，同吃一锅饭，折射着当时高杜农家的和美景象。

　　前排左起：王秀国（王文章四子）、王秀花（王文俊长女）、王秀利（王文贤次子）、王秀菊（王文贤三女）、王利军（王文俊长子）、王秀刚（王文贤长子）、王连刚（王文章次子）、王秀民（王文章三子）。中排左起：王秀銮（王文贤次女）、高学英（王文贤之妻）、谢恩芹（王文章之妻，怀抱其五子王立国）、常玉娥（王文礼之妻，怀抱其子王秀明）、孟广兰（王文礼之母）、王文礼（孟广兰长子）、王文章（孟广兰次子）、王文贤（孟广兰三子）。后排左起：王秀英（王文章次女）、王秀芳（王文章长女）、赵元凤（王秀华之妻）、张月英（王文俊之妻，怀抱其次子王连军）、王文俊（孟广兰四子）、王秀华（王文章长子）、王秀芬（王文贤长女）

王文礼之子王秀明

　　王秀明，1985 年加入中国共产党，1986 年任高杜居委会党支部委员，1989 年任高杜居委会副主任，1999 年至 2001 年任高杜居委会主任。其间，他曾参与组织筹建高杜青纺宾馆、旧村改造等多项重大工程和重要工作，多次被市中办事处评为优秀共产党员。2007 年，他被聘为高杜置业有限公司总经理。2005 年起，他连任滨城区第七、第八、第九届政协委员。他非常珍惜各界的信任和重托，心系民生，代言民声，对政府工作和社会问题建言献策。他的《关于烈士陵园骨灰堂迁址的建议》《关于贯通渤海四路的建议》《关于秦台干沟及时清理淤泥的建议》《关于进一步规范市区信号灯及道路地面标示的建议》等提案，均被市、区两级政府采纳，并逐一得到实施。

左起：李向敏（王秀明之妻）、王秀明（摄于 2016 年 6 月）

集体经济的带头人一家

　　1995年国庆节，王文章的二孙子王波结婚，全家人在王文章的老宅院中留下了这张照片。王文章是新中国成立前入党的老党员，新中国成立后，他历任互助组组长、初级社社长、高级社党支部书记、高杜大队副业大队长、建筑队队长，带领乡亲发展工副业生产，被社员们誉为"集体经济的带头人"；后被调至公社建筑社、毛线厂、玻璃制瓶厂、公社企业办等单位任领导职务。其长子王秀华，先后任生产小队会计、大队会计，党支部委员；三子王秀民，先后在北纺、二棉上班；四子王秀国，当过海军，退伍后回村任党支部委员；五子王立国，曾任蒲园酒家经理，是高杜坊间在数的大厨；长孙王爱民，在滨州医学院附院任职。一家人在各自岗位上正努力奋斗着。

　　前排左起：贾超（王小青之子）、王乐乐（王立国之女）、王镇（王秀国之子）。二排左起：王秀芳（王文章长女）、赵元凤（王秀华之妻，怀抱王爱民之子王帅）、谢恩芹（王文章之妻）、王秀华（王文章长子）、王秀英（王文章次女）。三排左起：王新兰（王立国之妻）、刘学萍（王秀国之妻）、高真（王秀民之妻）、杜青华（王波之妻）、王波（王秀华次子）、王秀民（王文章三子）、王秀国（王文章四子）、王立国（王文章五子）。后排左起：王爱民（王秀华长子）、王青青（王秀华三女儿）、薛江霞（王爱民之妻）、王会青（王秀华次女）、王小青（王秀华长女）、王建（王秀民之女）、李继江（王会青之夫）、贾振福（王小青之夫）、李新良（王青之夫）

王文章长子王秀华一家

　　王秀华，自完小毕业后在家务农，被推选为第一生产队会计，后任大队会计、党支部委员，直到退休。妻子是原队办企业退休职工。长子是滨州医学院附院职工。次子曾为原滨州第一棉纺厂职工，现在滨州一家物业公司就职。三个女儿均是纺织行业的退休职工。

　　前排：王亚娣（王波之女）。二排左起：赵元凤（王秀华之妻）、王秀华。三排左起：杜青华（王波之妻）、薛江霞（王爱民之妻）、王小青（王秀华长女）、王青青（王秀华三女）、王会青（王秀华次女）。后排左起：王波（王秀华次子）、王帅（王爱民之子）、王爱民（王秀华长子）（摄于2009年春节）

王文章三子王秀民一家

王秀民，原滨州第一棉纺厂职工，于原滨州第二棉纺厂退休。妻子是高杜居委会工作人员。女儿是滨州一汽销售公司员工。

前排：康全睿（王建之女）。二排左起：高真（王秀民之妻）、王秀民。后排左起：康峰（王建之夫）、王建（王秀民之女）（摄于 2015 年 4 月）

王文章四子王秀国一家

王秀国，1976 年入伍，成为一名海军战士。退伍后回高杜，曾任高杜翻砂厂司机、运输队队长、党支部委员。后进高杜置业有限公司，负责基建工作。其妻，原滨州第一棉纺厂退休职工，现在高杜茶叶市场办起"艺汝茗茶"门市部。儿子王镇，滨城区执法局市中执法中队职工。

左起：刘学萍（王秀国之妻）、王镇（王秀国之子）、王秀国（摄于 2010 年冬）

王文章五子王立国一家

　　王立国，原高杜翻砂厂职工，现为高杜物业管理有限公司职工。妻子王新兰，魏棉纺织集团退休职工。女儿王乐乐，滨州市传媒集团职工。

前排：游一诺（王乐乐长女）。中排左起：王新兰（王立国之妻）、王立国。后排左起：王乐乐（王立国之女）、游文光（王乐乐之夫）（摄于 2010 年夏）

老会计一家

　　这张照片是 1988 年国庆节那天在王文贤家中所拍。王文贤，少年时上过私塾，后在北镇街商行、店铺做学徒，当店员，这使他与数字和算盘结下了不解之缘。新中国成立后，从互助组、初级社、高级社到生产大队，他都是主管会计，被社员们誉为"铁算盘"。1964 年年底起，他先后担任高杜大队党支部书记、生产队大队长。从大队长这一职位退下来后，他又在高杜青纺宾馆任会计。他的"数字"特长传给了子孙。在滨南采油厂任车队队长的长子王秀刚与出勤率、车辆完好率结缘；次子王秀利，接过他手中的算盘，当过大队维修部、散热器厂、金属制造厂会计。大儿媳是滨化集团的统计师，总管集团的所有数字，被戏称为"杜总统"。两个孙女都在上学，学的也是财会专业。这一家可谓"三代会计人"。

　　前排左起：齐红卫（王秀芬之子）、王宁（王秀利之子）、高学英（王文贤之妻）、王文贤、李鹏（王秀菊之子）。二排左起：王颖（王秀刚长女）、齐红敏（王秀芬之女）、王静（王秀刚次女）、张娟（王秀銮之女）。三排左起：王秀芬（王文贤长女）、杜秀荣（王秀刚之妻）、王秀銮（王文贤次女）、王秀菊（王文贤三女）、耿建梅（王秀利之妻）。后排左起：齐登高（王秀芬之夫）、王秀刚（王文贤长子）、张树杰（王秀銮之夫）、李顺昌（王秀菊之夫）、王秀利（王文贤次子）

王文贤长子王秀刚一家

　　王秀刚是胜利油田的第一批学徒工，也是高杜大队第一批进入胜利油田的石油工人。在油田工作的40多年中，王秀刚先后转战几个油田，由工人提拔为管理干部。他在井架林立的荒原上，度过了人生最精彩的年华。退休后，他回家乡参与了《高杜人说高杜事》的编写工作。妻子从滨化集团统计师岗位退休。王秀刚夫妇两个女儿，大女儿供职于中海沥青股份有限公司；小女儿继承父业，成为王家的第二代石油职工。

前排左起：徐佳蕾（王颖之女）、杜秀荣（王秀刚之妻）、王秀刚、王瑞晴（王静之女）。后排左起：王颖（王秀刚长女）、徐新举（王颖之夫）、王明月（王静之夫）、王静（王秀刚次女）（摄于2016年国庆节）

王文贤次子王秀利一家

　　王秀利，曾先后任队办企业维修门市部会计、散热器厂会计、副厂长，后自主创办铝合金门窗厂。妻子耿建梅，原滨州第一棉纺厂职工，后被调入滨城区供销社工作，直至退休。儿子王宁，从海军某部退伍，被招入胜利油田工作；儿媳是滨城区实验小学教师。

左起：耿瑞瑞（王宁之妻）、耿建梅（王秀利之妻）、王浩宇（王宁之子）、王秀利、王宁（王秀利之子）（摄于2016年5月）

王文贤次女王秀銮一家

　　王秀銮，早年就职于北镇公社制棉厂，后回高杜青纺宾馆工作。丈夫张树杰，滨州魏棉纺织集团退休职工。女儿张娟是滨州百货大楼售货员。

前排左起：王秀銮、张树杰（王秀銮之夫，怀抱张娟之女高毅宸）。后排左起：张娟（王秀銮之女）、高毅然（张娟之子）、高慧彬（张娟之夫）（摄于2016年8月）

他乡高杜人家

　　1948年12月，在解放战争的隆隆炮声中，王文俊从家乡高杜参加了中国人民解放军，亲历过多次战役。1950年12月，他赴朝作战，荣立三等功。回国后，被选拔进入军校学习，毕业后被分配到解放军某部任排长。1958年10月，他转业到黑龙江省地质局，历任队长、保卫科科长、工会主席等职，全家定居于齐齐哈尔市。其儿女及孙辈相继参加工作，长子和三子是黑龙江省地质局职工，次子是齐齐哈尔市公安局警官。1975年秋，王文俊给在老家的八旬老母亲寄来了这张全家合影照。这张照片中，透着边关高杜人的孝道神韵和故乡情怀。

前排左起：王晓岭（王文俊次女）、张月英（王文俊之妻）、王文俊、王秀琴（王文俊小女）。后排左起：王秀花（王文俊长女）、王利军（王文俊长子）、王连军（王文俊次子）、王胜军（王文俊三子）

叔伯兄弟一家亲

　　王文成、王文伦、王文山三兄弟与王文昆、王文峰两兄弟，是叔伯兄弟。小时候，他们同住一个院，同吃一锅饭。1953年，王文成的母亲病故，他的小妹只有9岁，婶母王卜氏把她当成亲闺女，将她拉扯成人。婶母是小妹心目中的娘，也是兄弟姐妹们的娘。待他们长大成人后，婶母帮他们建立了各自的家庭，五兄弟都有了各自的工作。老大王文成在烟台物资系统工作。老二王文昆在村里当生产队队长。老三王文伦是志愿军战士，回乡后在原滨县商业局工作，是五兄弟中现在唯一健在的一个。老四王文山在淄博市公安局博山区分局当警官。老五王文峰是名瓦工。斗转星移几十年，一家人"婶母就是娘"的信奉和情缘始终没变。1972年春节，王文成携妻子和孩子们回家探望古稀之年的婶母娘，留下了这张充满浓郁亲情的全家福。

　　前排左起：杜金萍（王文英次女）、王永军（王文峰次子）、王红霞（王文伦三女）、王小霞（王文伦次女）、彭国营（王文玉次子）、王建（王文成长子）、彭永忠（王文玉长子）、王小花（王文昆三女）、张素香（张树杰四妹）、杜安庆（王文英长子）、王建新（王文伦次子）。二排左起：盛宝凤（王文峰之妻，怀抱女儿王会）、周丽华（王文山之妻，怀抱女儿王萌）、陈秀兰（王文伦之妻，怀抱四女儿王建萍）、赵翠兰（王文昆之妻，怀抱次子王卫东）、祝秀叶（王文成之妻，怀抱王文昆四女儿王立霞）、王卜氏（王文昆之母）、王文成（王卜氏长侄，怀抱次子王强）、王文昆（王卜氏长子，怀抱张树杰之弟张树民）、王文伦（王卜氏次侄，怀抱王文峰长子王大军）、王文山（王卜氏三侄子，怀抱其子王伟）。三排左起：杜丽萍（王文英长女，怀抱小妹杜爱萍）、王文荣（王卜氏三侄女）、王文玉（王卜氏次女）、王文英（王卜氏二侄女，怀抱次子杜建磊）、王文蓉（王卜氏长女）、高同英（王卜氏长侄女）、王秀杰（王文昆长子）、王文峰（王卜氏次子）。四排左起：王大红（王文昆次女）、王花（王文伦长女）、王迎红（王文成长女）、王秀蕙（王文昆长女）、魏素华（王文蓉之女）、王华（王文伦长子）、张树杰（王卜氏大外甥）、魏洪顺（王文蓉之子）

"老生产队队长"一家

　　此照片是 1997 年春节，一家人在王文昆家中留下的。王文昆是高杜第一生产队的首任队长，自高级社开始，他辛辛苦苦干了近 20 年。1977 年以后，王文昆相继在大队机加工厂、机械维修部、水泥预制厂任职。其长子是滨化集团的高级工程师，次子是滨州佳泰大酒店主管，四个女儿都有各自的职业。用心血和汗水打拼过来的"老生产队队长"，如今子孙绕膝，一家和美。

　　一排左起：杜春雷（王秀红之子）、赵志滨（王秀珍之子）、梁洪英（王立霞之子）、王亮（王秀杰之子）。二排左起：赵翠兰（王文昆之妻）、王文昆、侯玉芳（王伟东之妻，怀抱其子王硕）。三排左起：王立霞（王文昆四女）、王秀珍（王文昆三女）、王秀红（王文昆次女）、王秀蕙（王文昆长女）、王芳（王秀杰之妻）、及群群（王秀蕙之女）。四排左起：梁卫国（王立霞之夫）、杜国庆（王秀红之夫）、赵大军（王秀珍之夫）、王秀杰（王文昆长子）、及静祥（王秀蕙之夫）、王伟东（王文昆次子）

王文昆长子王秀杰一家

　　王秀杰，滨化集团职工。1976年，他被推荐进山东大学化工系学习。毕业后回厂，晋升为高级工程师，任滨化集团研究所主任、高级工程师，2014年退休。他的妻子、儿子、儿媳均在滨化集团工作，可谓"化工一家人"。

　　前左起：王芳（王秀杰之妻，怀抱王亮次女王瑜瑾）、王秀杰。后左起：于萍（王亮之妻）、王瑜若（王亮长女）、王亮（王秀杰之子）（摄于2016年8月）

王文昆次子王卫东一家

王卫东，原滨州造纸厂职工，曾任厂调度长、材料厂厂长，现任滨州佳泰大酒店主管。妻子侯玉芳，原滨州毛纺厂职工，现在高杜建材城经营装饰材料。儿子王硕，滨州医学院在读硕士研究生。

左起：王硕（王卫东之子）、王卫东、侯玉芳（王卫东之妻）（摄于2005年夏）

王文昆长女王秀蕙一家

王秀蕙，原高杜队办企业职工；丈夫及静祥，原滨城区第二运输公司职工；女儿及群群，滨州市百货大楼职工。

左起：王秀蕙、及群群（王秀蕙之女）、及静祥（王秀蕙之夫）（摄于1980年秋）

抗美援朝老战士王文伦一家

1951年春节刚过，王文伦告别新婚不久的妻子和年迈的双亲，扛起钢枪，跨过鸭绿江，去参加抗美援朝、保家卫国的战斗。1953年5月回国后，王文伦转业到原滨县商业局工作，1982年退休回乡。他的五个子女都已成家立业。其长子在原滨城区第二运输公司工作，次子在滨州市百货大楼上班，三个女儿都在滨州纺织系统当工人。今年已86岁高龄的王文伦，是高杜八位参加过抗美援朝的人之中唯一的健在者。

左起：陈秀兰（王文伦之妻）、王文伦（摄于2003年2月3日）

王文伦长子王华一家

王华，滨城区第二运输公司退休职工。妻子是原队办企业职工。女儿是大润发超市营业员。

左起：王娜娜（王华之女）、刘会珍（王华之妻）、李宗裕（王娜娜之子）、王华（摄于2016年春节）

王文伦次子王建新一家

王建新与其妻刘爱红，均为滨州市百货大楼退休职工。

左起：王建新（怀抱外甥女王笑鸽）、刘爱红（王建新之妻，怀抱外孙王笑语）（摄于2016年10月）

扎根博山的高杜人家

1982年春，王文山接其婶母到其博山的家中居住，并留下了这张照片。王文山，1958年到洪山煤矿工作，1959年参加中国人民解放军。六年后，他复员到淄博市公安局工作，婚后定居博山。妻子周玉华，从博山商店售货员的岗位退休。儿子是博山一家银行的职员，女儿是博山一企业的员工。博山有了户高杜人家。

前排左起：王伟（王文山之子）、王卜氏（王文山婶母）、王萌（王文山之女）。
后排左起：周玉华（王文山之妻）、王文山

王文峰一家

　　1989年春节，王文峰夫妇和母亲及哥嫂，在家中拍下了这张洋溢着兄弟嫡亲共孝母亲的合影。王文峰，曾在生产队从事农副业生产，也拉过地排车跑运输，在冬季农闲时制作鞭炮。后进入原北镇公社建筑社，成了六级瓦工，一直干到退休。他的妻子在村中干农活，育有二子一女。子女们都曾是棉纺行业职工，现在都在从事个体经营。

前排左起：王卜氏（王文峰之母，怀抱王文峰之孙王凯）、赵翠兰（王文昆之妻）。
后排左起：盛宝凤（王文峰之妻）、王文峰、王文昆（王文峰之兄）

王文峰长子王建军一家

王建军，原滨州第二棉纺厂工人，现经营个体餐饮业。妻子是原滨州第一棉纺厂工人，现和丈夫一起经营个体餐饮生意。儿子王淑凯是一家公司的专职司机，儿媳杨洋是个体商户。

前排左起：赵元珍（王建军之妻，怀抱王淑凯之女王韵溪）、王建军。后排左起：杨洋（王淑凯之妻）、王淑凯（王建军之子）（摄于2016年10月）

王文峰次子王永军一家和母亲

王永军，原为滨州市第二棉纺厂职工，后回村从事建筑业，为家乡的开发贡献力量。妻子是滨州银座商城职工。长子于2016年9月入伍。

前排左起：王宁轩（王永军次子）、盛宝凤（王永军之母）、王淑鹏（王永军长子）。后排左起：丘秀杰（王永军之妻）、王永军（摄于2016年8月）

王文荣一家

　　王文荣年轻时，村里的稻田里、打谷场上，毛刷厂车间内都有她的身影。后来她到了原滨县轻工机械厂工作，丈夫是该厂的管理人员。两人退休后回高杜定居，并积极参加高杜居委会组织的各项活动。2011 年 5 月，夫妇俩随高杜门球队远赴张家界，参加第六届（天门杯）全国老年门球大赛，取得第三名的好成绩。他们有一双儿女，女儿是中海沥青股份有限公司职工，儿子就职于烟台一家房地产开发公司，儿媳是烟台商业系统职工，孙女是一名中学生。

前左起：王文荣、董德华（王文荣之夫）。后左起：董建（王文荣之子）、邱国杰（董建之妻）、董煜晓（董建之女）、董瑞萍（王文荣之女）、董化鲲（董瑞萍之夫）、董浩宇（董瑞萍之子）（摄于 2001 年春节）

感恩的牟姓一家人

　　牟顺明，原籍沾化，1960年冬，不到10岁的他父母双亡，成了孤儿。驻村干部张建华入户走访时，发现了躺在炕上奄奄一息的牟顺明。于是，张建华主动担起了照顾、抚养他的重任。后来，张建华被调往外地工作，便把牟顺明安排进了沾化县救济院。从此牟顺明和他的救命恩人失去了联系。1966年年底，17岁的牟顺明参加了工作。1970年年底，他和高杜的王锁结了婚，从此落户高杜。成家立业的牟顺明时刻都在思念救命恩人，他苦苦寻找了10多年。1980年，牟顺明终于在垦利县董集乡找到了退休在家的恩人张建华。牟顺明携全家前往探望张建华，并正式确立了父子关系。牟顺明，滨州交运集团退休职工，其妻是原村办企业职工。儿子是原滨州造纸厂职工，现为滨城区交通局黄河张肖堂浮桥职工。儿媳是滨州市水利局南海水务公司职工。女儿是原滨州柴油机厂职工，现在滨州医学院附院医刊编辑部工作。长孙牟融冰，海军东海舰队某部战士。感恩，成了牟顺明一家人的闪亮名片。

前排左起：任志远（牟双双之子）、王锁（牟顺明之妻）、牟顺明、牟融冰（牟松之子）。后排左起：任鹏（牟双双之夫）、牟双双（牟顺明之女）、王小平（牟松之妻）、牟松（牟顺明之子）（摄于2009年春节）

牟顺明全家和恩人一家的合影

　　1980 年秋，牟顺明一家与其恩人张建华全家人，在张建华老先生的家乡东营市垦利县董集照相馆拍下了这张亲情照。镜头里满是情，满是爱。

　　前排左起：张子龙（张建华次子）、王玉珍（张建华之妻）、牟双双（牟顺明之女）、张建华、牟松（牟顺明之子）。后排左起：张子敏（张建华次女）、王锁（牟顺明之妻）、牟顺明、张子云（张建华长女）、张子凤（张建华三女）

王家出了对硕士夫妇

王秀强，20世纪70年代高中毕业，未能实现自己的大学梦，于是将圆梦寄托于其子。在夫妇俩的倾心培育下，2002年夏，儿子终于金榜题名，以优异的成绩考入沈阳航空航天大学，本科毕业后考入中国航空航天大学就读硕士研究生，获硕士学位，与同获硕士学位的同学孙睿毓结为伉俪，一起就职于沈阳一大型航空航天国企搞科研，成为高杜王姓第一家把知识写进蓝天里的硕士夫妇家庭。2011年9月5日，王秀强之子王常亮喜结良缘，全家人合影留念，留住这一喜庆时刻。

前排左起：李淑文（王秀强之妻）、王锁（王秀强二姐）、牟顺明（王锁之夫）、王秀强。
后排左起：牟松（王锁之子）、王常亮（王秀强之子）、孙睿毓（王常亮之妻）、王小平（牟松之妻）

多姓人家
DUO XING RENJIA

  高杜有一方温暖而芬芳的热土，有一个宽广而包容的胸怀，有一村敦厚又勤恳的人家，有暖的风，爱的河……因了这般魅力，慕名的，路遇沟沟坎坎的，家遭不测的，在缘分的牵引下相继而至于此地。自清中期梅姓辗转立户始，一户户他乡姓氏人家，先后跨越空间的阻隔，融入高杜这一大家庭的热情怀抱里，尽享阳光与甘露……

梅春华一家

　　传说，滨县某地的梅姓在清朝中期发展鼎盛，曾出过一名"千总"，其后人大都走上了经商之路。其中的一支，看中了离繁华街市北镇街距离较近，而又避开街市喧嚣的"人和福地""千鼎高"。于是，择"千鼎高"西头中间的一块空地，开基建房，广置田地，举家迁入。众兄弟亦农亦商，成为"千鼎高"的富户。相传至解放前夕，梅姓后人早因户口繁盛，经历过多次分家，他们或另择宝地居住，或因经商所需而迁往他地，"千鼎高"只剩了梅杏田一家。梅杏田和老伴育有一子四女，儿子梅春华与四女儿梅春英融入高杜大家庭，其他女儿外嫁别村。梅春华曾任生产队保管员，其妻杜以花曾被评为支前模范；女儿梅令兰曾任队办企业会计，与杨忠昌结为夫妇。梅春英与薛梅田结为夫妇，各立门户。

　　前排左起：梅令兰（梅春华之女）、杜以花（梅春华之妻）、梅刘氏（梅春华之母）、梅春华、刘梅氏（梅春华二妹）、梅春英（梅春华四妹）。后排左起：沙梅氏（梅春华三妹）、董梅氏（梅春华大姐）（摄于1959年冬）

梅令兰长子梅新民一家

梅新民是梅令兰与杨忠昌夫妇的长子，遵外祖父母之命随母姓，且继承祖产。梅新民家的原住房便是祖上传下来的典型鲁北农家小院，土道门、土坯房、土院墙，整洁、简朴，散发着黄河淤积泥土的芳香。之后梅新民参加工作，入职中国农业银行滨州市支行，全家搬进农行大院居住。梅新民之妻是原滨州一棉退休职工。女儿于烟台大学毕业，在滨州市一家企业任会计。

左起：董延芳（梅新民之妻）、梅杨（梅新民之女）、梅新民（摄于 1995 年春）

梅令兰次子杨立国一家

杨立国，梅令兰与杨忠昌的次子，1987 年在滨城区第二食品厂上班，他当过班长、车间负责人，后就职于市公交公司，任交通车驾驶员。他把车厢变成了城市流动的文明窗口，被滨州市交通运输局评为"安全生产工作先进个人""十佳文明公交车驾驶员"，曾代表全市 8000 多名交通运输人员在"创建省级文明城市"签字活动仪式上发言，给庄乡带来荣耀。

左起：尚哲珍（杨立国之妻）、杨洁（杨立国之女）、杨立国（摄于 2006 年夏）

高杜薛姓人家

左起：薛梅田、梅春英（薛梅田之妻）（摄于1990年2月）

薛梅田，原籍惠民县，是一名退伍军人。1963年和高杜梅春英姻缘相牵，结为伴侣，并安家高杜，被安排在大队"副业口"任会计。1972年10月，大队又帮助薛梅田，将其在原籍独身生活的大哥迁来高杜，并安排大哥在生产队当饲养员。岁月使薛梅田一家和他的大哥都成了地地道道的高杜人。他有两子两女，两个儿子做生意，两个女儿当纺织工人。如今，全家人都住上了新楼房，日子越过越有劲。

左起：薛军（薛梅田长子）、胡洪芳（薛军之妻）、薛文静（薛军之女）（摄于2016年7月）

"天塌"不弯腰的马凤英与家人

　　此照片是 1996 年 2 月马凤英 66 岁生日，子女们给她祝寿时照的全家福。马凤英幼年丧母，从小讨饭，中年丧夫，老年丧子，三大不幸都尝遍。当生产队队长的丈夫王同义正年富力强时，却不幸去世。马凤英领着八个儿女往前奔，用辛勤的劳动给四个儿子都盖起瓦房，儿女们都已成家立业。大伯哥王同仁终身未娶，马凤英像伺候自己的老人一样伺候大伯哥，活养死葬。大哥王同仁临终前留下遗愿，希望马凤英找到两岁时就被送人的二弟。她谨遵大哥的遗愿，让儿子四处寻找，辗转几个县市，终寻得失散60 多年的亲人，全家团圆。马凤英的四个儿子都是企业职工，四个女儿也都走上了工作岗位，刚强的马凤英带出了刚强的一家人。

　　前排：马凤英。中排左起：王青（王秀峰长女）、王萍（马凤英四女儿）、王新兰（马凤英三女儿）、王秀兰（马凤英长女）、王玉兰（马凤英次女）。后排左起：王忠（马凤英四子）、王秀国（马凤英三子）、王秀峰（马凤英次子）、王秀民（马凤英长子）

马凤英长子王秀民一家

　　王秀民，滨化集团退休职工。回村后，他把爱好垂钓的乡亲组织起来，传授"鱼上钩"的技巧，共享垂钓之乐。其长子是滨化集团员工，长媳是滨州医学院附属医院的医生。次子和次媳都是滨州第三棉纺厂职工。女儿经营一家超市。

　　前排左起：王子涵（王力之女）、王秀民、王一霖（王力之子）。后排左起：王力（王秀民次子）、高晓丽（王力之妻）、王红霞（王秀民之女）、王强（王秀民长子）、程秋云（王强之妻）、王子贤（王强之子）（摄于2016年夏）

马凤英次子王秀峰一家

王秀峰，曾任胜利油田滨南采油厂作业七队、采油八队的食堂管理员，被称为"红管家"。之后，王秀峰升任采油一矿服务公司指导员，后又被调入胜利油田华滨实业总公司任经营办公室主任，历经轰轰烈烈"夺油会战"的洗礼。王秀峰退休后回村，被推为红白理事会理事，谁家有事，他就拿起账本子、计算器，提着包直奔主家。其妻在滨州一棉退休，两个女儿均在胜利油田上班。

前排左起：宋秀贞（王秀峰之妻）、王秀峰。后排左起：王霞（王秀峰长女）、王青（王秀峰次女）（摄于2001年春）

马凤英四子王忠一家

王忠，原滨州造纸厂职工。妻子是原滨州三棉职工。企业转型后，夫妻俩携手走向市场，干起了自己的业务。他们的儿子在滨化滨阳化工有限公司工作。

左起：王忠、王帅（王忠之子）、李清华（王忠之妻）（摄于2016年夏）

杜家村的胡姓人家

　　1920 年秋，胡振标的父亲去世，舅父杜宪庸就把年少的胡振标和他母亲接来杜家。从此，他们和舅父同住在一个院子里。从此，娘俩便成了杜家村的一户人家。胡振标长大后，靠外出蹚 "轧车"、打短工、扛长活养家糊口。他荷锄下田，挥鞭赶畜，成了杜家村在数的庄稼把式。胡振标和妻子育有四个儿子，一个是瓦工，一个是电焊工，一个是环卫工，一个是保安。他的四个儿子先后成家，都盖起了前出厦大瓦房。1993 年，胡振标的长孙胡永强结婚，拍下了这张全家福。

　　前排左起：胡中华（胡振标三子）、胡建华（胡振标次子）、胡振标、胡兴华（胡振标长子）、胡俊华（胡振标四子）。二排左起：赵建华（胡中华之妻）、赵秀珍（胡建华之妻）、胡永峰（胡俊华之子）、郝麦青（胡永强之妻）、胡永强（胡兴华之子）。三排左起：胡东芳（胡中华次女）、胡东梅（胡中华长女）、胡永梅（胡建华之女）、张景荣（胡兴华之妻）、吴玉春（胡俊华之妻）。后排左起：胡永国（胡建华之子）、胡永芳（胡兴华长女）、胡永红（胡兴华次女）

胡振标长子胡兴华一家

　　胡兴华，六级瓦工，滨州市第二建筑安装公司退休职工。妻子张景荣是高杜居委会居民。子女都有自己的事业和家庭。

　　前排左起：张景荣（胡兴华之妻）、胡兴华（胡振标长子）。后排左起：胡永强（胡兴华之子）、胡慧文（胡永强之女）、郝麦青（胡永强之妻）（摄于2008年夏）

胡振标次子胡建华一家

　　1965年5月，胡建华加入工役制部队，赴云南边境修筑国防公路，1968年3月圆满完成任务，随这支特殊的部队集体退役，带着一身南疆风尘和斑痕返回家乡。回乡后的胡建华在高杜大队金属结构厂上班，现为高杜物业管理有限公司职工。妻子曾任第三生产队妇女副队长、高杜青纺宾馆职工，现为高杜物业管理有限公司员工。儿子是滨州化工集团职工，儿媳是滨州农商银行职工。女儿在高杜建材城从事个体经营。

前排左起：胡永美（胡建华之女）、孙睿瑄（胡永美之女）、胡建华、赵秀珍（胡建华之妻）。后排左起：张立全（胡永美之夫）、胡永国（胡建华之子）、胡文洋（胡永国之女）、王丽丽（胡永国之妻）（摄于2016年秋）

胡振标四子胡俊华一家

　　胡俊华是杜家胡姓人家的老幺，一直在生产队里摔打。他种过地，赶过小驴车，干过建筑。无论生产队安排他干啥活，他从不讲价钱。胡俊华的妻子是魏棉纺织集团的职工，她在上班之余，侍奉公公胡振标，把老人打扮得干干净净。村里人见了都说："你看胡振标越活越年轻了。"城中村改造后，胡俊华一家人搬进了单元楼，过上了盼望已久的"楼上楼下，电灯电话"的生活。1995年春节，其在武警部队当兵的儿子回家探亲，在家中拍下了这张照片。

左起：吴玉春（胡俊华之妻）、胡永峰（胡俊华之子）、胡俊华

开"小货郎"超市的一家人

　　孙建忠早年在胜利油田工作，后调地区冷藏厂工作。他的妻子是高杜居民。孙建忠鼓励并支持子女创业。2002年春，他的大女儿开起了只有几间门头房的"小货郎"超市。后来，"小货郎"的生意越来越红火，孙建忠次女及儿子也参与进来，姊妹仨抱团协作，"小货郎"由单门店发展到连锁经营。目前，连锁店已扩展到九家，分布于滨州市区，"小货郎"走进千家万户的市民生活。2016年6月，孙建忠一家人在一起拍下了这张全家福。

前排左起：闫廷荣（孙建忠之妻）、孙建忠、孙毅（孙强之子）。后排左起：孙立梅（孙建忠次女）、黄树祥（孙立梅之夫）、孙强（孙建忠之子）、李静（孙强之妻）、孙立萍（孙建忠长女）、王东（孙立萍之夫）

孙建华一家

　　孙建华，一直在高杜大队水泥预制厂、五金门市部等队办企业上班，曾任高杜大队团支部书记。妻子是原魏棉纺织厂退休职工。

左起：李建英（孙建华之妻）、孙续强（孙建华之子）、孙建华（摄于2016年夏）

有五代人的李姓人家

　　1994年秋，李振宝夫妇在自家老宅与五个女儿一起拍下了这张合影。李振宝，祖籍利津盐窝，自少随父走街串巷做生意。1942年秋，李振宝来北镇经商，结识了一些高杜朋友。解放前夕，他把父母、妹妹和妻子全都接到高杜。他们先是寄居在朋友家，后来在乡亲的帮助下，他们盖起了房子，有了自己的家。李振宝勤于农事，热心公益事业，曾是高杜业余演出队的编导兼舞台监督，农业生产骨干，后任高杜饭店经理，70岁时光荣加入中国共产党。他有五个女儿。其中，最小的女儿是滨州市检察院检察官。还有两个女儿生活在高杜，如今已有五代人。李振宝的老伴季淑兰已年过九旬，是高杜的高寿者之一。

前排左起：李淑兰（李振宝之妻）、李振宝。后排左起：李爱华（李振宝五女）、李大华（李振宝三女）、李维芬（李振宝次女）、李景芬（李振宝长女）、李小华（李振宝四女）

李振宝长女李景芬一家

　　李景芬，高杜居民，其丈夫是胜利油田的退休职工。长子原在滨州市造纸厂上班，现在和长媳一起在高杜茶叶市场经营茶叶生意。次子继承父志，当了石油工人，次媳经营小饭店。两个孙子都在上学。

　　前排左起：侯佳旭（侯立兵之子）、李景芬、侯佳琪（侯立新之子）。后排左起：李会贞（侯立兵之妻）、侯立兵（李景芬长子）、侯立新（李景芬次子）、王彦（侯立新之妻）（摄于 2016 年 6 月）

给高杜添彩的仲姓人家

1954 年 12 月，仲子玉从乐陵来北镇工作。1956 年，他带领全家来高杜，先后寄住在高承江、高法岭家。在生活困难时期，热情好客的高杜人，帮他落了户、盖了房，仲子玉成了高杜人。仲子玉是名厨师，常为高杜人家的红白大事掌勺。他有五个儿子，其中四个是共产党员，五个儿子在各自的岗位上尽职尽力，发光发热。仲姓人家安居在高杜，他乡成故乡，是仲家人的福气，也是高杜人的骄傲。1981 年春节，仲家在自家的新瓦房中留下这张饱含乡土情愫的全家福。

前排左起：仲希娟（仲世荣之女）、仲惠艳（仲世兴之女）、仲希亮（仲世荣之子）、高飞（马秀荣之子）、仲盈盈（仲世奎之女）、仲伟国（仲世兴之子）、仲建华（仲世恩次子）、仲惠娟（仲世明次女）。中排左起：仲喜梅（仲世恩之女）、仲世奎（仲子玉五子）、仲世兴（仲子玉四子）、仲世荣（仲子玉三子）、马立香（仲子玉之妻）、仲子玉、仲世明（仲子玉长子）、仲世恩（仲子玉次子）。后排左起：仲亚楠（仲世明之子）、马秀荣（马立香外甥女）、李玉芝（仲世兴之妻）、耿淑兰（仲世恩之妻）、沙殿春（仲世明之妻）、王淑青（仲世荣之妻）、尹秀芳（仲世奎之妻）、仲宝华（仲世恩长子）、仲亚庆（仲世明长女）

仲子玉次子仲世恩一家

　　仲世恩，1958年参军，1961年退伍，历任高杜第二生产队会计、翻砂厂铸造工、大队农电工。1983年起，仲世恩担任滨州市宏达建筑安装工程有限公司副总经理，直至退休。妻子是原队办企业职工。他们育有二男一女，其长子是滨州市维力非开挖工程有限公司经理，长媳是该公司会计。次子经营个体装饰材料业务，次媳是滨州百货大楼职工。仲世恩的女儿是建设银行东营支行职员。

　　前排左起：刘秀云（仲宝华之妻）、耿淑兰（仲世恩之妻）、仲世恩、仲宝华（仲世恩长子）。
后排左起：仲建华（仲世恩次子）、仲喜梅（仲世恩之女）、刘洁（仲喜梅之女）、仲鑫（仲宝华之女）、孙培峰（仲鑫之夫）、仲泽晖（仲建华之子）、高爱萍（仲建华之妻）（摄于2012年8月）

仲子玉三子仲世荣一家

仲世荣，1963年参军，1969年退伍，先后任北镇、堡集等乡镇武装部部长，市中办事处主任等职务，1992年调任滨州市（县级）自来水公司经理、党支部书记，滨州市自来水公司经理、党总支书记。其间，公司被省建委授予"先进集体"称号，他先后被授予全国建设系统"劳动模范"，省建设系统"先进工作者""市优秀共产党员""十佳人民功臣"等荣誉称号。他的妻子是滨城区第五小学退休教师。仲世荣全家八口人，其中有五个共产党员，两个优秀教师，三个事业单位干部，还有一个在校大学生。一家人荣誉满堂。

前排左起：仲崇浩（仲希亮之子）、王淑青（仲世荣之妻）、仲世荣、陈玉旋（仲希娟之女）。后排左起：宋兆辉（仲希亮之妻）、仲希亮（仲世荣之子）、陈兴军（仲希娟之夫）、仲希娟（仲世荣之女）

仲子玉五子仲世奎一家

　　仲世奎，原滨州柴油机厂职工；后经营餐饮业，积累了一定的经营管理知识和经验。2003年，仲世奎任高杜置业有限公司董事、副总经理。妻子是原滨州第一棉纺厂退休职工，女儿是滨州市自来水公司会计，女婿是黄河大桥管理处职工。

前排左起：李景腾（仲盈盈之子）、尹秀芳（仲世奎之妻）、仲世奎、李景菲（仲盈盈之女）。
后排左起：李智军（仲盈盈之夫）、仲盈盈（仲世奎之女）（摄于2010年春节）

扎根高杜的外乡人

赵学华（前排左三），原惠民专区木材公司会计师，祖籍河北省灵寿县。1956年，其父带着一家人来到北镇，寄居在高杜高令辉家18年。1973年，赵学华一家在高杜落了户，盖了房，成为名副其实的高杜人。妻子曾是原青纺饭店等队办企业职工。儿子、儿媳均在滨城区滨北社区服务中心工作。女儿是滨州黄金大厦营业员，女婿就职于滨城区执法局市中执法大队。

前排左起：杜风云（赵学华之妻）、赵姗（赵学华次女）、赵学华、赵增霞（赵敬录之妻）。后排左起：赵敬敏（赵学华长女）、尹雪亮（赵敬敏之夫）、赵敬录（赵学华之子）（摄于2008年春）

"热心肠"的一家人

　　刘守礼的老家在蒲城村，曾任职于惠民地区纤维厂、惠民地委行政科、惠民地区水产公司、惠民地区行政干校等单位，后从惠民地区"五七"干校膳食科科长职位调入原滨州师专后勤处工作。1956年春，全家落户高杜。1962年，在村民们的帮助下，刘守礼盖起了自己的院落。他有一手烹调好手艺。村里谁家设宴招待客人，不用请他，他就热情地去献艺帮忙。从原滨州师专退休回高杜后，他成为高杜老年门球队的教练。1998年，他带队参加了在河南荥阳举行的全国百城门球运动会，挺进16强。其妻曾是原滨县北镇供销社职工。长子是村红白理事会成员，常常为庄乡们忙前跑后。长女曾是高杜铸造厂生产真空泵配件的女工匠，她勤学苦钻，爱厂如家。刘守礼一家人都有一副热心肠。

　　前排左起：刘红霞（刘守礼三女）、刘文鑫（刘守礼之妻，怀抱三子刘志强）、刘守礼、刘义（刘守礼次子）。后排左起：刘爱民（刘守礼长女）、刘小霞（刘守礼次女）、刘刚义（刘守礼长子）（摄于1973年春）

刘守礼长子刘刚义一家

刘刚义，曾任滨城区宏达建筑安装公司施工队队长、工程师，现在滨州市安康物流公司任副总经理一职。其妻曾就职于滨城区宏达建筑安装公司财务科。儿子刘滨是滨城区方正4S店的销售业务经理，儿媳是方正4S店职工。

前排左起：高玲玲（刘刚义之妻，怀抱刘滨之子刘博睿）、刘刚义。后排左起：毕佃燕（刘滨之妻）、刘千语（刘滨之女）、刘滨（刘刚义之子）（摄于2016年10月）

刘守礼次子刘义一家

刘义，原滨州市第二棉纺厂职工，曾多次被评为厂先进生产者，现为自由职业者。其儿子是海军某部战士。

左起：刘川琦（刘义之子）、刘义（摄于2010年春）

刘守礼三子刘志强一家

刘志强夫妇，均是原滨城区黄河纸业有限公司职工。刘志强曾任该公司文化纸分厂抄纸车间工段长，现自主创业。妻子王艳峰，原是该公司办公室工作人员，现任滨州市鑫泰置业有限公司人力行政部经理。女儿在北镇中学读书。

左起：刘志强、刘卓然（刘志强之女）、王艳峰（刘志强之妻）（摄于2005年冬）

安家高杜的张姓一家

张学义，祖籍胶县，1956年11月，他由青岛被派到惠民专区的北镇医药公司工作。1958年7月，被下放到高杜，全家人一并落户高杜。在乡亲的帮助下，他盖起了自己的宅院，在高杜有了家。儿子张宗宝与儿媳均是滨城区供销社退休职工。孙子张金涛系魏棉纺织集团职工，孙媳系滨州医学院附属医院护士。

前排左起：张金涛（张宗宝之子）、张学义、董颖颖（张玉珍之女）、战桂英（张学义之妻）。后排左起：张宗宝（张学义之子）、张玉珍（张学义之女）（摄于1994年11月）

永不忘恩的一家人

　　1959 年 12 月，饥荒笼罩了鲁北大地，原惠民专区商业局五金交电公司干部崔学文的妻子李吉凤，携三个年幼的子女，由原籍惠民县石庙乡李家村前来北镇投奔丈夫。崔学文仅靠微薄的工资和每月仅有的粮食定量供给，难以养活一家，便来当时生活条件较好的高杜求助。高杜人敞开胸怀，将李吉凤和三个孩子落户于高杜大队第二生产队，使他们成为高杜社员。乡亲们以诚相待，将崔学文一家视为亲人，为他们安排住房，济粮送柴。1970 年，全村社员伸出援助之手，帮崔学文家盖起了三间北屋、两间东屋。从此，崔学文有了属于他们自家的房子和宅院。其子女长大后，乡亲们又帮他们成家立业。崔学文临终前，把孩子们叫到身边，叮嘱子孙要永远不忘高杜乡亲给他们一家的恩情。

前排左起：崔世林（崔明月之子）、李吉凤（崔学文之妻）。后排左起：崔明亮（崔学文次子）、崔明月（崔学文长子）、孔文霞（崔明月之妻）（摄于 2006 年春节）

崔学文长子崔明月一家

　　崔明月，原滨州造纸厂职工，后自谋职业，在滨州市交通运输局物业公司从事维修工作。其妻精于缝纫技术，曾以制作服装为业，后在宏达玩具厂上班，现经营茶叶生意。

左起：孔文霞（崔明月之妻）、崔世林（崔明月之子）、崔明月（摄于 2006 年春节）

厨艺飘香的李姓人家

　　这两张照片，分别是李道良和李道胜兄弟二人的全家照。李道良兄弟四人，他排行老三，人们都叫他"老三"。20世纪60年代初，他和四弟李道胜随父母由梁才瓦李村落户高杜定居。其父亲李质卿是当地有名的大厨，曾就职于惠民地区招待所。出自他之手的"火烧冰激凌""天女散花"两道菜，曾受到阿尔巴尼亚贵宾的赞赏。老大李道田和老二李道同都是职业厨师，献艺他乡。老三和老四，一个是滨州第二化工厂的食堂管理员，一个是乡间人家厨屋里的掌勺师傅。李道胜的儿子和儿媳开饭店，以烹饪为业。李氏一家三代，代代厨艺飘香。

李道良一家。左起：李东（李道良之子）、李道良（怀抱外孙吴烁辰）、张秀珍（李道良之妻，怀抱李东之子李童童）、曹瑞芳（李东之妻）（摄于2016年6月）

李道胜一家。前排左起：崔淑兰（李道胜之妻，怀抱李伟之女李梦凡）、李道胜。后排左起：李伟（李道胜长子）、李华珍（李伟之妻）、刘海燕（李峰之妻）、李峰（李道胜次子）（摄于2003年2月）

左起：夏福荣（徐鸿祥之妻）、徐鸿祥

难不倒的夏福荣一家人

2009 年秋，从小订下娃娃亲的夏福荣和徐鸿祥，为纪念结婚 50 周年，特地在北京天安门广场拍照留念。夏福荣进了徐家门，就成了当家人。当时，丈夫徐鸿祥在外地工作，公婆过世，留下了十来岁的小弟弟和两个五六岁的小妹妹。她既当嫂，又当娘，让弟弟妹妹在衣暖饭饱中长大成人。后来丈夫来高杜铸造厂工作，他身手不凡，在铸造木型工岗位上，攻克一个又一个难题，为提高产品质量、提升翻砂厂的信誉做出了贡献。他们的儿子和儿媳各执其业。

徐洪祥之子徐恩国一家

徐恩国，原滨城区春晓集团职工，曾被评为集团先进生产者，现任滨州市渤海革命老区纪念园物业公司主任。其妻曾是滨城区春晓集团职工，曾被评为集团生产标兵。企业转型后，她在蒲园经营游乐园。儿子是滨州技工学校学生。

左起：魏庆莲（徐恩国之妻）、徐梦奇（徐恩国之子）、徐恩国（摄于 2016 年 11 月）

充满亲情的一家

　　这张照片是李淑青女儿杜微 2016 年 5 月结婚时拍摄的。杜微八岁时，父亲杜秋利不幸去世，李淑青带着女儿与张金铭组成家庭。张金铭，原在滨城区彩印厂任副厂长，后自己办厂，他视杜微为亲生，给予她父爱。在家庭的关爱中，杜微健康成长，并成家立业，一家人充满了亲情。

左起：杜微（李淑青之女）、刘生（杜微之夫）、李淑青、张金铭（李淑青之夫）

李军营一家

　　李军营，滨城区执法局市中执法中队队长。其兄李协恩，滨州医学院附属医院住院部护理员。母亲养老在家。妻子是滨州市大观园个体服装店老板。儿子是逸夫小学学生。

　　左起：李协恩（李军营之兄）、邱玉华（李军营之母）、李家驹（李军营之子）、李军营、李春枝（李军营之妻）（摄于 2016 年 11 月）

下篇　人物篇

　　打开岁月史册，元至明代，清至民国，战火燃烧的年代至五星红旗高高飘扬的新中国，时至今日，高杜是"星"的村居、"星"的家园——古有宫廷大将军、相国、"一代帝师""顾命大臣"、抗敌烈女，昨有支前模范、战斗功臣、疆场烈士，今有儒风孝子、义举楷模、绝技工匠、创业先锋……似锦的星光里，显现的是事的神妙、业的奇迹、心的晶亮和富有……

老兵风采
LAOBING FENGCAI

　　谁能忘记，在峥嵘岁月里，正义一声召唤，从高杜这片母亲河养育的土地上，一个个热血青年，放下锄头，投身血与火的战场，保长沙、战济南、过大江、赴朝鲜，鲜血洒他乡，忠骨埋异国，留下大义之举、大有大无的悲壮。和平年代，在海疆、在大漠、在边关，新一代接力洒汗水，献青春，赢得家国安宁。那金灿灿的功勋章，是心灵的闪光，是情操的奖赏。

红彤彤的离休证

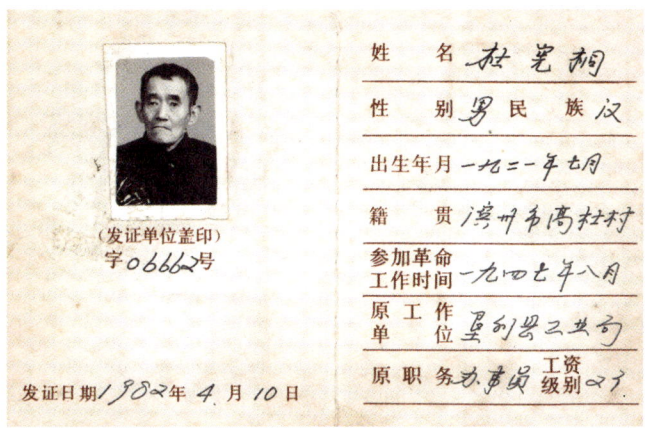

杜宪桐的离休证

这本红彤彤的离休证，是杜宪桐的工作单位——垦利县工业局在他离休时颁发给他的。其中的文字虽然十分简洁，但它凝聚着杜宪桐光荣的大半生。1947 年 8 月，杜宪桐 26 岁，既是民兵又是支前模范的他融入解放区大参军的热潮，成为一名中国人民解放军战士。他随部队从黄河岸边顶着隆隆炮火，冒着枪林弹雨，攻克周村，解放济南，鏖战淮海，渡长江，取南京，挺进上海。新中国成立后，转业到到山东北镇被服厂任职。20 世纪 60 年代，杜宪桐调至垦利县工业局所属标准件厂工作，到 1982 年 4 月离休回高杜，1985 年 6 月病逝。他的这本闪着红光的离休证，让后人敬仰、怀念。

蹈战火、寻宝藏的王文俊

王文俊，1929 年生，1948 年 12 月参加中国人民解放军，任华野九纵某部侦察员，参加过解放上海的战役。新中国成立后，1950 年随所在部队入朝作战。在一次战斗中，他和战友一起俘获美国兵，荣立三等功，在火线上加入中国共产党。1955 年回国后，王文俊入重庆北碚步兵学校深造，毕业后任解放军重庆某部排长。1958 年 10 月转业到齐齐哈尔地质局工作。2009 年在齐齐哈尔病故。老兵的一生，为求解放转战大江南北，赴异国荣耀三千里江山，寻矿藏足迹遍布北疆，可赞、可敬。

王文俊（摄于 1957 年 2 月）

承载着战士光环的复员证

复员证的主人高振坤，1951年春参加中国人民志愿军赴朝，历任〇二二三部队某连炊事员、炊事班班长。冬顶风雪极寒，夏冒烈炎酷暑，在弥漫连天的炮火中，冒着生死，把饭菜送至前沿、送至战壕，递到战友手里。停战回国后的1956年，他怀揣这本复员证，回乡荷锄，亲吻母亲河浇灌的热土。1994年10月，高振坤病逝。斯人虽去，精神永在。

高振坤的复员证

七年戎装王文彦

王文彦，1929年生，1948年参加中国人民解放军，先后参加渡江、南京、上海等战役。1949年加入中国共产党。1950年年底随所在部队入朝作战，1953年秋回国戍边西疆大漠，1955年退伍回乡。曾任高杜第一生产队副队长、队长。2011年病故。王文彦戎装七载，挥汗水，洒鲜血，征战南北，挺进东西。回乡后，他甘当农民，无怨无悔。这张照片是年逾古稀的王文彦和老伴的合影。照片中他那微笑的面容，健壮的体魄，依然透着老兵的刚毅和自豪，闪着心地的明晶和春色。

左起：周爱贞（王文彦之妻）、王文彦
（摄于2004年春）

赴朝路上战友情

左起：高承仁的战友、高承仁（摄于1951年春）

高承仁，1929年生，1951年春节刚过，就参加了中国人民志愿军。在即将启程离开国门时，他和战友留下了这张有特殊意义的戎装照。入朝后，他即刻开赴战场，经历了数次生与死的战斗洗礼和枪林弹雨的锤炼，直至把敌人赶出"三八线"。1953年，高承仁带着战火硝烟的点点斑痕和三千里江山的泥土芬芳，回到母亲河的怀抱。他用那军人特有的风姿，先是挑起高杜第二生产队副队长的担子，后又担当起高杜马车店负责人的重任。1991年，高承仁病逝。如今，每当响起"雄赳赳，气昂昂，跨过鸭绿江"的雄壮战歌时，他那凛然的神情依旧显现在人们眼前。

健在的志愿军战士王文伦

朝鲜战场停战后，王文伦和他的同班战友从朝鲜回到祖国的第一站时，在庄严的国旗下拍下这张照片。1951年正月初三，红对联耀着人的眼目，红爆竹脆响着，当人们正沉浸在浓浓的年味里时，王文伦告别家人和新婚妻子，踊跃加入中国人民志愿军，奔赴朝鲜。在极寒的天气条件下，趴冰卧雪，冒着擦肩而过的呼啸子弹，寻战机，巧迂回，置生死于度外，和战友们夺得一个又一个的胜利。直到1953年停战，王文伦回到生他养他的故乡。他被政府安排到滨县商业局工作，1982年退休。如今，他是高杜八位志愿军老兵中唯一的健在者，向人们展示着家国情怀，诠释着和平与安宁的珍贵。

左起：王文伦的同班战友、王文伦

身残志坚的荣残军人高承周

1951 年春，时年刚满 16 岁的高承周，为实现儿时就有的保家卫国的男儿志向，也为把已娶妻生子的兄长留在家中养老抚幼，他毅然说服家人，投戎从军。此举感动政府，高承周获批替兄长参加中国人民志愿军。入伍后，高承周任志愿军某部通信员。在一次战斗中，他穿越熊熊炮火，跨越层层封锁，成功传达了战斗命令。在完成任务返回的途中，不幸左腿被击中，右手和胳膊被炸伤，高承周昏死过去。醒来后，他拖着受伤的身子，朝着部队原方位匍匐滚爬，终因伤势过重、失血过多又昏死过去。第三天，他被后续部队救起送往后方医院。伤愈后，被定为三等甲级荣残军人，1952 年退伍回乡。

回乡后，他身残志坚，带头走互助合作道路，带领乡亲抓农业、上副业，先后任生产队队长、大队革委会副主任、铸造厂厂长、建筑队队长、水泥预制厂厂长等职。2014 年年底，高承周病故。他忍着伤痛奋斗不止的精神，始终鼓舞、激励着人们。

高承周（摄于 2003 年冬）

高杜第一个义务兵杜经堂

　　杜经堂，1953年3月加入中国人民解放军。1954年10月，他有幸随所在部队实施义务兵役制试点，成为我国第一批义务兵。杜经堂1957年退伍，成为高杜第一个由政府安置工作的退伍义务兵，被安置在惠民专署北镇石油公司工作。1991年在惠民地区石油公司保卫工作岗位上光荣退休。

杜经堂入伍后在驻地福州与战友留影（中间为杜经堂）（摄于1953年初春）

退伍军人仲世荣

滨州市自来水公司经理、东郊水库项目负责人仲世荣（左三），在东郊水库建设工地和同事们一起研究落实施工方案（摄于1996年11月）

仲世荣，1963年在高杜应征入伍，历任战士、车长。1965年加入中国共产党。1969年退伍回高杜任民兵连连长。六年军旅生涯，将仲世荣铸为铮铮铁汉。走上工作岗位后，他先后任滨县武装部干事，滨州市彭李乡乡长、市中办事处主任，1992年赴任滨州市自来水公司经理、党总支书记。无论在哪一个工作岗位上，仲世荣始终践行着军人品德、部队作风，取得了不凡的业绩。尤其在滨州自来水公司经理、党总支书记的职位上游刃有余，得心应手。东郊水库的建造，创造了平原水库建设史上的奇迹。滨州市自来水公司，先后荣获省建委授予的"先进集体"称号，被中共滨州地委、滨州地区行署授予"供水优质服务单位""思想政治工作先进企业"称号等。他本人也被中共滨州市委、滨州市人民政府评为"滨州市优秀共产党员""十佳人民功臣"，被省建委评为"省建设系统先进工作者"，被人事部、建设部联合授予"全国建设系统劳动模范"光荣称号。老兵风韵，光彩耀人。

上士班长高令杰

高令杰，1958年冬穿上军装，驻防渤海前哨，戍边守疆。1961年初冬，在大孤岛清剿中，他日夜冒雨潜入百里芦苇荡追剿逃犯，荣立三等功，光荣地加入了中国共产党，并升为上士班长。戎装七年，1965年年底退伍后，高令杰先后担任乐陵县一乡镇武装部干事、滨县里则乡武装部干事、滨城区市西办事处武装部部长，至退休。

上士班长高令杰（摄于1964年夏）

先兵后警四十三载

高令国，1965 年冬入伍，登上人民海军舰艇，成为一名水兵。1969 年入党，从一名战士逐步成长为一名班长、区队长、分队长，直到海军教官（副营职）。其间，高令国曾参加新中国成立 20 周年庆典大阅兵海军方队，参与海军 051 型导弹驱逐舰首舰的建造、试航、训练和战备巡逻执勤，随该舰在祖国的海洋中留下了 8 万多海里的航迹。他有幸目睹了革命先辈叱咤风云的威武风采，多次受到时任国家党政军领导人的接见，亲历过阿尔巴尼亚、朝鲜等八个友好国家时任元首的访问。1980 年，高

1970 年，我国自行设计、制造的导弹驱逐舰驰骋在祖国的万里海疆（摄于 1973 年夏）

令国结束了 15 年的海军生涯，他脱下军装，换上警服，到滨州地区公安处收容审查所当了一名警官，成为公安战线的三级警督侦察员。他曾赴湖北侦破诈骗案、驱天津追捕越狱犯、为冤案昭雪……盾牌在肩又二十八载。43 个春秋的戎马生涯，让他感到终生自豪。

高令国在办公室审阅卷宗（摄于 1996 年秋）

从战士到中校的杜建勋

杜建勋，1972 年入伍到中国人民解放军总参三部新疆三局。由于他表现突出，很快由战士提升为干部，历任排长、司务长、管理员、科长等职。1988 年晋升少校军衔，1991 年晋升为中校军衔副团职。1993 年年底转业，先后在滨州市公路局大桥管理处任副主任、主

杜建勋的军官转业证书（摄于 2016 年 10 月）

任、党支部书记。1999 年转任滨州市公路局监理处副书记、工会主席。2012 年退休。

杜建勋（右）与战友张守成（左）在驻地合影（摄于 1991 年秋）

打靶归来

　　高吉利，1992年12月应征入伍，成为北海舰队的一名海军战士。该照片是他和战友们在青岛训练基地实弹射击训练结束后拍摄的。在凛冽的寒风里，高吉利和战友们高唱着"日落西山红霞飞，战士打靶把营归"军歌，胜利归来。

高吉利（前排左二）和战士们打靶训练归来（摄于1993年初春）

英模雄姿

YINGMO XIONGZI

高杜自古出英模。时光的镜头里，既有献身沙场的烈士，又有血染山河的忠骨；既有慷慨赴难的勇士，又有挺身救亡的义士；既有拓荒事业的闯将，又有登鼎平凡的先锋……他们或惊天一吼、纵身一跃，或奋臂一扑、微笑一别……那都是对人生的诠释，对生命的注解。或拐杖，或疤痕，或勋章，或无后，或墓碑，或许是他们各自雄壮故事的结尾，是他们各自精神状态的缩影……

登上济南军区"八一"大礼堂讲台的杜民生

　　1978年，在全军开展的"学硬骨头六连""学雷锋"双学活动中，经层层推荐选拔、逐级评比审核，济南军区三局新战士杜民生，被济南军区评选为"双学"标兵。这年12月，杜民生光荣出席了由师团职干部参加的在济南军区召开的"双学"活动表彰大会。通过好中选优、权衡筛选，杜民生作为发言代表，登上宏伟而威严的济南军区"八一"大礼堂讲台，向大会做了个人先进事迹的汇报。台下，座无虚席的与会者中，有硝烟染白双鬓的大军区、省军区、陆海空三军首长，有老红军、老八路、老英雄和品过"老渤海"小米香的老功臣。当来自"老渤海"的杜民生带着老滨县那朴实浓重的乡音发言时，全场响起热烈的掌声。

　　这张照片由陪杜民生参加大会的三局副政委拍摄，多年后才转到杜民生手里。这张照片既是那一场景的真实写照，也是杜民生军旅青春的生活缩影，同时亦折射了高杜历代人保国守疆的精神风采。

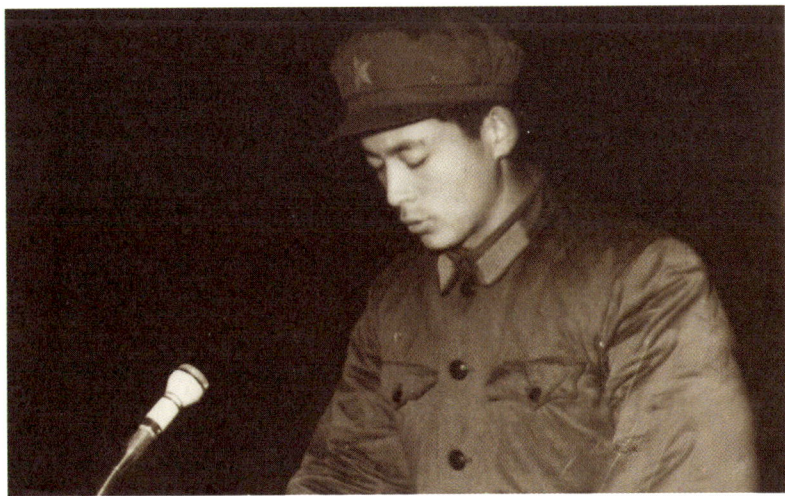

杜民生在济南军区1978年"双学"活动表彰大会上发言（摄于1978年12月）

"见义勇为道德模范"杜国强

杜国强，原国道205高速公路滨州管理处滨州站副站长，现任齐鲁交通发展集团有限公司滨州分公司副站长。2012年2月25日中午，他到青岛探亲，路过梅岭西路北侧山体水库时，看到一名女童在水里挣扎，生命垂危。他当即停车，没顾得脱衣服就纵身跳入刺骨的冰水中，将女童奋力托起，游向岸边。在随车人员的帮助下，将女童救上岸，迅即将女童送至医院。当女童生命体征恢复正常后，他悄然离去。此举在岛城引起巨大反响，《青岛早报》以大篇幅报道，并发起征寻"身边雷锋"的活动，几经周折，终于找到了来自黄河尾闾老蒲城的救人英雄。当报社要专访他时，他再三谢绝，认为自己只是做了应该做的事。杜国强的感人事迹，被青岛、滨州两地各大媒体纷纷报道，在社会上传为美谈。2012年，杜国强荣获"滨州市优秀共产党员""青岛市见义勇为先进个人"、首批"山东好人""雷锋好榜样""感动滨州2012年度人物"等荣誉称号。2013年12月，他被评为"滨州市第四届见义勇为道德模范"，其事迹在滨州市市政文化广场展示。

滨州市市政文化广场"滨州市精神文明宣传栏"之"滨州市第四届见义勇为道德模范"展示现场（左一为杜国强）（摄于2016年秋）

"滨州市第四届见义勇为道德模范"展示现场，介绍杜国强模范事迹的展板（摄于2016年秋）

"平民英雄"高猛

2013 年 11 月 3 日，在广州打工的高猛，在送货路上看到一名妇女落入波涛滚滚的珠江，情势十分紧急，他毫不迟疑，纵身一跃，跳入江中，奋力将落水妇女救上岸，使她脱离险境。看到落水妇女安然无恙时，他悄然离开。一时间，他的义举轰动广州各界。广州市见义勇为基金会给他颁发了慰问奖励证书；广州日报报业集团、海南省慈航公益基金会、海航集团有限公司，授予高猛 2013 年度广州人身边的"平民英雄提名"称号。高猛的名字轰动整个广州。

高猛

高猛获得的荣誉证书及各媒体对他的报道

抬着担架上前线的王秀亭

1948年冬，年轻力壮的王秀亭参加了支前民工团。他抬着担架从家乡出发，直抵战火弥漫的战场，顶着浓烈刺鼻的硝烟，冒着纷飞擦身的子弹，抬伤员，运弹药，送给养，披星戴月，日夜兼程，直至淮海战役前线……

图为48年后的1997年春节，他在自家小楼的卧室内，回忆着那永远不能忘却的悲壮时光，掂量着如今珍贵的幸福生活。

解放战争时期的支前模范王秀亭（摄于1997年春节）

为子弟兵补军衣的石新云

石新云是王秀臣的母亲。1947年夏秋时节，村里来了一支刚从战场上回来的解放军队伍。这支队伍要在村里进行短暂休整、训练。当时，有一个班的战士住在石新云家里。时年40多岁的石新云，看到战士每天到野外摸爬滚打，浑身沾满了泥土、草屑，衣服上磨出了一个个窟窿眼儿，有的还撕开了口子，心里很是心疼。于是，她硬是从战士们手里把衣服抢过来，一件一件地洗净、晒干，一针一线地补好烫平，然后再送到子弟兵手里。部队的首长知道后，专程来家表示感谢，赞扬她是子弟兵的母亲，她只是用一脸灿烂的笑容作答。此举当时在全村传为美谈，村长号召大家向她学习。

前排左起：王萍（王秀臣之女）、石新云、石久宏（王秀琴之子）。后排：石立萍（王秀琴之女）（摄于1972年初冬）

第一个赶着骡马大车入社的高敬亭

　　高敬亭，原北镇马车社退休职工。1956年秋，滨县人民政府动员收编下属各村的马车户，成立"北镇马车社"（后改为滨县运输公司），赶车人和车马都要入社。而立之年求上进的高敬亭说服家人，把祖辈传下来的最值钱而又最能生钱的那挂骡马大车打扮一新，在全村人的欢声笑语中，高敬亭以庄稼人的憨厚和朴实，披一身秋阳，将马车赶出村，第一个走进了"北镇马车社"。此举受到上级领导和马车社的热烈欢迎和赞扬。20多年后，退休的高敬亭怀抱孙女，在自家的院子里留下了这一美好的瞬间。

高敬亭怀抱孙女高甜甜（摄于1983年冬）

"优胜班"班长高令庆

  1956 年 2 月，在北镇油棉厂召开的上年度全厂总结表彰大会上，由高令庆担任班长的油脂三班，以最高指标超额优质完成班组年度生产任务，荣获全厂"优胜班"光荣称号。会后，全班工友怀着喜悦的心情，专程到北镇照相馆，展开锦旗合影留念，把这一荣誉载入美好人生。

高令庆（二排右二）和全班人员庆祝喜获"优胜班"锦旗留念（摄于 1956 年 2 月）

光荣出席地区群英会的南凤銮

　　南凤銮，高新民之妻。1975 年在苏郭管区贾家村任党支部副书记时，她身先士卒，推广良种，实施宽垄密植、适时追施化肥等农业新技术，带领社员科学种田，粮吐金，棉爆银，夺得粮棉双丰收。南凤銮被滨县县委、县革委评为先进工作者。1976 年 2 月，南凤銮光荣出席了惠民地区群英会，受到惠民地委、行署领导接见，并接受了大会颁发的荣誉证书。会后，管区党总支书记张同玉和参加群英会的苏郭管区代表一起合影留念。

南凤銮（前排左一）出席惠民地区群英会后，与苏郭管区与会代表以及管区书记张同玉（前排左二）一起留影（摄于 1976 年 2 月）

棉纱接头一等功臣于清美

　　1985 年 10 月，滨州一棉开展劳动竞赛，大干第四季度，争做先进工作者。在细纱车间干挡车工的于清美，以棉纱接头绝技荣立一等功。厂宣传科特意到车间为正在接纱头的于清美拍下了这张工作照。后来，她的这张工作照登上光荣榜。第二年她被提升为轮班班长。于清美为高杜人争了光、添了彩。

于清美在车间工作（摄于 1985 年 10 月）

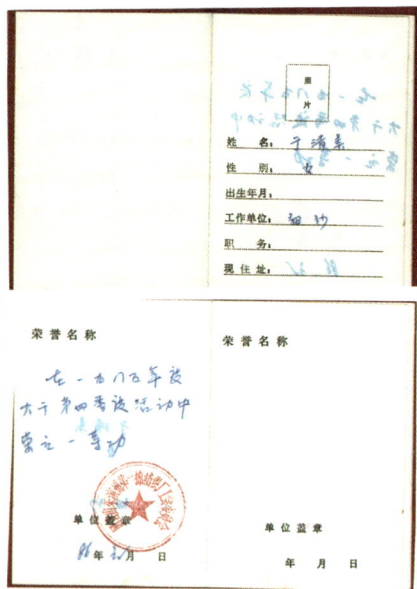

于清美荣获的荣誉证书（摄于 2016 年 8 月）

带头致富的赵瑞芹和高伟

　　一心想过上好日子的赵瑞芹和高伟，靠着艰苦奋斗的创业精神，一个白手起家办起了自家的茶叶店，一个因陋就简办起了适应居民小区物业维修需求的施工队。他们以周到服务、诚信经营赢得了顾客和用户的信赖，从而率先走上致富路。2005年，赵瑞芹和高伟被高杜居委会评为首批"致富带头人"，成为全居学习的榜样，受到居委会的表彰和奖励。

赵瑞芹（前左一）和高伟（前左二），在高杜居委会召开的总结表彰大会上接受居委会颁发的奖杯和荣誉证书（摄于2006年1月）

市"十佳文明公交车驾驶员"杨立国

杨立国荣获的部分荣誉证书（摄于 2016 年 8 月）

杨立国是一名公交车驾驶员，仿佛他那一张笑脸和一腔温暖都是与生俱来的。当有老年人、孕妇、抱小孩的乘客上车时，他总会唤一声"请让个座"；当有残疾人上车时，他总会扶一把或拉一把，给他们安排好座位；替没有带零钱的乘客付费也是常有的事……他那方向盘里系着温暖，系着安全，系着踏实，他把车厢变成了城市的流动文明窗口。

杨立国先后被评为"安全生产工作先进个人"和"十佳文明公交车驾驶员"。在城市公交行驶线路上，传递着高杜人的风采。

杨立国（右一）在滨州市交通运输系统创建省级文明城市签名仪式大会上，代表全市交通系统驾驶员作表态发言（摄于 2011 年 6 月 1 日）

工匠花絮
GONGJIANG HUAXU

在记忆的底版上，昔日那木工的刨叶花、瓦工的灰浆花、织布女的布锦花、电焊工的电火花仍新鲜如初，栩栩如生。"青出于蓝而胜于蓝"，一代代高杜后生无愧于先辈，无愧于时代。一朵朵富有创意的工艺花、品牌花，绽开在角逐激烈的岗位上，屡屡刷新纪录，每每创新业绩，所在的空间里花束锦簇，异彩纷呈……

八级焊工高法利

　　高法利，原通化铁路分局通化公务段焊工。他十分珍惜和热爱这个职业，全身心学习钻研焊接技术，不断改进和创新焊接工艺，成为该段唯一的一名八级焊工。1980 年，高法利赴上海参加铁道部举行的全路技工比武大会，获得焊工工种优秀奖。他在比武大会上使用的钢轨焊接新工艺在全路内推广。1987年，高法利告别了 32 年的铁路生涯，回到家乡，成为滨州市化肥厂的一名维修焊工，开始服务于滨州。在他退休之前，驻滨州的各大企业、工厂都聘请过他。他攻克了一个个关键性的焊接技术难题，成为当时滨州地区赫赫有名的焊工工匠，很多同行向他讨教经验。"平时炼出金刚钻，方能揽得瓷器活。"这是他常说的一句工作心得。

高法利在工作中（摄于 1980 年年初）

手工敲出轿车引擎盖的钣金工杜国华

　　1978 年夏，北镇公社农具厂首次接到一辆小轿车引擎盖严重损坏的修理业务，任务落到了钣金班那里。这对于整天敲打水壶、烟囱、农具配件的钣金工们，真可谓"老白铁遇到了大难题"。他们面对引擎盖支离破碎的小轿车，一个个既替车主心疼，又感到束手无策。在师傅的鼓动下，杜国华挺身而出，接下了这棘手的活儿。几经策划修理方案，杜国华选择用白铁皮按原样重制。一双打白铁小件的手，在师傅的指导下，计算、画图、下料、敲打，用了一天一夜的工夫，硬是制作出了和原引擎盖一模一样的新引擎盖。又经反复打磨、涂底漆、喷亮漆、烘干、安装，一辆崭新完美的小轿车呈现在客户面前。客户高兴得把满身油污的杜国华拉到小轿车前，为他拍下了这张印证钣金工匠心灵手巧的赞美照。

杜国华在他亲手修好的轿车前拍照留念（摄于 1978 年夏）

石油钻井工孙建忠

1979年秋，在黄河入海口的孤岛石油会战战场，身为司钻的孙建忠，胸怀"我为祖国献石油"的雄心壮志，带领全班创造着一个又一个优异战绩。照片上这面容不太清晰的人，就是孙建忠。这张照片是油田负责宣传的干部在井场给他拍的工作照。照片中的他头戴铝盔，手推刹把，正在全神贯注地操作机器。

织布车间质检员陈凤芹

陈凤芹，高凤刚之妻，原滨州一棉织布车间的质量检验员。她深知这个岗位系着产品的质量，于是她肩扛责任，严守标准，练就了一双"火眼金睛"。每当她换好工衣走上岗位后，便一丝不苟地投入到工作中，眼看，手摸，不放过一寸一厘。经她检验的布匹，从没出现过瑕疵，合格率均达100%。她给企业赢得了信誉，创造了效益，并多次被评为厂"先进工作者"。

孙建忠在钻井平台上工作（摄于1979年秋）

陈凤芹在岗位上（摄于1986年5月）

在车间岗位上过节的于爱青

原滨州三棉细纱车间挡车工于爱青，是高胜良的爱人。她始终心系车间，身在岗位，一丝不苟地穿梭在飞转的纺织机旁，娴熟而轻巧地连接着每一根需要连接的线头，用辛勤的汗水换取了生产任务的超额完成。1986年国庆节这天，像往常的节日一样，她仍坚守在纺纱机旁，与欢快的"白娃娃"一起向国庆节献礼。

于爱青在车间工作（摄于1986年国庆节）

城市"美容师"胡中华

滨州市老市区渤海七路至渤海八路之间的黄河三路路段上，川流不息的大小车辆中，一位身着橘红色保洁服的老者，一手拿帚把，一手提簸箕；一边躲避着车辆和行人，一边清扫捡拾着路面上的垃圾。他就是负责这条繁华路面的保洁员胡中华。他风里来，雨里去，冒严寒，战酷暑，为了保持这条路段的清洁、美丽，十几年如一日。2015年夏，滨州市争创全国卫生城市成功，市环卫局专门派摄影师给在一线的环卫工人拍照，以示慰问。

工作中的胡中华（摄于2015年夏）

民间大厨高新华

高新华端着刚出锅的糖醋鲤鱼（摄于1988年冬）

现任高杜居委会副主任、高杜物业管理有限公司经理的高新华，是高杜颇有名气的民间大厨。当年，凡是村里有红白大事，总离不了他的帮忙。他做的菜肴，颇受人们称道。眼下，尽管人们遇红白大事都去了饭店，可当年高新华的那几道拿手名菜依然回味在乡亲们的味蕾中。1988年冬高延军结婚，他被邀为主厨，当他端着他刚做好的拿手菜糖醋鲤鱼时，负责为婚礼拍照的师傅特意为他拍下了这一照片。

自学成才的热电工程师高令勇

高令勇在工作中（摄于 2016 年 8 月）

1979 年，时任地区建筑公司副队长的高令勇调入滨州印染厂动力车间，于是他一心爱上了热电技术。跟师一年，即成大器，高令勇一再得到重用，先后升任车间工段长、车间副主任、车间主任、动力分厂厂长、党支部书记。1984 年，他提出并主持改造的"用煤气替代电、汽油做热源"项目，节能显著，两次荣获山东省科委新技术推广二等奖。1986 年，他与山东工业大学能源研究室合作，采用循环流化床、新燃烧技术替代落后的链条炉型，荣获山东省科委科技进步二等奖。他曾连续三年被评为厂劳模，一年被评为模范党支部书记，并破格晋升为工程师。2003 年，筹建天鸿热电厂结束后，高令勇受聘于淄博联昱纺织有限公司，任厂长兼总工程师。2011 年，他受聘于博兴永鑫热电，负责博兴永鑫热电项目的筹建；完工后，又被柬埔寨曼哈顿公司特邀聘请为技术指导，负责该公司热电设备安装、调试工作，异国献技，名扬邻邦。退休后，他同时受聘于滨州三家热电厂，担任高级顾问，尽献夕阳余晖。在家乡，他是高家六修族谱编委会委员，是村民公认的大孝子。

敬老丽影
JINGLAO LIYING

　　自古至今，"敬老"是高杜的一张靓丽名片。霜染双鬓的老年人，衣来伸手，饭来张口，白天有陪伴，夜晚有守护，出行有牵手的"拐杖"，平日有贴身的"小棉袄"，久病床前有亲昵的笑脸……一颗孝心，使得八旬九旬的老年人仍年轻，四世五世亦同堂，在白发人晚年的福气里以及夕晖的暮景里，年轻人为高杜版的"二十四孝"增添着一个个新的故事……

四妯娌拉婆婆去照相

　　1981 年春节，时年 85 岁的孟广兰老人的四儿媳张月英和丈夫王文俊从齐齐哈尔回家过年。正月初二这天，儿媳张月英为了给疼爱晚辈、拿着儿媳当亲闺女的孟广兰留个念想，给自己和家人留个与老人天天相见相守的心境，也为让老人家高兴，于是，她和老妯娌仨找来辆地排车，铺上褥子，拉着婆母风风光光地到北镇东风照相馆照了这张珍世照。这件事成为后人的美谈。

　　前排坐者：孟广兰老人。后排左起：高学英（孟广兰三儿媳）、张月英（孟广兰四儿媳）、常玉娥（孟广兰大儿媳）、谢恩芹（孟广兰二儿媳）（摄于1981 年 2 月 6 日）

杜秀琴陪母亲看大海

　　1966年6月，当了北镇纺织厂工人的杜秀琴，被派往青岛国棉四厂学习。学习之余，杜秀琴到海边游览，初见大海的浩瀚壮观，感慨万千。她不禁想起含辛茹苦大半生的母亲从未见过大海，若能让老人家来趟青岛，亲眼看看大海的风韵该有多好。于是，便给两个哥哥写信，动员母亲来青岛看看。1967年元旦刚过，杜秀琴如愿以偿，母亲在家人的陪伴下出现在她的面前，她尽心伺候，陪母亲到海边观赏大海的风光，在海边留下了母女俩欢乐的身影。

杜秀琴（右）和母亲赵杜氏（左）在青岛栈桥海边留影（摄于1967年1月）

杜晓州夫妇东北探婶母

　　早年间，杜晓州的叔父下了关东，几十年杳无音讯。50 多年后的 2009 年，杜晓州得知了婶母（叔父已过世）一家的下落。血脉的萦绕，亲情的纽带，激起了年近八旬的杜晓州、王文英夫妇对远方亲人的思念，一心想趁婶母尚健之年，亲赴吉林省梅河口市山城镇去看望婶母，以表孝心。精心准备后，他们带上老家的特产，于 2009 年 5 月起程，经三天颠簸，与婶母全家相聚。那一刻，50 多个寒暑，50 多年的分离，风雨坎坷人生，骨肉亲情悲欢，瞬间凝聚心头，不由得母侄相拥，泪流纵横。情绪稍稍平缓之后，杜晓州夫妇和婶母全家将这一珍贵的时刻定于永恒。

前排左起：钱瑞波（杜晓州的婶母）、杜云仙（杜西乃之女）。中排左起：王俊英（杜西利之妻）、王文英（杜晓州之妻）、韩翠花（杜西乃之妻）。后排左起：杜西利（钱瑞波次子）、杜晓州、杜西乃（钱瑞波长子）（摄于 2009 年 5 月）

杜延芬专程回家看望叔父母

　　旧社会，一母养大的杜述墨、杜述亭叔兄弟俩人各一方。养母的儿子杜述墨闯关东，娶妻生女，留居沈阳；杜述亭服侍赡养婶母留居老家。叔兄弟俩，不是亲兄弟，胜似亲兄弟，在岁月的年轮里，叔兄弟俩以书信传情，亲情延绵。杜述墨夫妇去世后，杜述亭依照兄嫂遗愿，将其骨灰接回老家安葬，对留居沈阳的侄女杜延芬关怀备至，杜延芬亦视叔父母如亲。1993 年 6 月，杜延芬专程回到高杜，看望久别的叔父母，并祭奠父母，承继孝心。临别前，杜延芬与叔父母全家人，在叔父的大院中留下了这张传承孝亲的全家福。

前排左起：杜海洋（杜建国之子）、杨淑兰（杜述亭之妻）、杜述亭。后排左起：杜延利（杜述亭次子）、杜延青（杜述亭三女）、杜伶（杜述亭长女）、杜建国（杜述亭长子）、邹爱针（杜建国之妻）、杜延芬（杜述亭侄女）、杜金伶（杜述亭次女）（摄于 1993 年 6 月）

高法英姐妹帮母亲梦圆北京

　　年过花甲的李秀荣，经常给两个闺女唠叨她过去的事。1945年6月，她为解放周家圩子的部队烧过开水，并把藏在炕洞里的一碗绿豆扒出来，熬成绿豆汤送往前沿阵地，为战士们解渴消乏……李秀荣一心想去趟北京，向毛主席的英灵倾诉。俩闺女明白娘的心思。1984年秋，姊妹俩商议后，长女高法英陪母亲到了北京，她挽着母亲游览了天安门，参观了毛主席曾经开大会的人民大会堂，瞻仰了毛主席遗容，向着毛主席的遗体默默地诉说了深埋心底的往事。在天安门广场的人民大会堂前，高法英请照相师傅为老人家留下了圆梦后的幸福和满足照。

左起：高法英（李秀荣长女）、李秀荣（摄于1984年秋）

高升兄妹推着老母亲看升旗

　　为实现年近八旬的老母亲于凤兰多年盼望去天安门广场看升国旗的心愿，2013年农历九月初七，长子高升开车拉着母亲和二弟媳卜惠莉、四弟高伟，带上轮椅，前往北京。第二天凌晨，兄妹三人用轮椅推着老母亲，早早赶到了天安门广场，让老母亲目睹天安门广场升国旗的庄严和壮观之景。于凤兰注视着冉冉升起的五星红旗，思绪万千，老泪纵横。儿女们帮她拭去泪水，请照相师傅为他们定格了这一激动、振奋、满足的幸福时刻。

高升（后排右一）和四弟高伟（后排左一）、二弟媳卜惠莉（后排中）用轮椅推着母亲于凤兰（前排坐轮椅者），在天门广场看升旗（摄于2013年10月12日）

孙红岩陪婆婆游青岛

常言道，老来什么叫福，子孙绕膝，子孝媳贤最有福。孙玉兰就有个孝顺儿子和贤惠的儿媳妇。这不，1985年国庆节快到了，儿子买了车票，让媳妇孙红岩抱着儿子陪婆婆到青岛去旅游，以圆母亲多年的愿望。到青岛后，孙红岩挽母抱子，他们游览了名胜景点，目睹了大海的风姿，并把身影留在了美丽的海边。

左起：孙玉兰（孙红岩婆母）、杜海涛（孙红岩之子）、孙红岩在青岛栈桥海滨（摄于1985年10月2日）

王秀芳身在外地思娘亲

　　跟随丈夫在东营的王秀芳，一家人的小日子过得十分熨帖。可自家的日子越好，越是挂念老母亲谢恩芹，断不了挤出些时间，回家尽孝心。1988年年初，王秀芳又回家探望服侍老母亲，还特意拉上嫂子、弟媳、妹妹和两个弟媳的孩子，搀扶着老母亲到了照相馆，一起照了这张合影。从此，老母亲能时刻看到大女儿，大女儿也能天天见到老母亲。

前排左起：王秀芳（谢恩芹长女）、王镇（刘学萍之子）、谢恩芹、赵元凤（谢恩芹长子妻，怀抱王新兰之女王乐）。后排左起：刘学萍（谢恩芹四子妻）、王新兰（谢恩芹五子妻）、王秀英（谢恩芹次女）、高真（谢恩芹三子妻）（摄于1988年年初）

张建新给父亲刮胡子

　　张建新的父亲张吉庆，老来得了脑血栓，留下了后遗症，行动十分不便，失去了洗头刮脸的能力不说，连理发馆都去不了。从那时起，为了减轻父亲的行动负担，张建新下决心要担起给父亲理发、刮胡子的任务。于是，他买来理发工具和精致的刮脸刀，先在儿子脑袋和邻居小孩的头上练手艺，在自己脸上试刀工。练熟了手后，开始试着给父亲理发、刮胡子。一推一刀，一招一式，轻盈而柔顺，父亲直喊舒服。这天，他又给父亲刮起了胡子，瞧，老人家眯缝着眼的神态，好惬意啊！在一旁助阵的他大姨，一个劲地称赞。

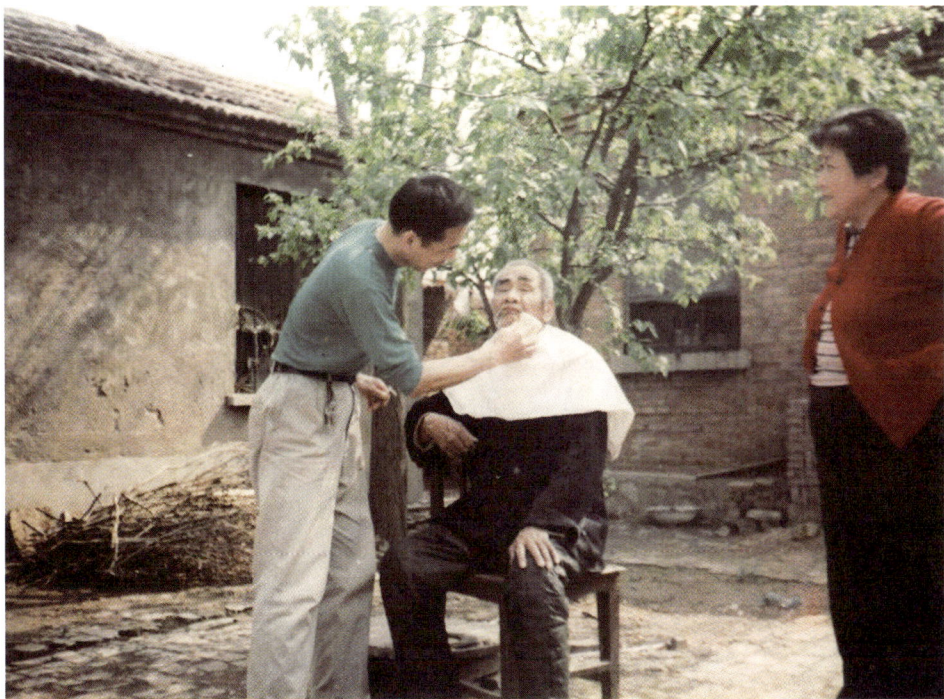

　　张建新（左一）在自家院子里，给父亲张吉庆（左二）刮胡子，大姨杜秀荣（左三）站在一旁称赞助阵（摄于2003年初秋）

高令菊春节回乡给乡亲拜年

　　1958年夏，原任高杜大队妇女主任兼现金出纳的高令菊，考上了山东省孤岛红专大学，成为高杜第一个"女状元"，毕业后分配到垦利县工作。从上学到工作，她时刻不忘家乡父老的恩情，尤其对培养她成长的大队领导们，更是时时放在心上。每年春节，她都利用假期回家探望，登门拜年。1962年春节，时在垦利县委组织部工作的高令菊又回到高杜探望乡亲们。年初一那天，她挨家挨户地去给乡亲和老领导们拜年。在回程的前一天，她请来照相师傅，和大队的老领导们一起，在大队办公室门前留下了这张合影。

前排左起：高承广、高承江、王文贤、高承淮。后排左起：高令菊、王文章、高法舜、高承周

老领导给老部下祝寿

原惠民地区检察院检察长于三杰，市人大常委会主任杨玉禄、市纪委书记郭长海、市人大常委会办公室主任丁兆明和市委办公室主任谢克立等领导，都是杜述连在北镇公社工作时的老上级。虽然他们因职位升迁，离开了北镇公社，但始终对这位解放前的老乡长，一直工作在基层、比他们年长的老部下杜述连，十分尊重和关怀。每年来节到，他们都相约来杜述连家探望慰问，像亲兄弟一样互诉衷肠，互相鼓励。1996年，杜述连八十大寿那天，几位老领导又结伴登门，前来祝贺。八十岁高龄的杜述连高兴万分，叫来了本家的兄弟离休干部杜述亭、居委会党支部书记杜述德作陪，特命任滨州市（县级）总工会主席和在新疆部队任科长（中校军衔）的两个儿子，设家宴热情招待。杜述连对老领导们登门祝寿无限感激，叮嘱两个儿子向老领导学习，将尊老敬老的传统接班传续。席间，擅长书法的谢克立主任，挥毫写下了长幅大"寿"字，并题写了"天上星辰应作伴，人间松柏不知年"的祝词。

上图是杜述连老两口在装裱后的"寿"字和祝词前的合影。下图是给杜述连前来祝寿的老领导和杜述连、杜述连两个兄弟和两个儿子在一起的合影。

前排左起：于三杰、杨玉禄、杜述连、郭长海、丁兆明。后排左起：杜建华（杜述连长子）、谢克立、杜述亭、杜述德、杜建勋（杜述连次子）（摄于1996年杜述连寿诞）

高张氏子孝媳贤人长寿

高张氏九十寿诞留影（摄于1992 年）

　　高张氏经历了新旧社会的人间地狱两重天。旧社会，她含辛茹苦生了 11 个孩子，却夭折了 9 个，只活下一男一女。到了新社会，孩子大了，她慢慢老了，心中根深蒂固的那"养儿防老"的念想实现了。儿子和媳妇对她百般服侍，从不惹她有半点儿不快。有点好饭和好菜，先给她端上，尽管她不舍得吃，再让给孙子孙女，可她的心里暖暖的。入冬，她穿上儿媳早早给她做好的里外三新的棉裤棉袄，总觉得天天暖和，日日满足。儿子儿媳生育了三男一女，使这位深深刻在骨子里"不孝有三，无后为大"孝顺观的母亲，时刻感到儿子儿媳最孝顺。老人家的日子过得舒心熨帖，心满意足，哪能不长寿！九十大寿这天，一家人给她祝完寿之后，扶她到院子里的太师椅上，给她拍下了这张透着健康、充满幸福的寿诞照片。

骨肉亲情

GUROU QINQING

　　在高杜的故事锦集里，血浓于水的情感溢满字里行间。一祖之后，一母所生，子孙绕膝，叔伯一大帮，仍一囤盛粮，一灶烧炊，尽孝齐上手，跪拜一大片；日后，虽相隔数千里，仍心与心零距离，情与情无缝隙。亲人失散，寒暑六十载，踏遍南北寻找亲人的脚印；有的虽作古，仍把英灵捧回家……在时光的打磨中，血脉之缘愈发柔韧而绵长，愈发厚重而鲜活……

大柳树下寄亲情

　　"儿行千里母担忧"。1976 年 3 月，成为一名人民海军战士的王秀国，时刻牵着父母的心。尽管父母身边还有好几个子女，他们也十分清楚儿子在部队要比在家里强得多，可对孤身在外当兵的儿子，总是放不下心中的那份思念。三年没见儿子了，日思夜想，盼他能回家来。王秀国当兵第三年的秋天，终于回家探亲了。一家人在门前大柳树下乘凉，父母和身着海军戎装的儿子叙家常，忆往事，儿子嘱托父母保重身体，父母叮嘱儿子为国家尽职，为家乡争光……三哥和三嫂深为感动，请来照相师傅，叫来当时在家的兄弟，乘着柳荫的徐徐清风，留下了这永恒的纪念照。

前排左起：谢恩芹（王文章之妻）、王文章。后排左起：王立国（王文章五子）、高真（王秀民之妻）、王秀民（王文章三子）、王秀国（王文章四子）（摄于 1979 年秋）

手足相牵赴泉城

　　"少年焉知亲情贵，人至老时倍思亲。" 1999 年春，时年 72 岁的高承广得知在济南工作、安家的三弟高承举业已退休，十分惦念，一心想去探望，便打算和 65 岁的二弟高承周一起前往。二弟高承周正有此意，老兄弟俩一拍即合。于是，他们带着三弟从小爱吃的红枣，爱喝的绿豆、棒子面等家乡的土特产，结伴赶到了济南。三兄弟相聚，激动万分，他们抚今追昔，共叙亲情。在济期间，高承举陪两位老兄游遍泉城名胜。4 月 6 日，三兄弟来到泉城广场，三弟手捧相机，为两位老兄留影纪念。

高承广（左）、高承周（右）两兄弟在泉城广场
留影（高成举摄于 1999 年 4 月 6 日）

迟到的亲情

左起：王翠奎、赵玉兰（王翠奎胞妹）

2013 年 10 月 6 日上午，与家人失散 60 多年的王翠奎，千番周折 50 多年，终如愿以偿，寻得亲人，和前来认亲的胞妹赵玉兰相见。这张照片记录下了她们相见的一瞬间。姊妹俩几十年的思念和期盼变成了现实，幸福的泪水喷涌而出……出生在赵家的王翠奎，几个月大时，亲生父母为了让她有个更好的生活环境，含泪把她送给殷实富裕、无儿无女的王家夫妇做养女。从此，王翠奎成了王家养父母的闺女，尽享养父母的疼爱和优越的生活。虽然两家居住在相隔只有十几里的两个村庄，但由于双方老人严守着当初的承诺，谁也没将真情告诉孩子，硬生生地把这血肉之痛、血脉之情深埋心底。可王翠奎在成长的过程中，在玩伴和大人们的只言片语中，感觉出自己的身世有点异常，问及父母时，面对他们那委婉的搪塞，她愈发感觉迷雾重重。"身世之谜"始终笼罩在王翠奎的心头。十几岁时，王翠奎懂事了，于是开始了她漫长的"解谜"之路。为了不伤及养父母的爱心，她只能自己暗地找闺蜜，托知心，捕捉蛛丝马迹……经过十几年的努力，当她证实了自己的养女身世后，便踏上了寻找亲生父母和家人的漫长之路。一次次的失望化为一次次的希望，才有了这个迟到的双胞胎姐妹相见的镜头。

徐绪芹如愿认家

徐绪芹三岁时，在其小姨房秀英和姨夫高顺田的请求下，父母将她送给了姨父母做女儿。徐绪芹从此离开了周村的父母，跟随姨父母来到高杜的新家，改姓高，名玉珍。虽姨父母将她视为亲生，捧为掌上明珠，可她的心中却总是被亲生父母的血脉紧紧地牵着，无时不想回到亲人身边。可基于姨父母的养育之恩，她怕伤及他们的一片心，从不开口回周村认家，一直像亲闺女一样与姨父母共同生活。姨父母为她办了婚事，帮她养育子女，她亦尽心地服侍二老。可随着年月的流逝，回家认亲的愿望愈发强烈。姨父去世后，她终于鼓足勇气，和姨母述说了自己的心愿。姨母喜笑颜开，劝她早日成行。1977 年 3 月，她带着孩子回到离别近 30 年的周村老家，和父母兄弟相认，并改回了族脉血缘的亲子姓名——徐绪芹。父母嘱咐她，对姨母尽孝，便是对父母的大孝。一家人分别时，留下了这张颇有意味的徐家团圆照。

徐绪芹（中排左六）和亲生父母及兄弟姐妹在一起（摄于 1977 年 3 月 25 日）

怀抱玄孙晚年福

　　受了大半辈子苦和累的高振和，老来家境殷实，子孙环绕，享起了清福。在他86岁时又喜得玄孙，五世同堂，真是喜上加喜。1976年1月2日，高振和87岁寿诞。孙子特意请来照相师傅，让他抱着8个多月的玄孙高磊，定格了这夕晖天伦镜头。

高振和87岁生日怀抱玄孙留影（摄于1976年1月2日）

借"机"拍下团圆照

　　1976年，杜宪峥、董秀英夫妇眼瞅着子女们一个个长大成人，两人的内心里浸润着幸福，充满着自豪。可就在这当口，女主人董秀英却不幸患上了不治之症。子女们用善意的"谎言"瞒着父母，一方面倾其所能，为母亲寻医求药，期盼奇迹。同时，他们对父母的孝顺更是面面俱到，博得二老欢心。深秋时节，全家人乔迁新房，女婿彭贵祥找来一位持有海鸥牌相机的好友，借父母高兴之际，拍下了这张团圆照。一年后，年仅 53 岁的董秀英因病去世。这张照片是她人生中唯一的一张影像。

　　前排左起：杜荣花（杜宪峥三女）、杜翠花（杜宪峥次女）。中排左起：董秀英（杜宪峥之妻）、杜宪峥。后排左起：杜同华（杜宪峥长女）、杜述海（杜宪峥三子）、杜述峰（杜宪峥次子）、杜述泉（杜宪峥长子）、彭贵祥（杜同华之夫）（摄于 1976 年秋）

姐弟情深

　　杜述强的母亲马秀珍姊妹三人，她为长，其妹马秀莲次之，小弟马长春比大姐小9岁。两个姐姐从小弟出生后，便开始帮父母照料。所以，小弟对两位姐姐的情意，不亚于对父母的感情。1947年，小弟参军，1948年年初随部队南下，由于战事紧张，从此杳无音讯。姐思弟，弟念姐，各藏心底。1949年8月，福州解放后，小弟转入地方政府部门工作，整日忙于肃清敌特，整顿城市，治理民生，仍无暇与家人联系。新中国成立之后，政权稳固，国昌民兴，1950年冬天，一封洋溢着骨肉之情的家书飞来家中，马秀珍姐妹与其父母悲喜交加，百感交集。他们当即回书，述说家乡巨变，期盼游子回乡探亲。但小弟因要职在身，公务繁忙未能成行。时至1957年初春，时任福州市鼓楼区委书记的马长春与其时任福建省文化厅领导干部的妻子陈青，携三岁之子马志军，回到了阔别十年之久的故乡，与亲人团聚。一日，众亲专程欢聚大姐家中，倾心相诉之余，前去北镇照相馆，留下了姐弟之情的时光见证。

　　前排左起：谢建民（马秀莲长子）、谢连创（马秀莲次子）、马志军（马长春之子）、杜述强、杜述俊（杜述强大弟）。中排左起：杜凤英（杜述强三姐）、马秀莲（杜述强姨母）、马云岭（杜述强外祖父）、马秀珍（杜述强之母，怀抱杜述强二弟杜述杰）、杜凤兰（杜述强大姐，怀抱其子彭立平）。后排左起：杜凤娥（杜述强二姐）、谢光海（马秀莲之夫）、杜宪法（杜述强之父）、马长春（杜述强舅父）、陈青（马长春之妻）（摄于1957年初春）

兄弟姐妹心连心

王秀华兄弟姊妹七人，自幼同吃一锅饭，同居一口屋，亲情交融。兄长王秀华热心付出，帮父母将弟妹拉扯成人，众弟妹视其如父一般。虽父母百般呵护，兄妹互相疼爱，但老二王连刚正当成年之际，不幸染病离逝。亲兄弟的不幸，使兄弟姊妹更加珍惜血脉之情。各自长大成家立业后，亲情依旧。兄弟姊妹六人中，唯大妹王秀芳和丈夫居住东营。老家的五位兄弟和小妹，每年春节都要结伴驱车百余里前去探望，寄旧情，续新意，一直坚守了几十年。图为2011年的大年初二，六兄妹在王秀芳东营家中合影留念。

前排左起：王秀华、王秀芳（王秀华大妹）、王秀英（王秀华二妹）。后排左起：王秀国（王秀华四弟）、王秀民（王秀华三弟）、王立国（王秀华五弟）

两位母亲军营探子

这两张同是展现纯洁母爱的军营探子照，时间却相隔36载。杜民生1976年入伍后，其父母日思夜念，辗转难眠。1977年五一国际劳动节那天，征得儿子同意后，母亲张桂兰前往部队探望爱子，儿子领她去照相馆拍下这张照片。从来没出过远门的张桂兰，母爱使然，只身乘汽车过黄河，蹲车站，转火车，一路颠簸，赶赴儿子的营地连云港。母亲的到来，使当兵的儿子涌起了争先向上的澎湃心潮，为其成为济南军区"学硬骨头六连"和"学雷锋标兵"，光荣登上济南军区"八一"大礼堂的讲台助了一把力。

张旭东2012年12月入伍，在总参某部当兵。他的父母同样是念子心切，想儿子想得饭不香，觉不甜。好在熬到半年后的2013年夏，母亲徐其云独自一人进京看儿子。到了军营，看到儿子长高了，出息了，穿着那身迷彩军装，既精神又威武。母亲望着儿子的甜蜜笑容，感动了儿子的战友，于是这位战友用相机记录下了这一场景。同样，母爱给儿子增添了"报效祖国，安心当兵"的斗志。张旭东立功受奖，服役期满后，仍继续留在部队，守卫祖国首都。

张桂兰（右）、杜民生母子连云港留影（摄于1977年5月）

徐其云（右）、张旭东母子在张旭东所在部队营地留影（摄于2013年夏）

珍贵姐弟情

　　这张近半个世纪前的老照片，实实在在地记录着王秀华和赵元凤夫妇俩头三个孩子的真实生活情景。在那生活还不宽绰的日子里，老三穿着二姐穿过的兜兜裤，老二穿着老大穿小了的棉衣棉裤，脚蹬母亲绱的粗布鞋；略懂事的大姐，手捧"红宝书"，二姐瞅着弟弟，生怕刚学会走路的弟弟站不稳，家里唯一的一只苹果，让弟弟捧在手中……这淳朴简单的画面，则是农家岁月的写真。如今，其中的老大已成了奶奶，连同后来又添的一个弟弟和一个妹妹，姊妹兄弟五个都变老了，可心灵中的那份姐妹兄弟情，却依然水灵灵的，鲜嫩如初。

左起：王爱民（王秀华长子，时年3岁）、王会青（王秀华次女，时年5岁）、王小青（王秀华长女，时年7岁）（摄于1969年11月）

两张兄弟姐妹照

王秀刚兄弟姐妹五人在一起的这两张照片，相隔了整整半个世纪。几十年来，他们兄弟姐妹十分珍视这一血脉亲情，不忘不淡，不弃不舍。1964 年，时年 16 岁的王秀刚初中毕业，在"石油工人多荣耀"的豪迈歌声中，被胜利油田招为山东首批石油工人，离开父母和姐妹兄弟，只身到东营参加石油会战。会战之余，年少的他念家乡，思亲人，对中学课本里唐朝诗人岑参的"故园东望路漫漫，双袖龙钟泪不干"这一诗句有了深切的体味。1966 年 4 月，他回家探亲，24 日这天，他叫上四个兄弟姐妹专程去照相馆照了上面的这张相

前排左起：王秀銮（王秀刚大妹）、王秀芬（王秀刚大姐）、王秀利（王秀刚弟弟）。后排左起：王秀刚、王秀菊（王秀刚小妹）（摄于 1966 年 4 月 24 日）

片。这张照片串联着兄弟姐妹五人的情与爱，激励着他们在各自的岗位上奋进。"日月穿梭催人老"，时光流逝了 50 年，2016 年 4 月 26 日，已退休的王秀刚，又召集其退休的姐妹和还在工作的弟弟，相聚一起，按照 50 年前的排序，还原 50 年前的初心，留下了下面这张承前启后的亲情照。

前排左起：王秀銮、王秀芬、王秀利。后排左起：王秀刚、王秀菊（摄于 2016 年 4 月 24 日）

感谢嫂子的爱

　　董近英次子高建民的婚期眼看就到了，可结婚的新房还没有着落，急得她饭吃不下，觉睡不香，连做梦都是给小儿子盖新房。她的大儿媳刘红岩深知婆婆的心思，一心帮婆婆解开这个心结。她和丈夫商议，将他们刚住了两年的新瓦房腾出来，收拾收拾给弟弟结婚住，她一家三口先搬到过去的老土屋暂住，等弟弟结婚后，安顿下来，再张罗盖新房。开始，丈夫还有点犹豫，后来，在媳妇推心置腹的动情劝说下，他心悦诚服。于是两口子立即行动，腾出新房，搬进老屋。高兴得婆婆不知如何是好，感激得弟弟千恩万谢。高建民结婚那天，专门拉着新媳妇，搀着老人，领上侄子，和尊敬的嫂子在喜庆的新房中拍下这张照片留念，以示感谢和永记嫂子的恩情。

　　前排：董近英（怀抱长媳刘红岩之子高鹏）。后排左起：高建民（董近英次子）、姜红艳（高建民之妻）、刘红岩（董近英长媳）（摄于2001年初春）

游子千里认家来

　　高建华的父亲高法贤，是高振龙老先生的长子。高法贤 1947 年入伍，1948 年随部队南下，转战大江南北，新中国成立后转业大西北，投身于铁路建设，留居甘肃省宝鸡市。游子在外几十年，时刻想念着故土，牵挂着亲人。年过半百之后，思乡之情日切。但因身体所限，不能亲自来家圆梦，只好把"认故土，慰亲人"的愿望委托给他的后人。1981 年秋，趁二子高建华完婚之际，让其长子高苏州和高建华夫妇来老家探亲人，祭先人，认祖归宗。三人带着父母的心愿和嘱托来到高杜后，全村老少如迎贵宾，五叔五婶及叔兄嫂盛情款待，游子之心甚得宽慰。临别之时，全家人到照相馆留下了这张慰藉游子的合影。

　　前排左起：常会珍（高令义之妻）、杜新英（高法凯之妻，怀抱高令义之女高蒙蒙）、高法凯（高建华五叔，怀抱高令萍之子）、高令义（高建华三叔高法宗长子）、高顺华（高法凯之子）。后排左起：高令青（高法宗长女）、泽玉玲（高建华之妻）、高建华、于新（高令青之夫）、高新（高法宗次子）、高令霞（高法宗三女）（摄于 1981 年秋）

奶奶教孙女包水饺

左起：杜瑞、杜前进（杜瑞之弟）、郝蕾蕾（杜瑞表妹）、梅景荣（杜瑞的奶奶）（摄于1990年12月9日）

杜瑞的奶奶梅景荣有一手包水饺的好手艺，他老人家包的水饺皮薄肚圆，形似元宝，出锅盛在盘中，皮亮馅鲜，香气回荡，让人馋涎欲滴。聪慧爱学的大孙女杜瑞，早就想将奶奶的手艺学到手，只是学习紧张，无暇跟奶奶仔细学习，只是偶尔在奶奶包水饺时暗中观察。孙女的心思奶奶早有察觉。1990年12月9日，正值周日，时年74岁的奶奶又下厨给全家改善生活，给孙子、孙女做她的拿手饭——白菜猪肉馅水饺。祖孙不谋而合，奶奶想教，孙女愿学。奶奶从切白菜、剁肉、和面、拌馅，一道一道工序做给孩子们看，说给孩子们听，手把手地交给他们怎么放馅，怎么捏口，怎么造型。于是，就留下了上面那张真传和真学包饺子的照片。奶奶还给他们讲述了她年轻时的一年年三十晚上，倾全家所有，只包了12个白菜素馅水饺，夫妇俩互相让着吃的辛酸经历。水饺煮熟了，孙女杜瑞特意先把热腾腾、香喷喷的水饺端到爷爷奶奶面前，把筷子递到他们手里，回报老人的爱。然后兄弟姊妹们围着小圆桌，津津有味地吃着自己亲手包的水饺，幸福如泉水般在心中涌动。于是，又留下了下面一张饱尝劳动成果的照片。

左起：杜丛（杜瑞之妹）、杜前进（杜瑞之弟）、郝蕾蕾（杜瑞表妹）、杜瑞（摄于1990年12月9日）

甜蜜的时刻

　　杜宪文、高吉凤夫妇最疼爱的孙子杜嵩松结婚了。尽管有孙子的父母、叔婶为孩子操办婚事，可仍然代替不了二老的心愿。结婚前的诸事，老两口几乎事事指点，生怕有什么不周。响门的那天晚上，老两口兴奋得一夜没有合眼。2009年11月22日结婚的这天早晨，老两口比谁都起得早，送走了迎亲队伍，老两口的心平静了不少。当噼噼啪啪的鞭炮声迎来接亲的车队，目睹孙媳被接到家中，老两口的心中甜蜜满满……一切按设计好的程序进行着。到照全家福了，经过一番捯饬的老两口，像含着蜂蜜一样，和孙子、孙媳及家人合影留念。

　　前排左起：孙守美（杜宪文侄媳）、高吉凤（杜宪文之妻）、杜宪文、杜建平（杜宪文长子）。后排左起：杜艳萍（杜宪文之女）、李红英（杜宪文侄媳）、卢继青（杜建村之妻）、杜蓓蓓（杜建村之女）、乍瑞（杜嵩松之妻，新娘）、杜嵩松（杜建平之子，新郎）、高倩（杜艳萍之女）、刘相枝（杜建平之妻）、杜建村（杜宪文次子）（摄于2009年11月22日）

龙凤成全四世同堂

　　人上了年纪，最希望子孙绕膝，安享天伦，尤其期盼四世同堂。年近八旬的高令泉、于凤兰夫妇，做梦都盼着四世同堂的日子早日到来。2008年年初，老两口的愿望终于实现了，长孙女添了一对龙凤胎。老两口乐得合不拢嘴，人前人后谝个不停。见人羡慕，更是喜得脚不沾地，几乎天天都去瞧上几遍，盼着龙凤重孙快快长大。老两口抱着重孙拍照，已说不清有多少回了。可国庆节重孙又来家，老两口还要抱着龙凤拍照留念。老两口一个抱龙，一个抱凤，儿子拿出相机，为父母和外孙留下了这张充满喜悦的照片。

高令泉（右）、于凤兰（左）夫妇怀抱龙凤重外孙，喜上眉梢（摄于2008年国庆节）

四世同堂合家欢

　　2015 年 4 月 11 日，80 岁的杜秀贞喜得重孙，圆了四世同堂梦。杜秀贞高兴得容光焕发，浑身是劲，仿佛返老还童，年轻了许多。重孙尽管有儿媳照顾，且聘有月嫂，可她几乎每日必到，似乎时时处处都不能离开她的指导。孙子杜崇山深深体谅奶奶的心思，孩子百日这天，他跑到黄河二路的照相馆请来摄影师，让老人抱着她心爱的重孙，记录下了这全家欢乐的场景。老人抱着重孙的喜庆劲儿，那幸福指数向上蹿了一大截！

左起：王立杰（杜崇山之妻）、马淑珍（杜述民之妻）、杜秀贞（怀抱重孙杜昱泽）、杜述民（杜秀贞长子）、杜崇山（杜述民之子）（摄于 2005 年 7 月 20 日）

友谊情长
YOUYI QING CHANG

　　高杜人在生活的奋斗中、交往中，相互间常因一斤粮票、一瓢高粱、半袋子瓜干、半车子土坯，或因雨中撑起一把伞，扶一把负重的爬坡人，拉一把突然的跌倒者，按一次病友的呼救铃而结缘……这些朴素而又普通的举止，往往给人以震撼，给心田播入不息的旺盛火种，你来我往，"投我以桃，报之以李"，结为知己、亲友甚至亲家，这种感情成为人世间最绵长的情愫……

庄乡情深

　　高太平小时候，由母亲一个人拉扯着他和哥哥奔日子，他们家一直是生产队的"困难户"。娘仨住的是祖上传下来的旧屋，略能挡风，可无力遮雨，单靠娘仨的能力，无论如何也盖不起新房。生产队和乡亲们看在眼里，急在心中。1969年春，生产队一声招呼，呼呼啦啦，众乡亲有钱的捐钱，有物的献物，有粮的帮粮，有力的出力，只用了半个多月的时间，就帮娘仨扒了旧屋，盖起了四间新瓦房。后来，乡亲们又帮他们兄弟俩娶妻生子，一家人过上了好日子。1985年冬，高太平和女儿在瓦房前留影，告诉女儿永记庄乡恩情。

高太平和闺女高小芳在乡亲们帮他盖的房前留影
（摄于1985年冬）

儿时玩伴喜相聚

　　照片中的这23位小伙子，都是当年杜家村的小玩伴。曾经一起抓过鱼，摸过虾，剜过菜，捡过瓜；也曾先后进入高杜小学，读同一本书，受教于同一位老师，有着长大后"当兵入伍，保家卫国"的同一梦想。可长大后，他们有的在家务农，有的进厂当了工人，只有杜建勋梦想成真，应征入伍，成为新疆部队三局的一名解放军战士。杜建勋成了众伙伴崇拜的偶像。1978年春节，杜建勋回家探亲，当年的发小们顿时活跃起来，为有一位在祖国边疆戍边的同伴感到荣耀，大家挽着臂膀，到北镇照相馆留住了昨日玩伴今青春的念想。

前排左起：杜庆堂、杜立华、杜述泉、杜建勋、杜建平、杜立国、杜小立。中排左起：杜建生、杜述平、杜建堂、杜述杰、杜国庆、杜同林、杜顺堂、杜胜利。后排左起：杜建国、杜东生、杜述峰、杜和平、杜国华、杜述民、胡建华、杜秋堂（摄于1978年春节）

当年的发小们

当年发小逾古稀。追忆儿时情景，伙伴们尊年龄稍大的高令祥为首，在他的带领下，西坡地里打草换零钱，东湾里摸鱼摘白莲；一有行动，呼呼啦啦，大的牵着小的手，一般高的手搭肩。上学了，昨天你喊上我，今天我叫上你，天天凑齐了才一块儿到学校；放学了，你帮我背书，他帮你填空，再一起算算数；作业完成了，不是到东场院打瓦，就是去西场院滚溜溜蛋，早晚听到谁的家长呼喊着他的小名回家吃饭，才恋恋不舍地各自回家，仍忘不了约定好晚上凑在一起的地点和时间。第二天交上的作业，对的都对，错的都错，罚站一个不缺。1968年，伙伴们相继参加工作，奔赴各条战线，但儿时的情感犹在。1968年6月6日，他们又相聚一起照相留念，挽住了当年的纯真。

前排左起：高吉岩、高令祥、王秀峰。后排左起：王秀民、高令强（摄于1968年6月6日）

美好的青春

　　这帮从小一起长大的闺蜜，论辈分，虽然有的是老姑，有的是姑姑，有的是姐妹，但她们情同手足。小时候，一起听老太太讲孟姜女、嫦娥、七仙女的故事，一起学针线、学刺绣，一起上学、同受一师教，乞巧节一起学巧，中秋节一起赏月……大点儿了，明月当空的夜晚，一起浇麦地；星辰渐稀的凌晨，一起割麦子；秋高气爽的深秋，一起抢收玉米；全民皆兵的日子里，飒爽英姿五尺枪，巾帼不让须眉。1976年大年初一那天，这帮知心好友聚到一起，牵手搭肩，跑到照相馆，留下了青春靓影。

　　前排左起：高小会、高双凤、高凤兰、高金娥。中排左起：高秀华、崔新兰、高杏奎。后排左起：刘小敏、高真（摄于1976年春节）

射击比武夺第一的喜悦

　　照片中的这10位民兵，是经高杜大队民兵连推选，代表全连参加1978年6月由北镇公社民兵营组织的射击比武选拔赛的。他们从接到命令的那一刻开始，便投入到紧张的训练之中。晨曦中，模拟实弹射击，你帮他纠正姿势，他帮你掌握扣扳机的时机；天亮了，眼—缺口—准星，三点一线，瞄准靶心，一枪又一枪，不时传出报靶员的报靶声；晚霞里，谈体会，搞点评。他们天天以枪为伴，刻苦训练。功夫不负有心人。公社正式比武那天，他们在强手如林的队伍中，镇定自若，稳定操枪，一举夺得了全公社民兵射击比武选拔赛的第一名，获得了参加全县民兵射击大比武的入场券。他们满怀喜悦，到达滨县驻地老滨城后，到照相馆合影留念，预祝参加全县民兵射击大比武取得优异成绩。

　　前排左起：刘爱民、高真、高杏奎。中排左起：高新华、杜秋堂、刘刚义、杜小利。后排左起：高法明、高小平、王秀利（摄于1978年6月）

手捧宝书读起来

　　胡建华和李道胜自幼一起长大，既是玩伴，又是邻居，就像亲兄弟一般。无论做什么，总见他俩成双结对，如影随形，让小伙伴们很是羡慕。这不，两人又一起参加北镇公社基干民兵毛泽东思想学习班，成了同桌同学。两人一起读原著，一起听辅导，互相交流从字里行间咀嚼出的领悟和味道。1969年1月，他俩在学习班学习时，辅导员老师给他俩拍下了这张照片。

李道胜（左）、胡建华（右），在毛泽东思想学习班一起学毛选（摄于1969年元月）

瞻仰烈士英灵

　　杜红新和胡永峰是一块儿长大的伙伴儿。1995年年底，胡永峰应征入伍，当了武警战士，杜红新依然留在高杜。从此人各一方，可深情犹在，书信往来不断。在家的鼓励当兵的在部队勤奋练武，立功受奖，为家乡父老争光；当兵的嘱咐在家的艰苦创业，精于创新，靠勤奋劳动致富。1997年春节，胡永峰回家探亲，两人有说不尽的离别情，道不完的往昔事。他们特意到送别胡永峰入伍时共同瞻仰过的滨州市烈士陵园烈士纪念碑前，面对革命先烈，互相鼓励，要在各自的岗位上绽放青春精彩，不辜负烈士英灵。离开烈士纪念碑前，他们请照相师傅给他俩留下了这张寄托未来的合影。

杜红新（左）和胡永峰（右）在烈士纪念碑前合影（摄于1997年2月）

阳信探恩师

　　王振英老师，阳信县城关镇大寨村人。自1956年年初调高杜小学任教，至1968年冬调回原籍，她用心血和知识滋润浇灌了十几届学子。她和每一位学生都结下了深厚感情，高杜乡亲视她为亲人。虽然她人离开了高杜，但她的学生和乡亲们对她的情感如初，念念不忘她严冬里顶着寒风，把学生一个个接进教室的情景；大雨中，她披着雨衣在校门口护送学生的身影……她的为人为学深深地烙在高杜人的心中。1994年夏，已是工人的王文荣和成为企业领导的高法兴、高新民三人，代表高杜学生和乡亲，驱车百里，专程到阳信城关镇大寨村看望王振英老师。师生见面相拥而泣，说不完的亲，道不完的恩。临别前，他们在王老师家的房前拍下了这张彰显师生真情的照片。

前排左起：王文荣、王振英老师、高新民。后排：高法兴（摄于1994年夏）

昔日战友重逢

　　1972年12月，照片中的这六位年轻人，一起辞别父母、亲人，告别家乡应征入伍，赴祖国西北边陲，在一个连队戍边卫国。几年的戎装生涯中，他们一起摸爬滚打，一起站岗放哨，相依相守，携手进步……寒暑轮回，昔日的战友分期离开了部队，带着军旅磨炼的作风和风采回乡，踏上了新的工作单位，只有杜建勋还留在部队。但他们之间的友情，依然深埋在各自的心中。1978年春节，杜建勋回家探亲，已退役的五名昔日老乡、战友得以重逢，留下了这张情深义厚的合影照。

　　前排左起：赵凤华、杜建勋、高新民。后排左起：高士杰、胡新利、刘振华（摄于1978年春节）

房东房客一家亲

　　1986年年底，外乡人张士华带领的土方工程队承包了修建黄河一路路基土方工程。为方便施工，张士华租住了杜述明两口子刚建好不久的四合院将其作为办公室兼宿舍。张士华成了杜述明家的房客。交往几天后，张士华见房东两口子忠厚实在，他家的几间偏房又闲着，就向他们提出把工程队的伙房安到里面的请求。杜述明两口子一口应允。于是，杜述明家变成了这个施工队的指挥部和后勤保障部。工程开工了，伙房开火了，满院子热闹起来，小推车、筛土筛等各种施工工具层层叠叠，队员们进进出出，你来我往，锅碗瓢盆叮当，烟火缭绕。杜述明全家乐得不得闲，腾出手来帮着整理维修工具，进伙房帮厨，像一家人一般。1987年11月，工程队工程竣工即将离开时，张士华请他们全家去蒲湖公园游览，并留下了这张记录房东房客一家亲的合影。

房东杜述明（后排左三）和女儿杜红娟（前排左一），与修建黄河一路路基工程的工程队队长张士华和在他家居住过的队员在蒲园留影（摄于1987年冬）

欢送杜宪文履新

在里则公社党委副书记职位上工作了三年的杜宪文，奉调新职即将离任。在任期间，杜宪文与大家同住一檐下，同吃一锅饭。开会学习时，杜宪文讲政策谈道理深入浅出，声声入心；论发展话远景由近及远，句句在理；下农村一身庄户装束，挥鞭能赶车，扶犁会耕田。干部愿跟他共事，村民愿与他交心，老人愿和他拉家常，小娃娃愿让他抱抱。听说他要离任，谁也不愿他走，再忙也得赶来相送。1977 年 11 月 23 日，杜宪文辞别前，公社的全体工作人员要和他一起合个影，住在公社的唯一的女同志也领着孩子来了，那小娃娃扑进他的怀里，杜宪文抱起他，和大家一起留下了这张公社全体人员的"全家福"。

里则公社全体工作人员欢送杜宪文（二排左四抱小孩者）离职履新

都当他是高杜人

　　王令德是潍坊安丘人,自打与高法英结发来到高杜,村里人便把他当成高杜人。不管是安排农活、劳力调派、记工计酬,还是社员福利,分粮分柴,他全都和高杜社员一个样。王令德在父老乡亲的感召下,实实在在地把高杜当成自己的家。20世纪70年代初,生产队买了第一台拖拉机,村里年轻人做梦都想自己能握上这台拖拉机的方向盘。做高杜女婿的王令德,说啥也没想到庄乡们推选他当上这宝贝拖拉机的驾驶员。他把乡亲的信任化作动力,起早贪黑,将全部精力投入到拖拉机的使用和保养维护上,为生产队的农副业生产历尽辛苦。乡亲们都说,令德为咱受累了。图为1993年秋,王令德和老伴结婚30周年时两人在家中的合影。1998年4月,他病危弥留之际,嘱咐守候在身边的老伴和孩子,身后不要把他送回安丘,要把他留在高杜,和已去的庄乡共守这方热土。

王令德(左)与老伴高法英(右)在其老宅堂屋中合影(摄于1993年秋)

庄户兽医的纪念

　　高法忠是自学成才、在四邻八乡小有名气的庄户兽医。1958 年，而立之年的他，被北镇兽医站聘为兽医。凭着自幼跟父亲学习的兽医医术和庄户人淳厚朴实的农民秉性，他深受老百姓的认可。同事们都愿和他一起下乡为牲禽防疫，给牲口治病，共同钻研破解牲畜疑难杂症的药方。1959 年国庆节，兽医站全体工作人员为庆祝新中国成立十周年，也为纪念高法忠到兽医站工作一周年，特意请来照相师傅，在兽医站大门口用蒙着黑布的魔术般的相机留下了这张"喜庆照"。

庄户兽医高法忠（后排左三）
与北镇兽医站全体工作人员合影
（摄于 1959 年国庆节）

技校毕业留念

　　高令菊1958年暑期考入红专大学（1959年年初该校更名为孤岛综合技术学校，简称孤岛技校）后，就被选为该校团总支委员，直到1960年7月毕业。两年的技校生活让她学得了知识，增加了阅历，丰富了共青团基层工作经验。这两年中，她和团总支委员们带领团员青年，顶星月赶晨曦，干打垒，建校舍，冒风雪战沙窝，植树育林，教室里聆听老师的谆谆教诲，油灯下相互交流学习心得……与同学、支委结下了深厚的友情。毕业了，谁也舍不得分手，谁也不愿意离开。为了留住这段美好时光和友谊，高令菊和同班同学合影，再和共青团孤岛技校总支委员会的全体成员合影，把火红青春的身影，永远刻在了生命的年轮里。

高令菊（后排左四）在山东省孤岛技校毕业时，与共青团孤岛技校总支委员会全体委员合影（摄于1960年7月10日）

茗香迎来美国客

　　2003 年 11 月开市的高杜茶叶市场，给村民打造了就业平台，缕缕茶香飘逸开来，各界朋友纷至沓来。2007 年 6 月的一天，一位美国客人在翻译的陪同下，慕名来到茶叶市场，踏进了高林其、赵瑞芹夫妇的"康和世家"茶社，兴致勃勃地冲着他俩边比画，边哇哇啦啦地说着外国话。听美女翻译微笑着介绍，才知道他是来滨州工作的美国客人，是专门来这里品茶的。高林其拿出上等龙井，按照传统茶艺冲泡后请客人品尝。美国客人啧啧品味，竖起大拇指用生硬的中国话说："我爱中国茶！"此时，高林其店铺的邻居，按下了快门，记录下这宝贵的一幕。

美国客人（左一）与其翻译（左四）在高林其（左二）、赵瑞芹（左三）夫妇的茶店品茶

并蒂芙蓉
BINGDI FURONG

　　"百年修得同船渡，千年修得共枕眠。"在这座古老而又年轻的家园里，一双双有情人成眷属，从年少到暮年，从青丝到银发，从银婚到红宝石婚，从金婚到钻石婚，相陪相伴，相濡以沫。他们在季节的交替里傲霜斗雪，栉风沐雨，驱寒为暖，酿苦为甜；在生活里，在日子里，如并蒂芙蓉，为家人，为街巷，为社会，绽放艳丽，弥漫浓香……

恩爱夫妻六十载

高吉祥（右）、杜凤芹（左）在孙女高越出嫁时的合影

　　高吉祥童年丧父，母亲把他兄弟四人拉扯成人。杜凤芹少年时，父母双双离世，由奶奶抚养长大。共同的身世使他俩相互怜慕，互相倾情。1954年10月，高吉祥和杜凤芹承新中国第一部婚姻法的阳光雨露，走进了婚姻殿堂，结为好合。男耕女织，风雨相伴一个甲子。如今，虽已耄耋之年，夫妻俩仍相依相扶，沉浸在"老来伴"的甜美里。2013年6月，他们的孙女高越喜结良缘，他俩戴着大红花，拍下了这一充满喜悦之情的合影照。

别具一格的金婚庆典

　　1962 年 1 月 28 日，高法兴和王丽荣走在一起，举办了简朴的婚礼。在艰辛的岁月里，这对夫妻恩爱有加，逢苦齐发奋，遇甜共品味。两个儿子成家立业后，十分体谅父母当年的不易，合计着为父母补办一场体面的婚礼，弥补过去困难时期的遗憾，于是将吉日选在父母金婚之良辰——2012 年 1 月 28 日。喜日临近，两个儿子忙里忙外，做唐装，布场地，找剧团，联票友，告亲友。那天，夫妇俩在孩子们的簇拥下，早早来到国寿饭店宴会厅，在"恭贺高法兴王丽荣金婚誌喜"的横幅下，全家人留下了这张纪念照。接着在亲朋好友的掌声中，孙子、孙女祝词，王丽荣倾诉 50 年风雨，并以京剧、吕剧、三弦、相声、小品助兴。大家欢声笑语，举杯祝福，醉了相伴相守 50 年的老夫妻。

　　前排左起：王丽荣、高法兴。后排左起：高韶泉（高法兴次子）、高梦旭（高韶泉之女）、宣春芳（高韶泉之妻）、薛丽霞（高韶春之妻）、高瑞（高韶春之子）、高韶春（高法兴长子）

农家也有了结婚照

城里人时兴拍结婚照，农村人也开始兴拍结婚照了。1965年11月22日，杜宪民、孝岩荣喜结连理。拜完天地，入了洞房，一帮年轻人鼓动他俩去照张结婚纪念照，给以后留个念想，留个美好记忆。新郎、新娘搁不住众人的催劝，身着农家的结婚"时装"，经一番捯饬打扮，在好事伙计们的陪伴下，步行到北镇照相馆，拍下了这一标志着他俩新生活开始的珍贵时刻。尽管他们的服饰普普通通，没有披金戴银的华丽，两人也显得些许羞答和拘束，但它真实记录了那个年代农村人的朴实、勤俭的风格。

纪念相识五十年

1966年8月6日，时为驻青岛海军某部战士的高令国，与正在青岛国棉四厂学习的北镇棉纺厂女工李桂兰邂逅青岛栈桥。共同的北镇乡音引发感情共鸣，两人开始交谈，从家乡谈到青岛，从黄河聊到大海，从隆隆的织机唠到雄伟的战舰。从此两人相识相恋，后来结成伴侣。每每回忆起初识时的浪漫，夫妻二人常情不自禁地在俩女儿面前"炫耀"。50年了，俩女儿觉得爸妈偶遇相识，姻缘相牵，是修来的情缘和福缘，很值得纪念。于是，便给他俩各订制了一套唐装，拍了这张有情人相识50年的纪念照。

杜宪民（右）、孝岩荣（左）夫妇结婚照

高令国（右）、李桂兰（左）夫妇纪念相识50年合影（摄于2016年秋）

恩爱夫妻齐眉并肩

　　1974年元旦，时为惠民地区建筑公司工人的高吉岩，与滨县电业局工人战振香喜结良缘。这对奋战在不同岗位上的工人伴侣，生活上互相体贴，工作上相互鼓励，一起度过带孩子的艰辛岁月，共同担当孝敬老人的义务；妻子为丈夫提干晋升而欢欣鼓舞，丈夫为妻子当上先进工作者而容光焕发。这张照片，是高吉岩、战振香夫妇为纪念结婚24周年在家中的合影留念。如今，夫妇俩双双退休，在夕阳的余晖里，充满着更加美好的色彩。

高吉岩（右）、战振香（左）夫妇纪念结婚
24周年在家中合影（摄于1998年元旦）

下岗夫妇创新业

高林其（左）、赵瑞芹夫妇纪念结婚 20 周年，在自家的"康和世家"茶店合影（摄于 2009 年 11 月 22 日）

　　高林其是原北镇毛纺厂工人，赵瑞芹是原北镇第三棉纺厂工人。两人相识相恋，于 1989 年 11 月 22 日喜结连理，靠两人的工资过着自给自足的温馨日子。可好景还不到一年，媳妇便下了岗。好在有丈夫的工资维系，小两口的生活还能过得去。过了一年多后，高林其也下了岗，仅靠两人微薄的下岗职工基本生活费，日子就捉襟见肘了。这对年轻的小夫妻，没有气馁，他们振作起精神，踏上了创业路，在路边搭了个水果摊，从小本小利起步，腰包渐鼓。适逢高杜茶叶市场崛起，夫妻俩决然将资金投入茶叶生意，办起了自家的茶行。这张照片是他俩在结婚 20 周年时，于自家的茶店留下的纪念。如今，凭着夫妻俩的辛勤与诚信，"康和世家"茶行生意逐日兴旺，名声与日俱增。

参军送别
CANJUN SONGBIE

　　曾几何时，在炮声犹在耳的新春佳节，夜半深更，在民族存亡的关头，老父用叮嘱，老母用抚摸，妻子用泪水，送子送郎上战场的凛然镜头，仍历历在目。那一送一别的壮举，感天动地，被日月摄入光芒里……在阳光普照的年代，家人用笑脸，庄乡用锣鼓，同学同事用拥抱，把一批批戴大红花的青年送入军营。他们把自己的青春与共和国的安宁紧紧系在了一起……

厚望寄予分别时

在那个全民仰慕绿军装、敬仰解放军的年代，有谁入伍，真是天大的乐事。1972 年 12 月，在北镇化工厂当工人的高新民应征入伍了。面对身着戎装、威武潇洒的他，村里的发小和厂里的工友都羡慕得不知如何是好。就要分别了，大家凑在一起互诉衷肠，互相鼓励。入伍的嘱咐在家的踏踏实实做好本职工作，成就事业，照样光荣；在家的嘱托入伍的珍惜大好时机，刻苦练兵，尽快成为优秀战士。1972 年 12 月 11 日这天，他们不约而同地又聚在一起，欢送明天就要奔赴祖国边疆的高新民。于是，他们来到北镇照相馆，记录下分别前的深情一幕。

前排左起：张树杰、高新民、王秀民、刘新华。后排左起：陈玉明、于大民、王秀杰、高胜利、王连兴

老兵送子参军

　　高吉堂，1946 年参军，是参加过解放战争的老兵，1957 年转业。11 年军旅生涯，让他与中国人民解放军结下了深厚情感，毕生向往着挥戈亮剑、沙场点兵、担当保家卫国重任的人民军队。高吉堂自己离开了部队，后来他让子孙参军，既履行他们的义务，又传承自己的心愿。1974 年 12 月征兵开始，他鼓励适龄的长子高长滨报名参军。儿子接到"入伍通知书"后，高吉堂高兴得把全家人叫到一起，照了这张全家福欢送儿子。24 年后的 1998 年，长孙高亮又到了入伍年龄，高吉堂又把他送进了军营。

前排左起：高立滨（高吉堂次子）、徐其凤（高吉堂之妻）、高红卫（高吉堂三子）、高吉珍（高吉堂大姐）、高吉堂（怀抱其四女高秀红）。后排左起：高小红（高吉堂次女）、高长滨（高吉堂长子）、高秀芬（高吉堂长女）、高秀梅（高吉堂三女）（摄于 1974 年 12 月 20 日）

七兄弟送秀国当兵

　　1976年3月，王秀国实现了梦寐以求的当兵愿望，穿上了人民海军的蓝军装。一身合体的戎装，让他显得格外威武挺拔、英俊潇洒，老人们高兴得心花怒放，兄弟们羡慕得如痴如醉。在他即将登上征程时，家人们争相与他合影留念，最后，七兄弟和他一起照了这张照片，记下了为他送行的那一时刻。

　　前排左起：王立国、王秀华、万金昌。中排左起：王秀利、王秀民。后排左起：王秀刚、王秀国、王秀明（摄于1976年3月）

岁月印记

　　照片中的小伙子们各自动用各方面的关系，千方百计地为自己求一顶军帽或一件军衣，或一条军裤，庄重地穿着于身，似乎自己就成了一名解放军战士。可他们心里明白，他们充其量只是一名民兵，他们朝思暮想的是有朝一日能参军，穿上真正属于自己的军装，成为一名真正的解放军战士。1969年年底，征兵开始了，他们个个踊跃报名。可到了体检时，唯有高志杰如愿以偿，其他伙伴都被刷了下来。遗憾、惋惜过后，歆羡、友谊居于上。1969年12月11日，高志杰辞行前，这些伙伴、好友，有的戴上红星闪闪的军帽，有的身着威武的绿军装，手捧《毛主席语录》合影纪念，刻下了这彰显岁月的一笔。

前排左起：高令勇、高吉岩、高凤刚、高志杰、高令强、高令奇。后排左起：高法生、高承泉、孙建忠、高法林、高承连

欢送习武师兄弟沙建国光荣入伍

　　照片中的小伙子们，是来自不同村庄在一起习武的师兄弟。几年来，他们在一起早练功，晚习诀，切磋技艺，建立了兄弟之谊、挚友之情。1972年12月，师兄弟沙建国应征入伍。热情而又向往武行军人生活的高杜青年杜同安、杜胜利、仲世奎和这帮整天在一起习武的哥儿们，既高兴又羡慕。因即将分别，人各一方，不由得生起丝丝眷恋和不舍之情。启程前，师兄弟们不约而同地来为沙建国送行，用相机记录下了师兄弟们的深情。

前排左起：刘学东、沙建国、高岱。中排左起：高俊文、仲世奎、杜胜利。后排左起：杜同安、贾洪海、于根明（摄于1972年12月）

民兵连连长率代表欢送战友入伍

　　1976 年 12 月，高杜民兵连民兵杜民生、高立国和高全祥光荣入伍。在三位入伍新兵临行前，整日在一起劳动、生产、训练的民兵连连长高凤强和民兵代表专程赶到照相馆与他们合影留念，鼓励他们砥砺奋进，练好本领，报效祖国。

前排左起：高立国、杜民生、高全祥。中排左起：杜丽萍、杜翠敏。后排左起：高凤强、杜建生、高法坤（摄于 1976 年 12 月）

领导集体年年送新兵

前排左起：王秀利、王宁、高海波、高爱国、高立国。后排左起：高小平、高立兴、杜述庆、张勇、王秀明、孙红岩（摄于1999年12月）

前排左起：高立兴、杜民生、高立国、高新华。后排左起：高昊琛、王琛、高乐（摄于2013年9月）

抗日战争和解放战争时期，村里凡有青年入伍，他们总是披红戴花，骑上高头大马，村长亲自牵马拽镫，把他们送到部队。从此，村领导班子集体送兵便一届届传承下来。只可惜那时没有拍照设备，没留下一张纪实的照片，但这种情景牢牢刻印在人们的心坎。如今有了影像设备，人们就把欢送入伍青年的场面实录下来。祖国富强了，人民富裕了，青年人踊跃入伍、保家卫国的热情依旧，人民对子弟兵的热爱依然。

文中的这几张照片，依次记述的是：1999年12月，党支部书记高立国、居委会领导、市武装部领导和新兵家长王秀利、高爱国一起欢送入伍新兵王宁、高海波；2013年9月，党支部书记杜民生同居委会领导在居委会欢送新兵高昊琛、王琛和高乐；2016年9月，党支部书记杜民生同居委会领导在居委会欢送身携《高杜人说高杜事》一书的新兵王淑鹏和杜念乐；2017年9月，党支部书记杜民生同居委会领导及新兵家长高法伦欢送身携《高杜人说高杜事》一书的武警新战士高一凡。

　　新一代有文化、有知识、有梦想的青年入伍新兵们，带着家乡父老的嘱托与领导的期望，怀着一腔报效国家的热血，接力为民当兵、为国扛枪，传承高杜人的爱国情怀，履行保家卫国的神圣义务和职责。

左起：杜顺堂、高法杰、高立国、王淑鹏、杜念乐、高新华、杜民生（摄于2016年9月）

左起：高立国、高新华、高法杰、高一凡、杜民生、高法伦、高凤林（摄于2017年9月）

学子奉献

XUEZI FENGXIAN

　　悠远里的高杜，秀才、监生、贡生之众，身穿文雅的长袍马褂，才气抖擞。当今，学士、硕士、博士和高级教师、医师、工程师，更是才气如斗。承古传今，学子们留故土、去他乡、赴异国，把学识种入田园和校园，把学问播入旷野和海洋，把才艺植入生命和呼唤……他们把才能奉献到哪里，哪里就气象更新。他们捧给世间的是青春、是力量、是大美。

发掘滨州杜家文化宝库的战士

杜同柱，滨州杜家十九世孙，20 世纪 60 年代末毕业的大学生。上学期间，他就对滨州杜家先祖文化有过些许接触，心海里就曾泛起血脉的涟漪和奇妙的灵感，这一直觉和诱惑一直牵念着他的人生旅程。2006 年，从油田退休回到家乡后，花甲之年的他，一头扎进滨州杜氏先祖留下的古籍中，成为发掘和整理杜氏文化的战士。他捧着一部部先人专著，牵系岁月两端，一端先祖，一端世孙；一端祖师，一端虔徒；一端之乎者也文，一端当下白话韵。无声似有声，他与先人进行心与心的对话、交流，一句句咀嚼，一字字品味，思其神，悟其意，将先祖

工作中的杜同柱，正在笔记本电脑前编写《高杜人说高杜事》（摄于 2017 年 3 月）

文化之宝尽揽囊中。继而，这些瑰宝派上了大用场，杜同柱先是受聘于滨城区人民政府，任杜受田故居保护修复指挥部顾问，负责杜受田故居的修复和布展工作；后又受聘于滨城区杜受田故居管理办公室顾问，为杜受田故居成为国家 4A 级旅游景区增添了举足轻重的砝码。其间，他把这些研究成果一一融入其中，先后与他人合写出版了《一代帝师杜受田——家族史话》《一代帝师杜受田——杜氏教育探析》等多部著作，不仅填补了推介和弘扬滨州杜氏文化的空白，而且成为一笔宝贵文化遗产留传千秋。同时，杜同柱倾其十余载心血，参与了高杜居委会编写出版的记住乡愁、传承乡情、深含杜氏文化底蕴的现代版巨著《高杜人说高杜事》的第一至第三部。他将夕阳余晖全部洒在家乡的这片文化沃土。

杜同柱参与编著出版的传扬滨州杜氏文化部分书籍

工人出身的高级工程师

　　王秀杰，1970年5月进入滨化集团（原北镇化工厂）当工人。1976年，爱学善钻的王秀杰被推荐考入山东大学化学系有机专业学习，1979年本科毕业后，回原厂服务。1980年，王秀杰进入滨化集团科研所工作，主持并参与新产品研发工作。他研制开发的"破乳剂"产品应用于各大油田，为集团新产品开发做出了贡献，多次受到企业和上级领导的表扬和奖励。1988年至1992年的4年间，他研发的"聚醚系列产品""B2C-4稠油破乳剂"和"B2P-4A稠油破乳剂"均荣获地区科技进步奖，由此晋升为高级工程师，升任集团科研所主任、高级工程师。2014年退休后，王秀杰被滨州市金华化学助剂科技开发有限公司聘为总工程师，继续为社会发挥余热。其间，他研发的"老化油破乳剂"被辽河油田曙光采油厂应用，处理老化原油300多万吨，受到用户的认可和好评。身为高级工程师的王秀杰，退而未休，继续为社会做着新贡献。

王秀杰在工作中（摄于2017年4月）

向世界传播中华文化的使者

　　高红霞，1991 年毕业于聊城师范学院，现任滨州实验学校中学英语教师，年级主任，高级教师。她以"以一棵树摇动另一棵树，以一片云推动另一片云，以一个灵魂唤醒另一个灵魂"为追求，扎根于教育事业，和学生心连心，深受学生的信任和喜爱。多次荣获滨州市优秀教师、优秀班主任、教科研先进个人、师德标兵、中学英语教学能手、中学英语学科带头人和滨州市劳动模范等光荣称号，有多篇论文发表于省、市级教育专刊。更为可贵的是，她在做好本职工作的同时，致力于中华文化的对外推广，于 2013 年 6 月取得国家汉语推广小组办公室认证的外派汉语教师资格，并于 2013 年 8 月至 2016 年 7 月，由国家汉语推广办公室公派，任教于美国加州圣地亚哥州立大学孔子学院，并在湖滨中学（Lakeside School）等学校教授汉语。

高红霞在美国圣地亚哥和她的学生们的合影（摄于 2015 年 5 月）

高红霞回国前夕，在美国圣地亚哥和她的爱徒合影留念（摄于 2016 年 7 月）

探秘生命密码的医学博士夫妇

高飞博士在工作中（摄于 2017 年 3 月）

丁玲玲博士在撰写论文（摄于 2016 年 10 月）

高飞博士荣获的山东省科学技术奖证书

时光迈入 21 世纪，高杜出了一对医学夫妇新星。高飞在免疫学方面颇有造诣。2008 年获山东大学免疫学博士学位后，进入山东大学齐鲁医院工作，短短几年时间，有 33 篇重磅级论文被收录于 SCI，亮人眼球；作为两项专利的首席负责人，他承担国家自然科学基金面上项目和青年科学基金项目以及 5 项省部级课题，其中一项斩获山东省科技进步二等奖。现在，他已成为山东省医学伦理学学会副秘书长兼理事、世界中医药学会联合会络病专业委员会委员。

丁玲玲师从我国妇产科知名专家陈子江教授，在生殖医学领域颇有见地。2016 年获山东大学生殖医学博士学位，毕业后进入山东大学附属生殖医院工作，从事女性内分泌疾病的诊疗。借鉴临床实践经验，她对多囊卵巢综合征和原发性卵巢功能不全领域开展潜心研究，有 10 多篇论文发表于 SCI，4 篇论文见诸国内核心期刊，2 篇登上国内外学术会议讲坛。作为项目负责人，她承担了一个省计划生育科技发展计划项目，一个山东大学附属生殖医院创新基金的策划设计和实施项目。她研发成绩卓著，现已成为山东省超声医学工程学会妇产专业委员会常务委员、山东大学医学伦理学会理事。

回国医学博士的光彩

杜静，2004 年于滨州医学院临床专业毕业后，以优异成绩考入中国协和医科大学攻读硕士学位，2007 年获医学硕士学位后，被公派德国柏林洪堡大学就读博士，2013 年获医学博士学位。原本有留异国就职资格的她，却毅然放弃德国的优越条件和优厚待遇，飞回生她养她的故乡，就职于滨州医学院附属医院科研中心，从事肿瘤防治研究，为家乡人民解除病痛。瞧，镜头中绽放满脸笑容的她，正在实验室做实验。她给高杜添了彩！

为研究新课题，在实验室做实验的医学博士杜静

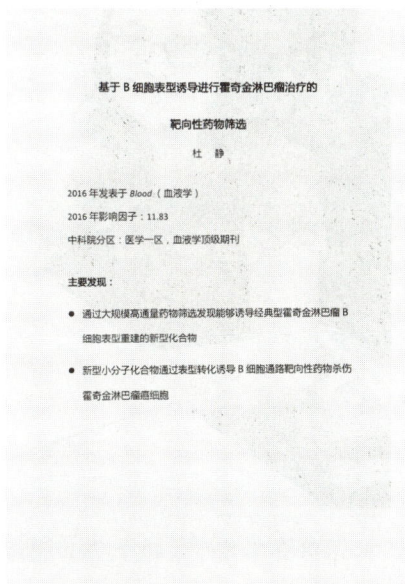

杜静博士 2016 年在国际顶级医刊上发表的论文中文版首页（摄于 2016 年 10 月）

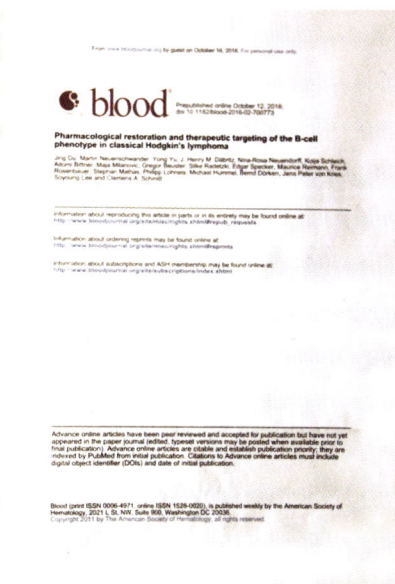

杜静博士 2016 年在顶级国际医刊发表的论文英文版首页（摄于 2016 年 10 月）

活跃在金融界的硕士夫妇

　　杜维滨、唐悦夫妇，两人分别于 2009 年、2010 年取得大连理工大学经济学硕士学位，一个就职于中国平安财产保险股份有限公司济南第一中心支公司，一个就职于中信银行济南分行。杜维滨于 2017 年升任中国平安财产保险股份有限公司济南第一中心支公司银行保险部销售总监，2015 ～ 2016 年连续两年业绩卓越，多次被公司评为明星主管、优秀主管和优秀经理等荣誉称号。唐悦于 2017 年升任中信银行济南分行零售部业务管理室副经理，主持该室工作，获高级业务经理称号，连续 5 年被单位评为优秀员工。

杜维滨在工作中（摄于 2017 年 5 月）　　　　唐悦在工作中（摄于 2017 年 5 月）

辛勤的幼儿高级教师

高秋英，1988 年调入滨州第一棉纺厂幼儿园从事幼儿教育，1993 年 5 月入山东博兴师范学校进修，1995 年 7 月毕业后，返回原单位担任幼儿教师。她善于和孩子们交朋友，了解孩子们的快乐和悲伤，甘于把自己的情和爱奉献给孩子们。她全身心投入幼儿教育事业，直到退休。1995 年被评为"山东省幼儿教学先进工作者"，2002 年被评为"滨州市幼儿教学能手"，2003 年晋升为小教高级教师。

学生时期的高秋英暑假参加生产队劳动
（摄于 1976 年盛夏）

高秋英（穿红衣坐者）在指导幼儿排练由她编导的、荣获滨州市（县级）优秀节目奖的儿童剧《取经路上》
（摄于 1989 年儿童节前夕）

医学研究生假期为居民义诊

高志良，专本连读学中医五年，2012 年考取了山东中医药大学中医药专业硕士研究生。入学前的暑假，他回到家乡为居民义诊，一个多月中，为高杜和附近社区的 200 多名患者进行诊治。他走进患者家中，为患者针灸、拔罐，减轻了患者的痛苦。他的义举受到居民的欢迎，《齐鲁晚报》的《今日滨州》版面记者得知后，对他进行了专访，并于 2012 年 8 月 21 日对他进行了报道。

2015 年 7 月，高志良于山东中医药大学研究生毕业，获中医药硕士学位。上学期间，他的论文荣获山东省科学进步优秀成果三等奖。毕业后他回到家乡，就职于滨州市中医院，在医学道路上尽显才华。

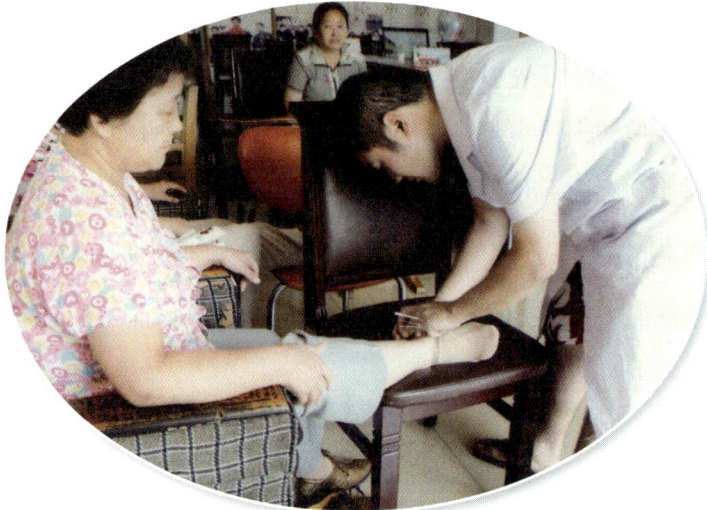

高志良在义诊中（摄于 2012 年暑假）

高志良暑假为居民义诊的事迹刊登于《齐鲁晚报》的《今日滨州》版面

老宅之恋
LAOZHAI ZHI LIAN

　　旧村改造落幕，乔迁高楼之喜在即。此刻，全村人思绪荡漾，辗转难眠。祖上用那孺子牛般的劳作、滚落的汗水，将土屋变瓦房，历经沧桑。在老宅里，新生命发出第一声啼哭，子孙过日子、度春秋，享受温暖和欢乐，彰显人生的精彩……临别，再抚摸一回那一砖一瓦，再拥抱那一物一景，再给它一回粉饰，拍张彩照，留下永远的眷恋和不舍。

拆迁前的留恋

远亲不如近邻。于清华和王锁的老宅，中间只隔一条胡同，两家相处很多年，彼此关照，亲如一家。2003年居委会第二期旧房改造，她们两家很快就要搬进新楼房。即将离开老宅院时，两人一起围着两家的宅院转了一遭又一遭，追忆当年创建时的艰辛，品味互帮互助奔日子的欢乐，憧憬搬进单元楼后的美好……她们在王锁家的老宅前留下了这张纪念照。

于清华（左）与邻居王锁（右）在即将拆迁的老宅前合影留念（摄于2003年夏）

最后一刻的依守

2005年年初，第三期拆迁工程铺展开来，杜家东头的老宅院一户户腾空拆除，倒出空地建住宅楼，姜爱英家的宅院就在其列。当她和家人搬完家里的物件、锁上大门时，留恋之情油然而生。她凝视着她和丈夫用半生心血搭建起的宅院，久久不愿离去……儿子理解母亲的心，用相机为母亲在即将消失的宅院大门口留下了她与老宅院最后一刻的依守。

姜爱英在即将拆迁的老宅院大门前留影（摄于2005年初夏）

乔迁之后忆老宅

　　杜晓勤家搬迁时，一家人都忙于工作，匆匆搬出老宅，没来得及和老宅在一起留个影，这成了一家人的憾事。细心的儿媳高会珍，回忆起 1997 年冬天刚搬进这套新房时，为庆祝乔迁之喜，全家人曾在那宽敞明亮的新院里拍过合影，便翻箱倒柜找出以往的影集，寻找有关这套老宅的照片，以弥补匆忙中的遗憾。终于找到了这张浓缩日子、诉说情愫的全家照，全家人将其郑重地镶入镜框，成为告慰过去、珍惜现在、展望未来的见证。

杜晓勤全家在老宅院的合影。前排左起：郭秀珍（杜晓勤之妻）、杜晓勤。后排左起：高会珍（杜永华之妻）、杜永华（杜晓勤之子）、杜凯（杜永华之子）（摄于 1997 年冬）

拆迁时的纠结

　　1968年春，高令奇在庄乡和亲友的帮助下，盖起了四间土坯瓦房，圆了母亲多年的新房梦，有了自己的家。1974年春节，大冷的天，高令奇从屋里搬出棵柳桃树，一家人在房前照了这张相。1995年，走上致富路的他，扒了这套土坯瓦房，盖了栋二层小楼。1999年，旧村改造第一期拆迁工程启动，二层小楼面临消失，高令奇内心十分纠结。他既有对浸满汗水小楼的留恋，也有对刚刚建起四年的小楼即刻夷为平地的惋惜，更为强烈的是让好日子的脚步走向更远的期盼，于是他毅然决然，按时腾空。后来，当被问及搬迁时的感受时，他却拿出了上面这张照片，述说着当年住进土坯瓦房时的愉悦和扒掉时的心疼。他说那套土坯房才是他的初心、初恋。

高令奇与家人在自己亲手建起的土坯新房前，为喜庆乔迁、欢度春节合影留念。前排左起：高冬青（高令奇长女）、崔氏（高令奇之母）。后排左起：孝延芹（高令奇之妻）、高令奇（摄于1974年春节）

古宅情结

　　村里的人们都住进了高楼大厦，可大家依然思恋着曾经生活过的老宅，特别是那些上了点岁数的人们，不时怀念着那个时代的情景。有的是因为在那艰难的年代节衣缩食亲手建造起老宅，有的是因为在那里呱呱落地，有的是因为在那里度过了无忧无虑的童年，有的是因为在那里娶妻生子……老宅给人们捧出了生命的光彩，与人们结下不解之缘。黑岐玉一直珍藏着这张1981年春节，她和老公公高同顺及子侄们在她结婚时做"喜房"的老屋前的合影，以慰藉对消失的老宅的思恋。

　　前排：高永波（高同顺五孙）。二排左起：高小霞（高同顺五孙女）、高同顺、高永军（高同顺四孙）。三排左起：高立军（高同顺三孙）、高立霞（高同顺四孙女）、黑岐玉（高同顺四儿媳）、高立花（高同顺长孙女）（摄于1981年春节）

老办公场所的留恋

　　1995年秋，高杜"两委"班子即将搬入新办公楼。面对老办公场所，大家百感交集。近20年来，先后三任领导班子在这里谋天谋地，谋吃喝拉撒，为全村（居）的家家户户、老老少少，日夜操心受累，付出了数不清的艰辛和汗水。这里的一砖一瓦、一桌一凳，甚至每一寸光阴，都凝聚了他们的心血，见证了他们的足迹，它是高杜前进征程上的一个历史坐标啊！他们对这老搭档有着千般感情啊！要走了，谁都恋恋不舍，只好留一合影，依依惜别。

前排左起：苏英华、王秀华、杜述德、高立国、高立兴。后排左起：王秀明、杜述美、高小平（摄于1995年秋）

老宅恋

　　杜经堂盼望着住上新楼房，但又留恋住了多年的老平房，这是他两口子大半辈子的心血，也是孩子们成长、成熟的地方。收拾完家里所有的物件，临走了，他在老宅门口站了半天，看了又看，瞅了又瞅。此刻的他，既喜新又恋旧，因了那老宅里有他挥汗写就的人生文字，有他全家奔日子的纪实。由此，他和老宅一起留了这张惜恋之影，随后转身走向新楼房。

杜经堂搬迁时在老宅大门前留影（摄于 2004 年 7 月 6 日）

泥瓦匠的老宅

　　杜述伦做了一辈子的泥瓦匠，不知为多少农家、多少机关单位的房屋砌过砖，加过瓦，抹过灰，泥过墙。老来了才为自家建起了这座砖瓦到顶、石头根脚、水刷石墙面的五间正房，配有东厢房连着大门楼，以及红砖西墙的宽阔宅院。闲不住的老两口把这个宅院的里里外外、一桌一凳、一盆一景都规整得整齐有序，擦拭得干干净净。他俩实在爱这个院落，爱这个家。后来，杜述伦走了，子孙们更爱这个家。旧村改造工程开始了，杜勤堂接过老父亲留下的这个宅院，就要夷为平地改建大楼了，怎能不心疼，怎能不留恋？为了新农村建设，为了更美好的生活，他们按时搬出了老宅，并将老宅的建设者和老宅在一起的这张合影，永久地珍藏着。

杜述伦（右）、高玉华（左）夫妇在自家宅院里的合影（摄于1973年秋）

留在心中的老宅

　　这张高法成、刘翠兰夫妇1996年夏天在自家宅院大门前的合影照，成了老两口的最珍爱之物，因为它刻印着当年老宅真实的一隅。老宅凝聚着老两口大半生的辛劳，充满着儿女们的欢声笑语，见证了一家人的苦与乐……今天从昨天行来，香醇由辛劳酿造。如今住进了高楼，过上了新生活，思绪愈发悠长，这张照片成了老两口思念老宅的寄托。不忘过去奔波，明天扬帆行更远。

高法成（右）、刘翠兰（左）夫妇在其老宅大门前合影

　　高杜人一向习歌舞、善拳剑。早有劳作歇息间的说书匠，两腿泥花的庄户剧团，元宵节闹龙灯、舞狮子的表演队，"国"字号的吕剧名家，饱人耳福的绝响口技，走江湖的太极拳北派传人……今有夕晖里揉弦入戏的京剧票友，除夕夜献艺家庭春晚的祖孙三代，晨曦中桃李累枝的剑师、拳师、舞师……这喜闻乐见的形声神色，展现着高杜人精神的富有、高雅和文明。

演出后的姐妹照

自 1945 年 7 月八路军解放滨县之后，翻身得解放的高杜村民在开展大生产的同时，展开了热火朝天的文艺宣传活动，且坚持了数年之久，多次受到滨县二区区政府的表彰。自 1951 年年末起，高杜村民排演了歌剧《小女婿》《杏林记》《二兰记》等剧目，并得到了广大百姓的认同和称道，在全县名噪一时。其中《小女婿》最为叫好。在该剧中饰演男主角"天喜"的王文英，名声大振，备受推崇，成了高杜的荣耀和骄傲。1952 年春节过后，《小女婿》连演数场，

左起：王文英、王文蓉（摄于 1952 年 2 月）

场场爆满，欢呼声、喝彩声不绝于耳。有一次演出结束后，她的大姐王文蓉兴致勃勃地拉她跑到北镇街唯一的那家照相馆，留下了这张姐妹合影照。

祝贺篮球比赛夺冠

高法利，1955 年秋考入北镇完小读书，他不但学习成绩优秀，还擅长打篮球，入学不久，就被选拔进学校篮球队。高法利不仅个高体壮，抗冲击能力强，而且投篮命中率高，是球队的"拿分手"。在 1956 年举行的全县完小篮球比赛中，他所在的北镇完小篮球队连战皆捷，夺得冠军，为学校争得了荣誉。校领导专程赶往县城前去祝贺慰问，并与篮球队领队老师和全体队员在一起合影留念。

当时的篮球冠军队，前排左一为高法利（摄于 1956 年 7 月 15 日）

绿茵场上的高杜人

　　1963 年 8 月，16 岁的高吉忠考入北镇中学。由于他从小酷爱体育，又擅长长跑，入学不久，便被选入学校的足球队。一年后，高吉忠成为队里的得力中锋。1964 年初夏，他作为高杜足球第一人，随他所在的北镇中学足球队，代表惠民地区参加了在青岛举行的山东省第九届运动会。在历时半个月的赛事中，他在绿茵场上铲球、断球，如豹似虎；长传短吊，灵巧非凡。在与众多强手的角逐中，球队连克强手，挤进前四名，并获得了"集体风格奖"。北镇中学足球队为惠民地区增了光，高吉忠为高杜添了彩。

　　高吉忠（后排左四）所在的北镇中学足球队，代表惠民地区参加山东省第九届运动会，赴青岛参赛。领队、教练与全体队员于青岛留念（摄于 1964 年 7 月）

庄户戏班的演员们

　　20世纪40年代末，高杜兴起自办戏班活跃文化生活，并一直延续到1956年。1964年，这项活动重整旗鼓，照片中的这伙青年人为骨干，琴鸣鼓响，再度亮相舞台，或自编，或移植，或请专人进来指导，或走出去学习，排演了许多深受老百姓喜爱的剧目，得到群众的赞扬，受到上级的表彰。1965年国庆前夕，戏班自编自演的赞扬平民百姓拾金不昧高尚品德的独幕话剧《向阳人家》在原农校大礼堂上演，赢得了观众和惠民地委、惠民专署领导的热烈掌声。戏班演出结束后，地委、专署领导走上舞台和他们一一握手，亲切祝贺。国庆节那天，全体演职人员在北镇东风照相馆一起合影留念，将那段舞台演艺时光聚焦于影像的印记里。

前排左起：徐绪芹、高辉、高法俊、王文荣。后排左起：杜晓钧、杜晓勤、高法兴、高承照、高承林、高令国（摄于1965年国庆节）

《逛纱厂》唱响北镇

1966年，北镇建筑社受命参加青岛国棉四厂北镇纱厂的建厂施工会战。为此，社里专门组建了一支青年突击队投入会战。突击队为配合会战，组织起了以瓦工杜晓勤、壮工徐绪芹、木工高承林为骨干的业余文艺宣传队。他们一边工作，一边开展文艺宣传活动。不久，由游德恩作词，借用《逛新城》的曲调，改编成赞扬北镇纱厂未来新貌的曲剧《逛纱厂》。该曲剧得以排练公演，由冯丙章饰演老汉，徐绪芹饰演女儿，杜晓勤操坠琴，高承林吹笛子伴奏。曲子奏响之时，"老汉"和"女儿"出场，两人的第一个舞步，第一声脆唱，就满场生风。观众前仰后合，喝彩如潮。在地区文化馆的推荐下，此剧到地区驻地各单位巡回演出，唱响北镇。为庆祝演出成功，突击队全体队员合影庆贺。

北镇公社建筑社参加北纺建厂会战突击队全体队员为《逛纱厂》演出成功合影庆贺。前排左二为杜晓勤、左三为徐绪芹，后排左一为高承林（摄于1966年11月）

演出后的留影

　　1984年，高杜的文化生活又进入了新一轮高潮。刚刚由村委会改为居委会的领导班子顺应民意，在春节、元宵节期间组织开展多项高杜传统的民间文娱活动。刚进腊月，便先后组建了龙灯队、舞狮队、高跷队和秧歌队。经过20多天的排练，年初一那天先在本村演出，年初二开始，到驻北镇的机关、村居、单位演出，展现了高杜人热爱文艺、热爱生活的精神风貌以及文艺表演的不俗技艺。演出一直延续到正月十六那天。这张照片是高洪军和高林其演出归来后，为纪念两人合作舞狮成功的合影留念。

高洪军（右）、高林其（左）舞狮表演归来，在
高洪军家房前合影留念（摄于1984年元宵节）

酷爱象棋的杜述川

操一口重庆话的杜述川，大概是因为乡亲们听不懂他的话，所以很少主动与人交流，可他心中始终装着乡情，揣着亲情。他从重庆认祖归宗回到高杜，后来进滨县轻工机械厂当了工人。他参加厂里的几次象棋比赛，几乎场场力压群雄，人们这才知道他具有下象棋的天赋。原来他干活时、走路时、闲暇时，嘴里嘟哝的都是"棋路""棋谱"，一抬脚似乎迈得都是跳马、出车、隔山炮的"象棋步"。有时在路上碰上熟人，他也很少打招呼，因为他正思索着对咄咄进攻的对手回应那一步暗藏杀机的妙招呢！他曾多次代表轻工机械厂、代表滨县参加县、区举行的象棋比赛，都取得了好成绩。这是在1980年度惠民地区中国象棋比赛中，他和队友们奋力拼搏，为滨县代表队荣获季军后的留念。

象棋爱好者杜述川（后排右一）与滨县象棋代表队全体队员参加惠民地区中国象棋大赛，获奖后在一起合影留念（摄于1980年8月）

爱武之人杜雪堂

　　杜雪堂，原滨州化工厂职工，2012年退休。自幼酷爱武术，1969年起师从具有"沧州八虎"之称的郭仲三先生习练燕青拳，并得真传，燕青门的刀、枪、剑、棍、月牙铲等，被他演绎得活灵活现，招招逼真。观其习武，真个静如泰山，动似游龙。2010年，杜雪堂结识了陈式洪传太极拳创始人洪均生的嫡传弟子张福贞老先生，又得其口传身授，使他对太极拳有了深刻领会，加之其燕青拳的功底和对拳理的领悟，他练的太极拳根基扎实，功架端正，身法流畅，并将燕青拳的擒拿结合到太极推手中，融会贯通。在几十年的习武生涯中，他以传承武术为己任，从学者络绎不绝。1997年滨州地区武术运动协会为他颁发了"社会武术指导员资格证"。2013年，他被聘为滨州市武术运动协会副主席，自2004～2015年先后被授予"滨州市传统武术十佳教练员""滨州市传统武术十佳武术家""滨州市太极拳协会优秀会员""滨州市武术运动

杜雪堂在舞剑（摄于2013年初秋）

协会先进个人""太极拳比赛个人拳术优胜奖"等荣誉称号，并多次代表滨州武协参加国家、省级武术比赛，成绩斐然。

杜雪（学）堂获得的部分荣誉证书及聘书（摄于2016年12月）

高杜走出的相声演员

高瑞，自幼酷爱相声艺术。2011 年大学毕业后，高瑞独闯上海，其间，结识相声新秀付俊坤先生，并随其到苏州文园相声社学说相声。捧逗皆攻，他很快亮相舞台，深得相声、小品名家侯耀华赏识。后有幸考入中央音乐学院深造，毕业后在上海松涛说唱团田耘社任相声演员。2013 年 12 月，在江苏昆山拜战友文工团曲艺队队长张文甫先生为师，由此步步走红，成为相声界新秀。他在苏州名园相声社和张雷合说的相声名段《报菜名》，受到观众的热烈赞扬，得到相声界的首肯。与赵松涛合说的相声《那些年我们追过的热剧》，在 2014 年 10 月上海联艺汇报演出中，一举爆棚上海田耘相声专场。

高瑞（左二）和相声泰斗张永熙老前辈在一起（摄于 2012 年 5 月）

高瑞（左一）和相声、小品名家侯耀华在一起（摄于 2013 年 10 月）

高瑞（左二）和赵松涛在上海新闻综合频道表演《那些年我们追过的热剧》（摄于 2013 年 5 月）

小小机器人迷

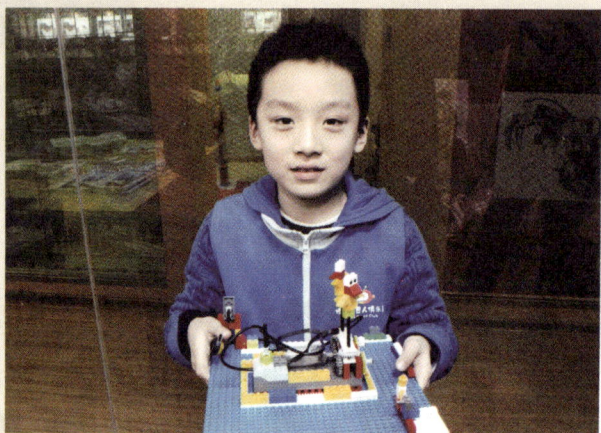

高翔翼与他的机器人及参赛获奖证书（摄于 2016 年秋）

高志杰的小孙子高翔翼，在山东大学附小读书，他是个小机器人迷。他的业余时间几乎全部用于学习组装机器人。长辈们给他的压岁钱和他平时积攒的零花钱，全都用于购买电子元件。凑齐了元件，一件件组装，一个个调试，不满意再拆、再改、再装、再试，直到满意。一个二年级的小学生，全身心地钻进组装机器人的技术"堆"里。为攻克难点，他常熬到深夜，有时趴在桌子上进入了梦乡。醒来后，他总看到妈妈坐在身边陪伴他，将热腾腾的牛奶递到他的嘴边。功夫不负有心人，一个个完美灵巧的机器人诞生了。经过层层选拔，2015 年他代表山东省参加了在苏州召开的全国少儿业余机器人世锦赛，荣获三等奖。比赛结束后，他特意去商场给妈妈买了块丝质花头巾。妈妈接过花头巾，一把把他揽在怀里，幸福满满……

为太极拳普及而努力

太极拳爱好者高令军，不仅自己潜心钻研拳理及架势套路，奔着更高的目标勤奋努力，而且十分注重太极拳的推广普及，组织更多的学员一起练习。每天清晨，一群太极爱好者，身着太极拳服聚集在唐赛儿广场上，在高令军的带领下，动静开合，刚柔相济，上下左右，顺逆缠绕，以气运身，以意领气，一招一式柔缓连贯，举手投足气势圆活。图为唐赛儿广场上，他正带领学员们练功习武，切磋拳艺。

太极拳爱好者高令军（前排一）带领学员练拳（摄于 2016 年 4 月 18 日）

观光逐梦
GUANGGUANG ZHUMENG

外面的世界有多大,有多精彩?这个问题一直萦绕在高杜人的心头。家家户户的日子过恣了,母带子,子携老,成双成对,甚至全家出动,迈出家门,走高速,坐高铁,乘飞机,飞南国北疆,赴高原海滨,游名胜古迹,览景点风光,聆听历史回声,放眼天地辽阔……一回回出游,领略的是江山的博大、壮观和雄伟,带回的是励志,是奋进,是满心的爱。

老党员北京圆梦

　　杜述连 1947 年入党，是村里第一个入党的老党员。新中国成立前就担任滨县二区李杨乡乡长，新中国成立后一直从事基层工作。1985 年年逾古稀，他才离开滨州市（县级）环卫处的工作岗位。这位从沧桑岁月里走过来的老党员，对共产党和毛主席充满了无限的崇敬和爱戴。他最大的心愿就是能到首都北京，亲眼看看伟大领袖挥戈千里、指点江山的地方。由于工作繁忙和条件限制，夙愿入梦千百回，一回一回心不甘。1986 年，离职后的他沐浴着阳光，只身来到北京，到了毛主席纪念堂，向毛主席塑像献了鲜花，他眼含热泪，深深三鞠躬，并瞻仰了毛主席遗容。然后，杜述连怀揣滚滚思绪，来到天安门前，请照相师傅留下这张充满敬仰和虔诚之情的照片。

杜述连瞻仰毛主席遗容后，在天门广场留影（摄于 1986 年夏）

梦圆"天安门"的布景下

　　1958年夏，在惠民专区商业局工作的杜晓滨因公和同事一道去北京出差的消息不胫而走。村里人得知他将要去首都，能亲眼看到毛主席登上过的天安门，都为他高兴、自豪，并表示无比羡慕。起身的头天晚上，老少爷儿们纷纷聚到他家中，让他代表自己和家人向毛主席敬个礼，杜晓滨一一应承，答应在天安门前照张照片回来和大家共享。其实，他当时不知道他们是去北京郊区办事。待同事在张店买上了去通县的车票，他才知道他们这次进不了北京城，大家最向往的天安门是去不成了。为了不让大家失望，他特意挤出点空儿到通县一家照相馆，在画着天安门的布景下照了这张相，权作圆了自个儿的梦，亦圆了乡亲们的梦。

杜晓滨来到北京郊县照相馆，在画着天安门的
布景下留影（摄于1958年夏）

学习之余赏古韵

　　1991年秋，高杜党支部书记杜述德、王家党支部书记王维民及樊家党支部书记于景和，一起参加滨州市（县级）党校的基层党支部书记培训。即将结业之时，他们三人相邀来到颐园，一面饱览老区历史文化古韵，一面交流学习收获，切磋奔富路的谋略，决心借用党校学习的收获，紧跟时代步伐，尽快带领庄乡奔富路。此刻，那古色背景，似乎也读懂了他们的心声。

左起：王维民、杜述德、于景和（摄于1991年秋）

农妇圆梦北京城

　　过去农村的妇女，连滨县城都没到过的不在少数，更别说去首都北京看看雄伟的天安门，或者去其他大城市逛逛了。可到了 20 世纪 80 年代，村里嬗变如飞，以前做梦才敢想的事终于降临到眼前。1984 年春，高杜居委会开历史先河，第一次组织村民外出旅游，村民们首选的目的地就是首都北京，而且把优先权让给了中老年妇女们。当第一批去北京的妇女坐上旅游大巴出发时，全村男女老少涌出来，为她们送行。这张照片，是其中的四位妇女在颐和园门前的合影。

左起：杜凤芹、徐其凤、周爱贞、张桂兰（1984 年春摄于北京颐和园）

愉快的旅游

　　自 1984 年春天开始，高杜居委会出资组织村民外出旅游，一批批带着泥土芬芳的种田人分别来到北京、青岛等地，成为"旅客潮"中的一分子。图为高法顺经理带领的团队来到青岛，兴致勃勃地游览完栈桥景区后，又到鲁迅公园游览。欢乐的人们在鲁迅公园门口合影留念，一张张笑容灿烂的脸，就是那愉快而美好时刻的最好证明。

　　前排左起：李秀云、刘学萍、盛宝凤、杜秀清、王锁。后排左起：高建滨、高承杰、高承宝、高法舜、杜述范（1994 年夏摄于青岛鲁迅公园）

进货之余再游青岛

　　1986年春节临近，又到了服装销售的黄金季节。在新兴市场经营服装生意的王凤英，还没进1985年腊月，就抢先一步去即墨服装批发市场进货。出发前，她就做好打算，借进货之机去青岛逛逛，沾点儿天海一色的风韵，助兴自己的生意。以前她也曾去过几趟即墨，尽管青岛抬脚就到，可她心中从来没有前往青岛游玩的愿望。村里组织姐妹们去青岛游览回来后，说青岛海滨如何辽阔壮观，站在栈桥上远望，海天一色相拥相吻，心情是何等美妙……一时间，王凤英心潮难平，于是借进货之机，直奔青岛海滨栈桥。站在栈桥上的她极目远眺，视野豁然大开，心血如潮涌，一种幸福感油然而生，于是赶忙请拍照师傅留下了她与栈桥相依的合影。

王凤英在青岛海滨栈桥留影（摄于 1985 年 12 月）

心向北京天安门

　　高令义和村里的年轻人们一样，都是从小唱着《东方红》，向往着祖国首都成长起来的。1984 年春，村里开始组织去首都北京游览，可是先去的优先权让给了中老年人，秋风渐凉还没有轮到年轻人，这可把高令义急坏了。他实在等不及了，向单位请了两天假，自费捷足去了北京。在火车上，他兴奋得一宿没合眼，下了火车天还没亮，就直奔天安门广场。东方刚刚泛红，他就在天安门广场，心里默默唱着《东方红》，用镜头记录了人生这一难忘的时刻。

黎明时刻，高令义在天安门广场留影（摄于 1984 年秋）

向往心中的红太阳毛主席

　　高令强、孟繁荣夫妇都是工人，年轻时既要忙于工作，又要服侍老人，还得照料三个儿子，放弃了多次外出旅游的机会，直到退休后才清闲下来，得以走出去，享受一下观光之福。2012年金秋十月，两人到了京城，登万里长城，瞻仰毛主席遗容，仰望人民大会堂，目睹了五星红旗冉冉升起，并记下了这终生难忘的镜头。

花甲之年的幸福

　　热爱共产党、崇敬毛主席的高新民和爱人南凤銮，多年以来一直向往着两个人能一起到北京城看一看。退休前，他俩虽各自都去过北京，可从来没有结伴成行。花甲之年，他们终于拥有了属于自己的时间，这为夫妻共览京城提供了机会。2012年10月，老两口终于一起来到北京，站在雄伟的天安门前，面对人民英雄纪念碑，他们浮想联翩，感慨万千。光影一闪，留下了这张充满幸福与喜悦的夫妻合影照。

高令强（右）、孟繁荣（左）夫妇在天安门广场合影（摄于2012年10月）

高新民（右）、南凤銮（左）夫妇京城游览，在天安门广场合影留念（摄于2012年10月）

收藏岁月

　　乱世黄金，盛世收藏。高杜人在改革开放的东风里，荷包鼓起，高楼崛起，一股"收藏热"悄然兴起，方寸间赏大千世界，物件里览悠远风云，在把玩中，与历史亲吻，与古人对话，尽享艺术之美……打开册页，满目的影像和藏品，弥补了高杜人昔日精神生活的空缺，给文明和文化拓出一方新天地。

高杜古玩市场一览

2004年7月竣工并开市的高杜古玩文化市场

2004年7月，由高杜居委会开发建设，位于黄河八路最南首的面积3000平方米、配有53套商铺门面的高杜古玩市场竣工开市、为滨州市的收藏爱好者提供了一个藏品展示、交流、交易、学习和提高的平台。古玩市场的藏品琳琅满目。每逢周五、周六，人们络绎不绝地来到这里，滨州周边县（市），乃至京津地区的古玩客商也慕名云集，经过几年运行，市场规模越来越大，参与的人员也越来越多。为适应蓬勃发展的收藏界需求，2016年伊始，高杜古玩市场二期工程开工；2017年夏，古韵文化街竣工，开市在即，8套明清风格商铺分列南北，这四张照片，分别记录的是原古玩市场和新建成的古韵文化一条街的实况。

古玩市场的兴旺发展，将许多高杜居民带入了收藏队伍。他们漫步于历史的长河，品味着博大精深的收藏文化，享受着高层次的精神生活。文中展现的这些图片，即是喜爱收藏的高杜人的部分藏品，以供品鉴分享。

2017年夏竣工，即将开业的高杜古韵文化一条街

收藏爱好者和他们的藏品浏览

高国昌（中）的集邮藏品

高建国（右）的藏品

高伟夫妇的藏品

高建春夫妇的古籍及红色收藏

胡建华夫妇的藏品

高立军的藏品

喜爱乐器的张小民也爱收藏

杜红民的藏品

高翠红夫妇的藏品

杜卫国（右）的藏品

高春祥（左）的集邮藏品

仲士奎（右）的藏品

高国华的藏品

杜述杰的藏品

高洪军夫妇的藏品

杜红光（右）的藏品

高立忠的藏品

杜建磊（右）的藏品

李军营的藏品

杜建村（左）的藏品

高立印的藏品。左起：高立印、滨州市收藏家协会名誉会长杜民生、滨州市收藏家协会会长徐汉林、高立春

杜建平的藏品

杜雪堂夫妇的收藏

王永军夫妇的藏品

杜海涛的藏品

高新华（中）的藏品

杜顺堂（右）的藏品

高会生夫妇的藏品

杜国华的藏品

王秀利的藏品

杜同聚的藏品

李锡震老先生的打火机藏品

聘　书

遵照收藏家协会章程，经选举
杜民生 同志为滨州市收藏家协会名
誉会长，任期伍年。

山东省滨州市收藏家协会
二〇一〇年五月一日

杜民生受聘滨州市收藏家协会
名誉会长的聘书

杜民生收藏品展厅一角

故宫博物院书画鉴定专家
单国强在鉴赏杜民生收藏的
"87神仙"画卷

杜民生收藏的"大明宣德年制"青花五彩梁山 108 将瓷塑人物造像一套

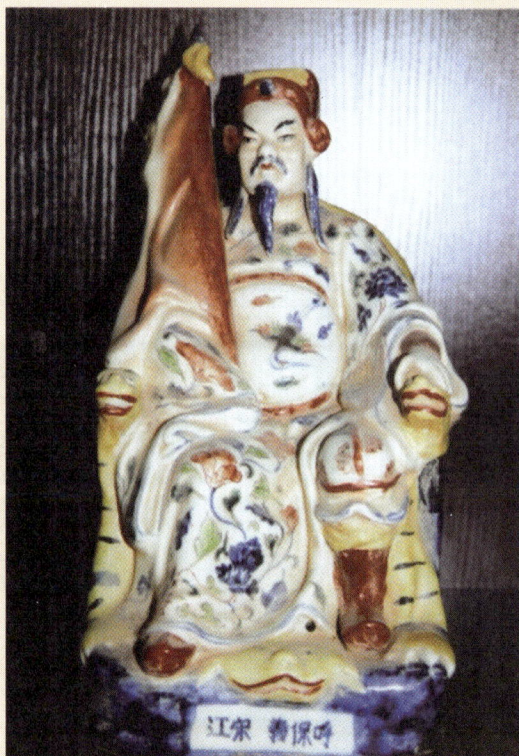

一百单八将中的
"呼保义宋江"

后 记

　　《高杜人说高杜事》（全家福卷）的编写，饱含着温馨和快乐，现在终于画上了句号。合卷而思，感慨良多。

　　与《高杜人说高杜事》结缘，得益于至交杜民生。20 年前，我和他为了帮助一个企业走出困境，共商过良策。后来他回高杜任书记，反弹琵琶，以书香文明促物质文明，以文化软实力促经济发展。2005 年，杜民生动员全村家家户户讲故事、写故事出书，邀已退休、只念过五六年书的我来帮忙。盛情难却，欣然从命。前后 12 年，我和编辑部的同志们一起，连这部"全家福卷"在内，一共出了三部《高杜人说高杜事》。虽然编写难度很大，但我受益匪浅。

　　人写草根族，事要接地气，褒奖真善美，是这三部书的共同主旨。但每一部书的切入点、侧重点和语言运用等又各不相同。前两部书，虽文图并茂，但整个篇幅是文字占天下，图片服从于文字、服务于文字、相配于文字，它只作为"秋"中一叶，插入文中。而"全家福卷"却与此大相径庭，它是以照片领头，相配文字，图与文是红花与绿叶的关系，文字只是照片的说明词。通常情况下，照片的说明词有一两句话、一两行字就可以了。但《高杜人说高杜事》讲的是故事，如果按常规写，那就成了影集合订本，显然与书的总体要求不相符，有悖于书的初衷和灵魂。

　　对于这一总体基调，编辑部的同志是深有感悟的。但这部用照片发声说话的说明词如何写，过河的石头很难一下子摸到。相配的说明词，既不能写过程、写细节，长篇大论，淹没了照片，又要短小精悍，亮人眼球，不是纯故事而有故事味，有可读性；既要琅琅上口，通俗易懂，又要意不言尽，让人咀嚼回味。具体写起来，一个字一个字落在白纸上，的确难度不小。于是，民生同志费神谋设计，谋主旨，写范文，拿样作，定夺取舍；立国同志坐镇协调统筹；编辑部的同志汗水滴滴，心血汪汪，每篇说明词磨了又磨，琢了又琢，从初稿到定稿，少则七八遍，多则十多遍。包括这部书的书名、大篇章和小栏目的题记，都颇费心思和周折，局外人是无法体味的。真诚金石开，终于写成今天这个样子。可以说，这部"全家福卷"的结构布局、框架设置和写作技巧等，前无参照，今无借鉴，是在前两部书两度创新的基础上，再一次的突破和创新。

我与文字打了半个多世纪的交道，读过不少传记、回忆录，写过不少类似题材的东西，提及创新这一话题，从没有像今天亲历的《高杜人说高杜事》这样吸引我、打动我，令我叫绝和点赞。从根本上说，种田人讲自己的故事，扶犁的手、掏粪的手、推磨碾米的手、飞针走线的手，写散发着泥土芬芳的书，这本身就是创举。三部书就是三部曲。前两部，一部是打开尘封的记忆，追述悠远岁月里高杜始祖的来路，打捞乡愁，不忘初心的"寻根曲"；一部是血脉之爱、乡亲之爱、四海弟兄之爱和自然之爱、家国之爱的"大爱曲"。这部"全家福卷"，有照片里的故事，有岁月的星斗，有亲人的音容，全居 29 个姓氏，家家有影像，人人在其中。遥忆昨天，赞美今天，描梦未来，见人、见事，高歌每户人家的"全家福"，颂扬高杜大家庭的"全家福"。这样的书，洋溢着时代的气息，冠以"创新"，当之无愧。

这些日子，我心里很不平静，即刻付梓的样稿，我掂量了又掂量，思忖了又思忖，毫不夸张地说，《高杜人说高杜事》（全家福卷），是一部历代村人故事的新型村志，是一部依辈谱写的新型家谱，是高杜由第一次创业向第二次创业挺进历史交汇期的新型家风、村风集锦。随着岁月的飞逝，它的文学价值、文献价值、史料价值和精神营养价值，将会日趋显现出来。它将成为一部厚重的"乡愁大礼"，献给新时代，鸿福惠后叶，甜美醉日月。

周福楼

2017 年 10 月 16 日